International organizations
Mentoring

International organizations
Mentoring

International Organizations
Mentoring

International
Organizations
Mentoring

국제기구 멘토링

2013년 6월 24일 초판 1쇄
2020년 6월 19일   4쇄

글 정홍상
펴낸곳 하다
펴낸이 전미정
디자인 윤종욱
교정·교열 최효준
일러스트 최민경

출판등록 2009년 12월 3일 제301-2009-230호
주소 서울 중구 퇴계로 182 가락회관 6층
전화 070-7090-1177
팩스 02-2275-5327
이메일 go5326@naver.com
홈페이지 www.npplus.co.kr
ISBN 978-89-97170-11-1 03300
정가 13,500원

ⓒ 정홍상, 2013

도서출판 하다는 (주)늘품플러스의 출판 브랜드입니다.
이 책은 저작권법에 따라 보호받는 저작물이므로 무단 전재와 무단 복제를 금지하며,
이 책 내용의 전부 또는 일부를 이용하려면 반드시 저작권자와 (주)늘품플러스의 동의를 받아야 합니다.

국제기구 멘토링

10년의 국제기구 경험담과 GCF 유치과정 스토리

Prologue

이 책은 국제기구가 직장으로서 어떠한 곳인지 또 거기에서 스태프staff들이 어떻게 직장생활을 해나가는지를 설명하려는 것이 목적이다. 설명은 대부분 필자 개인이 실제로 근무했던 경험을 바탕으로 풀어 나갔다. 따라서 이 책의 설명은 학술서적처럼 과학적이거나 포괄적이지는 않다. 하지만 실제 경험에서 우러난 이야기이므로 일이 이루어지는 현장의 느낌을 생생히 이해하는 데 도움이 되고, 또 실제 일하는 과정에서 부딪히는 현실적인 문제들을 구체적으로 파악하는 데 분명히 더 효과적일 것이라고 생각한다.

나의 공직생활은 국제기구와 관련해서 보낸 기간이 꽤 길다. 중간중간에 정부로 복귀해서 일하다가 다시 나가곤 했지만, 그래도 국제기구에서 일한 기간을 합쳐 보니 거의 10년이 된다. 국제통화기금International Monetary Fund, IMF에서 4년, 경제협력개발기구Organization for Economic Cooperation and Development, OECD에서 1년, 아시아개발은행Asian Development Bank, ADB에서 5년이다. 또 지난해 2월부터는 정부에 복귀해서 새로이 만들어지는 국제기구인 녹색기후기금Green Climate Fund, GCF을 맡아 2년째 일하고 있다. 이런 나의 오랜 국제기구 근무 경험을 정리해서 국제기구에 관심 있는 젊은이들에게 뭔가 보탬이 될 만한 책으로 엮어 보고 싶다는 소망이 오래 전부터 있어 왔고, 틈틈이 생각을 메모해 두기도 했었다. 또 정부에 복귀해서 GCF 유치를 담당하게 되고 결국 유치에 성공하고 나서는 그 과정의 뒷얘기도 정리해서 기록으로 남기고 싶었다. 마침 KDI 국제정책대학원에서 기후협상을 담당하고 있는 김동영교수 등 몇 분들의 강력한 권유도 작용해 이 기회에 나의 국제기구 근무 경험과 GCF 유치 경험에 대한 이야기들을 한데 묶어 책으로 내게 되었다.

이 책은 국제기구에서 일하는데 관심이 있는 이들, 특히 젊은 대학생들을 염두에 두고 썼다. 전반적으로 국제기구가 어떤 직장인지를 내가 실제로 근무하면서 겪은 경험을 중심으로 설명했다. 나는 IMF에서는 실무 스태프로 일하면서 실제 업무가 어떻게 진행되고 여기에 스태프는 어떻게 참여해서 일하는지를 경험했다. 또 ADB에서는 경영 스태프인 재무국장Controller으로 일하면서 조직 경영이 어떻게 이루어지는지도 경험했다. 즉, 실무자로서의 경험도 했고 관리자로서의 경험도 해봤다. 그래서 서로 다른 두 가지의 방향, 즉 아래로부터와 위로부터의 두 가지 관점을 모두 경험해 볼 수 있었다. 과연 국제기구에서 일한다는 것이 어떤 것인지를 좀 더 통합적으로 바라볼 수 있었던 것이다. 이러한 경험에서 우러나온 이야기들은 분명히 국제기구에서 일한다는 것에 대해 깊이 있게 이해하는데 도움이 되리라고 생각한다. 또 국제기구에서 채용이 어떻게 이루어지는지에 대해서도 내가 ADB 재무국장으로서 실제로 재무국Controller's Department의 스태프를 내 책임하에 뽑아본 경험을 바탕으로 썼다. 따라서 채용 절차나 기준에 대한 설명이 국제기구 취업을 희망하는 사람들에게 분명히 실질적인 도움이 되리라고 기대한다. 여기에 더해 우리나라가 GCF라는 중량감 있는 국제기구를 처음으로 유치하는 과정에 대한 내용을 실었다. 물론 GCF유치는 나 혼자가 아니라 정부 내외의 많은 분들과 함께 협력해서 이루어 낸 것이다. 하지만 나는 실무 책임을 맡아 그 중심에 서서 기획, 조정하고 자료를 만들고 또 직접 발로 뛰며 활동했으므로 전체 과정에 대해 좀 더 잘 설명할 수 있으리라 생각한다. GCF의 경우 국제기구를 새로이 만들고 유치국가를 결정하는 과정을 통해 국제기구라는 직장에 대한 이해를 더 깊게 할 수 있을 것이다.

어떻든 이 책을 통해서 독자들이 국제기구라는 직장에 대해서 또 국제기구에 취업하려면 어떻게 접근해야 하는지에 대해서 더 잘 알 수 있게 되기를 기대한다.

젊은이들은 세계를 무대로 마음껏 꿈을 펼칠 수 있어야 한다. 한때 맨손으로 세계적 기업군을 일구었던 김우중 회장은 "세상은 넓고 할 일은 많다"고 했다. 정말 세상은 넓다. 젊은이들이 꿈과 희망의 대상을 굳이 우리나라 내부에서만 찾을 필요는 결코 없는 것이다. 아니, 우리 젊은이들은 눈을 들어 세계를 무대로 진취적으로 나아가야 한다. 꿈을 크게 가지고 도전해 보는 것은 젊음의 특권이다. 더욱이 국제기구를 꿈꾼다면 할 일은 무궁무진하다. 아프리카 가난한 어린이들의 눈망울을 보면서 뭔가 그들을 위해 할 일을 생각할 수도 있다. 만주와 연해주의 광활한 농토와 거기에 사는 조선족 동포들을 보면서 서로 상생할 수 있는 사업을 구상할 수도 있을 것이다. 요즘 국내 상황을 보면 각 집단이 걸핏하면 갈등을 일으키면서 이기적인 제 몫 찾기에 몰두하는 경향이 커지고 있는 것 같아 걱정스럽다. 우리 한국민의 진취적 기상을 너무 국내라는 좁은 무대 안으로

만 억누르고 있어서 그런 것은 아닌가 하는 생각이 들 때도 있다. 예부터 우리나라가 바깥을 향해 진취적으로 나아갈 때면 국운도 흥했다. 세계를 무대로 뛰면서 국제적으로 다른 나라와 선의의 경쟁을 해 나가고 또 서로 협력해 나갈 때 우리나라가 새로운 발전의 모멘텀Momentum을 가질 수 있지 않을까 생각해 본다. 국제무대에서 국제기구는 국제협력의 룰을 만들고 또 국가 간의 협력에 있어 주된 역할을 담당한다는 점에서 중요하다. 그래서 국제기구에 우리 젊은이들이 더 많이 진출하거나 또 국제기구를 우리가 더 잘 활용하는 것은 국가적으로도 중요한 일이다.

이 책이 국제기구에 대해 알고자 하는 젊은이들에게 조금이라도 도움이 될 수 있다면 나로서는 큰 보람이 될 것이다. 국제기구 관련된 일을 하는 사람들, 새로운 국제기구나 국제행사 유치를 위해 일하는 사람들이나 국제협상에 임하는 사람들이 전략을 짜고 협상을 진행하는 데에도 도움이 될 수 있었으면 한다. 이 책을 위한 자료 수집이나 검토에 도움을 준 IMF 장병균 박사, ADB 양원모 회계사, OECD 홍은표 박사님, 박상운, 정윤호에게 고마움을 전한다. 만약 내용에 잘못이 있다면 모두 필자의 책임이다. 옆에서 격려를 아끼지 않은 조현영, 정우원에게도 감사한다. 또 기꺼이 출판을 맡아 좋은 책으로 만들어 주신 도서출판 하다 여러분들, 특히 전미정 대표와 유광종 고문, 손시한 씨께 감사드린다.

2013년 정홍상

CONTENTS

Part 1
국제기구 알아보기

국제기구란 · 16
다양한 국제기구 · 18 국제기구는 왜 생기나 · 20 국제기구의 역할 · 23 국제기구에서 의사결정은 어떻게 하나 · 25

IMF, 어떤 곳인가_실무자의 시각에서 · 27
IMF는 무슨 일을 하나 · 28 IMF와 WB는 서로 밀접하게 협력 · 29 일에 집중할 수 있는 사무실 공간과 업무 방식 · 31 "아" 해서 다르고 "어" 해서 다른 영어 · 33 다른 문화의 경험 · 35 타지키스탄Tajikistan 미션 경험 · 37 미션의 사전 준비 · 39 미션 현장에서 · 41 정부와의 정책 협의 · 45

ADB, 어떤 곳인가_관리자의 시각에서 · 51
아시아 태평양 지역의 개발도상국에 금융 지원하기 위해 설립 · 53 회원국들이 지분에 따라 경영권을 행사 · 57 3,000여 명의 직원 중 여성이 약 30% · 59 프로젝트 현장에서는 어떤 일이 · 61 조직을 관리하고 이끈다는 것 · 64 인사관리는 어떻게 · 69 성과평가와 모티베이션 · 72 협력과 소통을 위한 노력 · 76

GCF, 어떤 곳인가 · 79
기후 변화에 대한 논의 · 80 GCF는 개발도상국에 대한 금융지원을 위해 설립 · 84 GCF는 무슨 일을 어떻게 하나 · 86 GCF의 지배구조는 어떤가 · 88 GCF의 재원은 얼마나 조성되나 · 90 GCF의 조직구조는 어떻게 되나 · 93 GCF의 직원은 어떻게 채용하나 · 94 GCF 유치는 우리에게 어떤 의미를 가지나 · 95 GCF 유치 이후 · 98

Part 2
국제기구 진출하기

국제기구는 어떤 직장인가 · 107
다양한 국가 출신의 직원들과 다문화 환경 · 108 가치와 절차를 중요시하는 업무 방식 · 111 전문성을 중시하는 조직 문화 · 113 기구에 대한 헌신이 우선 · 116 업무에서 미션mission이 많다 · 118 협력과 소통이 중요하다 · 119 좋은 보수와 복지 혜택, 자기개발의 기회 · 121

국제기구에 들어가기 · 123
채용의 두 가지 경로 · 124 특정한 직책에 대한 전문가를 뽑는 것이 원칙 · 127 채용은 여러 단계를 거친다 · 128 능력 기준이지만 지역별 구성도 감안 · 131 업무 경력이 중요하다 · 132 채용과정은 해당 국 중심으로 이루어진다 · 134 여성이 더 유리하다 · 135 영어는 상대방이 알아듣기 쉽도록 · 136 인터뷰에서는 전문성과 태도를 본다 · 137 인터뷰의 예상 질문 · 141

국제기구에서 일하기 · 145
업무 전문성이 우선 · 146 횡적인 업무 협조를 잘 해야 · 148 적극적인 자세가 바람직 · 150 동료와의 인간관계도 중요하다 · 152 영어를 갈고 닦아야 · 155 다문화 환경을 즐겨라 · 159

Part 3

국제기구 유치하기
- GCF 유치, 어떻게 성공했나

GCF 유치국가를 선정한 과정 · 173

유치전에 뛰어 들다 · 181
유치전戰의 시작 · 181 민간유치위원회를 구성하다 · 186 유치 제안서를 경쟁력 있게 · 188 열정, 겸손하지만 강한 자신감 · 195 녹색 브로슈어와 감동을 주는 동영상 · 199 5월 본 기후변화회의에 데뷔하다 · 202 중국과 힘을 합치다 · 205 불확실 속에서 길을 찾다 · 207 곡절이 많았던 아시아 태평양 지역 몫의 이사 선임 · 211 벽돌 하나하나를 쌓듯이 · 214

유치를 위해 설득하기 · 223
왜 한국이어야 하는가 · 223 국가별로 누가 어떻게 결정하나 · 232 설득의 결과는 열정과 노력, 배려가 결정한다 · 236 해외 언론을 통해서 이사국 결정자들에게 압력을 · 241 불발에 그친 세계 어린이 그림 공모전과 인천대교 걷기대회 · 243 경기 규칙을 잘 정하는 것이 열심히 뛰는 것만큼이나 중요하다 · 244 1차 이사회와 방콕 기후변화회의에서의 설득 · 246 워싱턴 평가위원회에서 만점full greenlight을 받다 · 250

마침내 유치에 성공하다 · 254
인류애, 환경 보호에서 모범인 북구 나라들 · 254 청와대도 적극 나서다 · 260 인천 송도 2차 이사회에서 감동을 · 266 어느 민간단체의 실패한 태클 · 268 인천시의 남다른 노력 · 270 긴박했던 투표 전 며칠 · 272 마침내 투표에서 유치국가로 선정되다 · 275 GCF의 유치에 성공한 요인 · 277 인화, 함께 성과를 만들어 내다 · 282

International
Organizations
Mentoring

경제협력개발기구 Organization for Economic Cooperation and Development, OECD
국제통화기금 International Monetary Fund, IMF
글로벌녹색성장기구 Global Green Growth Institute, GGGI
녹색기술센터 Green Technology Center Korea, GTCK
녹색기후기금 Green Climate Fund, GCF
세계무역기구 World Trade Organization, WTO
세계은행 World Bank, WB
아시아개발은행 Asian Development Bank, ADB
아시아태평양경제사회이사회 Economic and Social Commission for Asia and Pacific, ESCAP
아프리카거대호수국가공동체 Africa's Economic Community of the Great Lakes Countries
아프리카연합 African Union, AU
유럽연합 European Union, EU
유럽중앙은행 European Central Bank, ECB
유엔 환경계획 United Nations Environment Program, UNEP
유엔기후변화협약 United Nations Framework Convention on Climate Change, UNFCCC
유엔생물다양성과학기구 United Nations Intergovernmental Science-policy Platform on Biodiversity and Ecosystem Services, IPBES
유엔환경개발회의 United Nations Conference on Environment and Development, UNCED
적응기금 Adaptation Fund
지구환경기금 Global Environment Facility, GEF

국제기구 알아보기

나는 공직 생활의 상당 기간을 해외 국제기구에서 보냈다. 과장급으로 승진한 직후 미국 워싱턴 D.C.에 있는 IMF 재정국Fiscal Affairs Department에서 1999년부터 2003년까지 근무했고, 국장급으로 승진하고 나서는 프랑스 파리에 있는 OECD 경제국Economics Department에서 2006년 1년간 근무했다. 이어서 필리핀 마닐라에 있는 ADB에서 재무국장Controller으로 2007년 3월부터 2012년 2월 기획재정부에 복귀하기 직전까지 5년간 근무했다. 그리고 1년 반 전 기획재정부로 복귀하면서는 새로 생길 국제기구인 GCF의 유치 업무를 맡았다. 현재는 GCF가 계획대로 출범하는 데 차질이 없도록 법적 기반을 마련하고 본부와 직원의 이주를 지원하는 업무를 담당하면서 GCF 이사회에도 참여하고 있다.

    IMF와 OECD에서는 실무자 신분이었다. 두 기구의 밑바닥 일이 어떻게 시작되어 펼쳐지고, 어떻게 마무리되는지를 체험적으로 관찰할 수 있는 기회였다. 상층의 흐름은 잘 살피지 못하더라도, 실무의 일선에 선 직원이 어떤 조직 운영과 업무 수행의 메커니즘 속에서 자신의 역량과 재능을 펼치는지를 알 수 있는 기회였다.

그 뒤에 다시 ADB에서는 경영진의 일원으로 국제기구내의 각 부서가 어떻게 서로 관련을 가지고 협업하는지 그리고 각 회원국 정부나 다른 국제기구와 어떻게 상호 관계를 유지하는지를 체험할 수 있었다. 또 3개 과 약 180명에 이르는 재무국 조직을 경영하는 소중한 경험도 했다. 두 종류의 경험에는 또 이런 의미도 달 수 있겠다. IMF와 OECD에서는 주로 선진국 관점에서 일을 했다면 ADB에서는 주로 개발도상국 관점에서 일했다는 점이다.

아울러 막바지에 내가 유치작업을 벌였던 GCF의 경우는 이제 막 세워지는 새로운 국제기구에 대한 논의가 어떻게 시작되고 어떤 협의와 의사결정 과정을 거쳐 형성되어 가는지를 살피는 계기였다.

여기에서는 IMF와 ADB, 그리고 새로운 국제기구로 설립되는 GCF에 대한 설명을 풀어놓으려고 한다. 나의 개인적인 근무 경험을 바탕으로 이들 기구가 어떤 곳인지를 얘기하려 한다. 보다 많은 대한민국의 젊은이가 스스로 쌓은 역량과 재능을 국제사회를 무대로 마음껏 펼쳐 나갔으면 하고, 또 그 과정에서 이 책이 시행착오를 줄이고 실력을 제대로 드러내는 데 일조했으면 하는 바람이다.

"

국제기구란

우선 국제기구가 도대체 어떤 조직이고 어떻게 운영되는지부터 알아보자. 중요한 국제적 이슈에 대해서는 대부분의 경우 관련되는 국제기구가 간여하고 있다. 예를 들어 이란이나 북한의 핵 위협이 있으면 유엔 안전보장이사회는 논의를 거쳐 규탄 성명을 발표하거나 제재 조치를 결정하곤 한다. 그리스 위기가 촉발한 유럽 경제위기에 대해서는 IMF와 EU, 유럽중앙은행ECB이 자금을 지원하기도 했다. 기후변화에 따라 멸종해 가는 생물을 보호하기 위해 어떤 국제적인 노력이 필요한지에 대해서는 유엔생물다양성기구IPBES가 논의를 계속하고 있다. 이처럼 국제적으로 중요한 이슈에 대해 많은 경우 국제기구가 깊이 개입하고 있다. 국제적인 이슈에 대해서는 관련 국제기구를 통해서 국가들의 협의가 이루어지고 국제적으로 합의한 사항이 집행된다. 세계가 하나의 지구촌으로 좁혀지며, 그에 따라 국가 간의 상호작용이 더욱 빈번해지고 활발해지면서 국제기구의 중요성은 점점 더 커지고 있다.

국제기구에 진출하는 한국인들도 늘고 있다. 반기문 UN사무총장이나 김용 세계은행World Bank총재의 선임은 국제무대에서 한국의 위상이 점차 높아지고 있다는 점을 상징적으로 보여 준다.[1] 나는 OECD에서 일하던 시절 2006, 일본은행에서 파견 나와 같은 과에서 근무하던 일본인 직원과 친하게 지냈다. 그가 반기문 UN 사무총장의 선임을 보고는 한국을 부러워하던 일이 생각난다. 일본은 국제기구에 대한 출연이나 개발도상국에 주는 대외원조에 있어서 우리보다 훨씬 큰 규모의 자금을 쏟고 있지만, 정작 국제기구의 수장은 제대로 배출하지 못하고 있다는 데 대한 한탄이었다. 국제기구를 이끌만한 사람과 실무자들의 저변을 키우는 작업은 국가적으로 중요하다. 일본은 이런 면에서 소홀했던 것이다. 이 점에서 보자면 우리나라의 상황도 아직까지는 불충분하다. 대한민국이 세계에서 차지하는 비중에 비추어 보아도 국제기구에 진출한 인력이 턱없이 빈약하기 때문이다. 정부를 비롯한 대한민국 사회는 우리 젊은이들이 더 활발하게 국제기구에 진출해나갈 수 있도록 도와야 한다. 그래야 국제무대에서 대한민국이 국제적 위상에 걸맞은 목소리를 낼 수 있을 것이다.

---

[1] 김용 WB총재는 엄밀하게는 미국 시민권자이지만 서울에서 태어나 어릴 때 미국으로 이주한 한국계다.

다양한 국제기구

전 세계적으로 다양한 국제기구들이 세워져 운영되고 있고 또 수시로 생기고 있다. 국제기구는 현재 약 300개 정도가 된다고 한다.[2] '국제기구'라고 묶어서 부르고 있지만 개별 기구별로 뜯어보면 매우 다양한 기구들이 그 안에 섞여 있음을 알 수 있다. 회원국 수로 보면, 국제연합UN 같이 전 세계 거의 모든 국가들이 참여하는 기구도 있고, 아프리카 거대 호수 국가 공동체Africa's Economic Community of the Great Lakes Countries 같이 회원국 수가 셋인 기구도 있다.[3] 설립목적상 UN이나 EU 같이 복합적인 설립목적을 가진 기구도 있고, IMF처럼 환율체계 안정 같은 특정한 목적을 띠고 활동을 벌이는 기구도 있다. 또 회원국의 분포에 있어서 세계은행 같이 전 세계적인 기구도 있고, 아프리카 연합African Union처럼 일부 지역만 담당하는 기구도 있다. 다음 표는 국제기구가 다양한 기구들을 포함하고 있음을 보여준다.

---

[2] 국제기구를 어떻게 정의하느냐에 따라서 국제기구의 포괄 범위에 차이가 있다. 여기에서는 정부 간의 합의(intergovernmental)에 의해서 만들어진 기구들로 한정해서 설명한다.

[3] 국제기구의 정의(definition) 상 회원국이 셋 이상이어야 하므로 셋은 최소한의 회원국 수이다.

국제기구(예시)

기구	설립 목적	회원국 수(기준년도)	본부 소재지
국제노동기구 International Labour Organization, ILO	노동자의 노동조건 개선 및 지위 향상	183 (2012)	스위스 제네바
국제연합 United Nations, UN	전쟁 방지, 평화 유지, 정치·경제·사회·문화 등 모든 분야의 국제협력 증진	193 (2011)	미국 뉴욕
국제원자력기구 International Atomic Energy Agency, IAEA	원자력의 평화적 이용과 국제적인 공동관리	154 (2012)	오스트리아 빈
국제커피기구 International Coffee Organization, ICO	수출입 국가 간 분쟁예방, 교역의 유통체제 원활함 도모	수출회원국 45, 수입회원국 32 (2009)	영국 런던
국제통화기금 International Monetary Fund, IMF	세계무역의 안정된 확대를 통하여 가맹국의 고용증대, 소득증가, 생산자원 개발에 기여	188 (2011)	미국 워싱턴DC
국제포경위원회 International Whaling Commission, IWC	포경산업의 질서 있는 발전 도모	89 (2011*)	영국 케임브리지
국제형사경찰기구 International Criminal Police Organization, ICPO	국제범죄의 신속한 해결과 각국 경찰기관의 발전 도모를 위한 기술협력	188 (2010*)	프랑스 리옹
동남아시아국가연합 Association of South-East Asian Nations, ASEAN	동남아시아 지역의 경제적·사회적 기반 확립	10 (2002)	인도네시아 자카르타
북대서양조약기구 North Atlantic Treaty Organization, NATO	소련에 대한 집단안전보장	28 (2009)	벨기에 브뤼셀 근교 카스토
석유수출국기구 Organization of Petroleum Exporting Countries, OPEC	국제석유자본에 대한 발언권 강화	12 (2009)	오스트리아 빈
세계무역기구 World Trade Organization, WTO	세계교역 승신	154 (2012)	스위스 제네바
세계동물보건기구 Office international des Epizooties, OIE	가축 질병 예방과 구제정보 보급	178 (2012)	프랑스 파리
세계보건기구 World Health Organization, WHO	세계의 모든 사람들이 가능한 한 최고의 건강 수준에 도달하는 것	194 (2012)	스위스 제네바
세계은행 World Bank, WB	정부 또는 기업에 융자, 국제무역 확대 및 국제수지 균형, 기술원조	188 (2012)	미국 워싱턴DC
아랍연맹 League of Arab States, LAS	중동의 평화와 안전 확보, 아랍제국의 주권과 독립 수호	22 (2008)	이집트 카이로
아시아유럽정상회의 Asia Europe Meeting, ASEM	아시아와 유럽의 동반자 관계 구축	아시아 16, 유럽 27 (2011)	
유럽연합 European Union, EU	유럽의 정치·경제 통합의 실현	27 (2011*)	벨기에 브뤼셀
유엔아동기금 United Nations Children's Fund, UNICEF	전쟁 피해 아동의 구호, 저개발국 아동의 복지 향상	190 (2011*)	미국 뉴욕, 스위스 제네바

※ 자료: 두산백과사전(* 는 네이버 기관단체사전)

국제기구는 왜 생기나

국제기구는 어떤 이유로 생기고 또 활동할까? 각 국가는 자기 나라에 대한 주권sovereignty을 가진다. 주권은 자기 영토 내에서 주민들에게 법적으로 어느 누구의 제약도 받지 않고 권력을 행사할 수 있는 능력을 말한다. 그런데 각 국가는 국제기구를 만드는 데에 동의하고 그 국제기구의 의무와 규정을 받아들임으로써 스스로의 주권 중 일부를 양보하게 된다. 그럼에도 국가들이 자발적으로 국제기구를 만들고 유지하는 것은 왜일까? 그것은 마치 국내에서 법질서가 있어야 개인들이 안정적으로 생업에 종사하고 생활을 즐길 수 있듯이, 국제 사회에서도 일정한 약속과 규율을 만들고 이를 준수하는 것이 각 국가의 입장에서 편리하기 때문이라고 생각된다. 아울러 각각의 국가적 목표를 추구하는 데에도 더 유리하기 때문이다. 국제기구는 기본적으로 국가들의 국제적인 약속에 따라 설립되고 이에 따라 활동하므로 권력은 회원 국가들에게 종속될 수밖에 없다. 실제로 개별 국가가 설립 의무나 규정을 지키지 않을 경우 강제력을 동원할 수 있도록 되어 있는 국제기구는 많지 않다. 그럼에도 불구하고 현실적으로 대부분의 국가가 국제기구의 의무나 규정을 지키고 있는 것은 개별 국가들이 국제기구의 이러한 효율성을 필요로 하기 때문일 것이다.

국제기구가 없는 경우	국제기구가 있는 경우
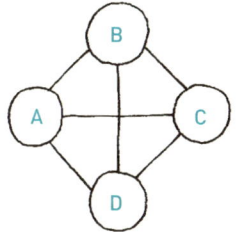	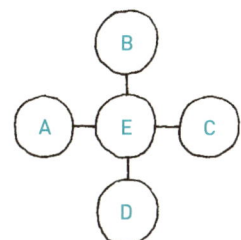

　간단한 예를 들어 이 점을 더 자세히 설명한다. 국가들 간에 약속과 규율을 만들고 이를 효과적으로 이행해 나가기 위해서는 매 이슈별로 개별 국가들 간에 각각 협의를 진행하는 것보다는 국제기구를 설립해 놓고 이를 매개체로 해서 협의해 나가는 것이 더 효율적이다. 국제기구 설립 시 회원국의 의무와 규율 등을 정해 두고 이를 관리하는 국제기구를 두어서 적용해 나가므로 더 안정적이기도 하다. 위의 왼쪽 그림은 국제기구가 없는 경우를 보여준다. A, B, C, D 국가 간에 협의가 필요한 경우 각 국가별로 상대 개별 국가와 협의해 나가야 한다. 각 나라 입장에서 각각 3개의 국가와의 개별 상호관계를 통해 일일이 협의해야 한다. 이렇게 되면 절차가 복잡하고 의사결정에 영향을 주는 요소들이 많아서 합의에 이르기 어렵고, 그 합의를 안정적으로 유지하기도 어렵다. 국가 수가 늘어나면 이러한 상호관계의 수는 기하급수적으로 늘어나기 마련이다. 반면 오른쪽 그림은 국제기구가 있는 경우를 보여준다. A, B, C, D 국가가 국제기구 E를 설립하는 경우 각 국가는 국제기구 E와의 단일한 통로를 통해서 협

의를 진행하면 된다. 국제기구가 협의를 중재하고 합의에 이르도록 유도하기도 한다. 국제기구가 있는 경우 개별 국가 입장에서 그만큼 국가 간 협의를 효율적으로 진행할 수 있고 합의사항도 안정적으로 유지할 수 있다.

국제기구는 수시로 새로이 만들어지고 있다. 2차 세계대전 이후 연평균 3~4개씩 만들어지고 있다고 한다. 이렇게 국제기구가 늘어나는 이유는, 세계적으로 국가들 간의 국제적인 상호교류가 점차 늘어나고, 관계 또한 상호의존적으로 변하는 추세 때문이다. 인터넷 등 정보통신 기술의 발전, 교통수단의 발달 등이 이러한 경향을 가속화시켰다. 또 세계화 globalization에 따라 각 나라의 경제가 서로 의존하는 정도가 커진 점과 개별 국가의 권력만으로 해결하기 힘든 국제적인 이슈들이 늘어났다는 점도 있다. 예를 들어 각 나라 입장에서 국민의 안전 관리를 위해 국제적인 범죄자 인도가 중요해졌는데 이는 국가 사이의 협조를 전제로 하지 않으면 이뤄질 수 없다. 지난번 전 세계적인 조류 인플루엔자 경우에서 보았듯이 인류를 위협하는 질병에 효과적으로 대처해 나가기 위해서도 국제적인 협조가 필요하다. 또 기후변화 문제가 심각한데, 배출가스는 지구 어느 곳에서 생기든 제트기류나 무역풍에 의해 바로 전 세계적으로 퍼진다. 따라서 기후변화 대응을 위해서는 모든 국가가 배출가스를 줄여 나가야 하고 이를 위해 국제적으로 긴밀한 협력이 필요한 것이다.

국제기구는 대부분의 경우 국제조약인 설립협정에 의해서 만들어진다. 설립협정은 그 국제기구의 목적과 회원국이 지켜야 할 의무와 규칙, 조직의 구성, 운영방식 등을 규정한다. 국제기구는 국가들의 공동체이므로 특정 국가의 헌법과 법체계에 따를 수 없기 때문에 각 회원 국가와는 별도의 독립된 법인격과 지배 체제를 가지게 된다. 설립협정은 개별 국가에 비유한다면 일종의 헌법인 셈이다. 회원국들의 정부가 우선 그에 서명하고 각 나라는 국회의 승인을 받아서 이를 확정한다. 또 대부분의 국제기구는 실무를 뒷받침하는 지원조직인 사무국을 두고 있다.

국제기구의 역할

국제기구의 역할은 무엇일까? 국제기구는 여러 가지 역할을 통해서 국제사회에서의 국가들 간의 관계를 만들어 간다.[4] 크게 세 가지 역할 actor, forum, resource을 들 수 있다. 첫째는 국제 정치 무대에서 개별 국가와는 별개의 독립된 행위자 actor로서 영향력을 행사하는 일이다. 국제사법재판소가 어떤 나라에게 법적인 의무를 위반했다고 결정한다든가, UN이 회원국의 협의를 거쳐 지역적 분쟁이 발생한 곳에 평화유지군을 파병하는 것 등이 이러한 예이다. 이러한 행위자 역할이 가능하려면 그 국제기구가 국제사회에서 행위자로서의 행위능력을 인정받고 그 결정을 국가들이 존중해

---

[4] 이 부분의 설명은 Ian Hurd, *International Organizations: Politics, Law, Practice*, 2011, Cambridge University Press. Chapter 2를 참조했다.

주어야 한다. 둘째는 각 나라의 대표들이 특정한 분야의 이슈에 대해 한 데 모여서 토론하고 협의하는 장 forum 으로서의 역할이다. 국제기구는 중요한 국제 이슈에 대해 국가 대표들이 모여서 의견을 조율하는 마당인 것이다. 예를 들어 WTO나 UN총회, OECD는 각각 무역관련, 국제정치와 평화, 경제 협력 등 이슈에 대해 이러한 논의의 장으로서 의미 있는 역할을 수행하고 있다. 셋째는 여러 국가들이 국제관계에서 다양한 주장을 펼 때 이에 대한 유용한 논거를 제공 resource 하는 역할이다. 국제기구가 합의한 결정문이나 선언문 등은 국제관계에서 개별 국가가 자신과 관련이 있는 이슈에 대해 자국의 입장을 국제사회에서 주장할 때 유용한 논거가 된다. 하나의 국제기구가 이들 역할 중에서 두 가지 또는 세 가지 역할을 수행하기도 한다.

각 국제기구 별로 자세한 내용은 해당 기구의 웹사이트를 참조하기 바란다.

Tip 외교부의 UN기구 안내 웹사이트, 기획재정부의 국제금융기구 안내 웹사이트에서도 국제기구별 정보, 특히 채용과 관련한 유용한 정보를 제공하고 있다.

외교부 국제기구 채용정보 사이트
http://unrecruit.mofat.go.kr/unrecruit/index.jsp

기획재정부 국제금융기구 채용정보 사이트
http://ifi.mosf.go.kr/index.do

국제기구에서 의사결정은 어떻게 하나

국제기구에서는 회원국들이 모여서 투표를 통해 안건을 결정하고 집행한다. 투표에 있어서는 크게 세 가지 방식이 사용되고 있다. 첫째는 가장 흔한 경우로 다수결 방식majority voting이다. 회원국들은 나라별로 하나의 투표권을 갖는데, 특정 안건에 대해 과반수50%+1 이상이면 가결된 것으로 본다. UN총회 등 많은 UN 기구들이 이 방식을 따른다. 그러나 다수결 방식은 현실을 제대로 반영하지 못한다는 문제점도 있다. 예를 들어 인구가 수천 명인 마리노라는 나라와 인구가 13억 명이 넘는 중국이 똑같이 한 표씩을 행사하는 것이다. UN총회에서 투표권의 2/3는 전 세계 인구의 15% 정도를 차지하는 128개국이 행사하며 전 세계 인구의 60% 이상을 차지하는 11개국은 투표권의 6% 정도만을 행사하고 있다고 한다. 이 방식 아래에서는 강대국이라고 해도 의사결정을 좌지우지할 수 없게 되므로 국가 간의 설득과 합의가 중요해진다. 둘째는 가중치 방식weighted voting이다. 인구 또는 경제적 부wealth에 따라 가중치를 둔다. 유럽의회European Parliament는 인구를 반영하여 의석수를 정한다. IMF나 WB의 경우 각 나라는 자신이 출자한 만큼의 의결권을 가진다. 즉 주식회사처럼 출자한 자금이 많을수록 더 큰 의결권을 가지는 것이다. 그래서 출자한 규모가 큰 미국 같은 국가들이 의사결정을 주도하기 마련이다. 셋째는 만장일치unanimity voting 방식이다. 이 경우 모든 회원국이 동의

할 때에만 안건이 결정된다.

국제기구는 수장head의 임기나 선출하는 방식에 있어서도 다양하다. UN사무총장의 경우 안전보장이사회가 추천하도록 규정하고 있다. 따라서 안보리의 상임 이사국 5개국이 합의해 주어야 추천받을 수 있다. 또 UN사무총장은 관행상 대륙별로 돌아가면서 맡고 있다. IMF는 유럽 출신이, WB는 미국 출신이, ADB의 경우 일본 출신이 총재를 맡는 것이 관행이다.

우리나라는 여러 국제기구에 가입해서 회원국으로 참여하고 있지만, 우리 국내에 본부를 두고 있는 국제기구는 매우 적다. 현재 14개 정도로, 백신연구소 등 소규모이거나 유엔 아시아태평양 경제사회위원회UN ESCAP 동북아사무소 등 지역 사무소 성격의 국제기구가 많다. 그런데 작년2012에 우리나라에 국제기구 관련해서 주목할 만한 성과가 있었다. GCF를 우리나라에 유치하도록 한 결정이 있었기 때문이다. 또 우리나라가 설립을 주도했던 글로벌 녹색성장기구GGGI가 국제기구로 발족하기도 했다.

IMF, 어떤 곳인가 _ 실무자의 시각에서

미국 워싱턴에 있는 IMF본부 건물.
현재 건물 내부를 리노베이션 중이다.

IMF본부는 미국 워싱턴 D.C에 있으며, WB와는 길 하나를 사이에 두고 마주 보고 있다. 백악관에서도 멀지 않은 곳이어서 직원들은 간혹 백악관 주변까지 점심식사를 하러 가기도 한다. IMF의 바로 뒤에는 조지 워싱턴 대학 캠퍼스가 위치해 있어서 주변 환경은 차분한 느낌을 준다. 나는 IMF 본부의 재정국Fiscal Affairs Department에서 1999년부터 2003년까지 4년간 스태프technical assistance advisor로 근무했다. 재정국은 조세 관련과division들과 지출 관련과들로 구성되어 있는데, 나는 지출 정책 담당과expenditure policy division와 지출 제도 담당과expenditure management division에서 각 2년 정도씩 일하면서 타지키스탄 등 몇 나라 담당팀의 재정담당fiscal economist으로도 일했다. 당시의 경험을 중심으로 IMF가 어떤 국제기구인

국제기구 알아보기 **27**

지를 설명한다.

IMF는 무슨 일을 하나

IMF와 WB는 2차 세계대전이 끝날 무렵 1944.07 연합국 45개국 대표들이 미국 뉴햄프셔주 브레튼우즈 Bretton Woods에 모여 체결한 협정에 기초해서 함께 만들어진 국제금융기구들이다. IMF의 주된 목적은 세계경제와 국제금융체제의 안정을 촉진하는 것이다. 이를 위해 세계경제와 개별 회원국의 경제동향을 지속적으로 점검하고 정책 협의를 해 나가고 있다. 세계경제의 성장, 물가 등에 대해 분기별로 전망하고 이를 『World Economic Outlook』이라는 보고서로 발간한다. 이 전망치는 각 나라 정부에 의해 비중 있게 받아들여지고 있다. 회원국별로도 기본적으로 1년에 한번 정도씩 정책 협의를 하고 그 결과를 보고서로 내고 있다. 우리나라도 매년 IMF와 경제정책 협의를 하고 있다. 즉 IMF의 한국 담당팀이 연 1회 한국의 기획재정부 등 정부 주요 부처와 한국은행 등 주요 기관을 방문해서 거시경제 정책을 협의하고 그 결과를 분석, 보고서 형식으로 이사회에 보고하고 이 보고서를 대외적으로도 공개한다.

또한 IMF는 경제위기에 처한 국가에 대해 긴급하게 자금을 공급하는 기능도 수행한다. 예를 들어 우리나라가 1997년 외환위기를 겪었을 때 IMF는 긴급 자금을 공급해 줌으로써 부도 위기를 막아 주었다. 빈곤국가에 대해서는 기간이 장기이고 금리가 낮은, 좋은 조건의 자금을 공급하기도 한다. 세계 각 국의 재정, 금융, 국제수지 등 중요한 경제통계를 취합하여 정기적으로 발간하는 기능도 수행한다. 예를 들어 분기별 또는 연도별로 『International Financial Statistics』, 『Government Finance Statistics』, 『Monetary and Financial Statistics』 등의 통계책자를 발간하고 있다. 또 경제정책과 관련해서 각 나라 정부 대표가 모여서 협의하는 논의의 장을 제공하는 역할을 수행하고 수시로 각 회원국 정부의 거시경제 관련 부처 공무원들을 대상으로 관련 교육을 실시하기도 한다.

직원들은 전체 약 2,000명으로 대부분 거시경제나 금융, 재정, 자본시장 전문가들로 구성된다. 2011년 말 개발도상국 출신이 46%인 920명, 선진국 출신이 54%인 1,088명이다. 성비로 보면 여성이 전체의 34%인 680명이고 남성이 66%인 1,328명이다.

IMF와 WB는 서로 밀접하게 협력

IMF와 WB는 2차 세계대전 이후에 동일한 브레튼우즈협정에 의해 함께 탄생했으므로 흔히 자매기관sister institutions이라고 불리며, 업무상으로도 긴밀하게 협력한다. 스태프끼리 업무상 서로 협조하거나 공동 연구를 수행하는 등 접촉이 빈번하여 서로 초청해서 세미나도 열고, 공동으로 국제회의를 개최하기도 한다. 특정 국가에 미션출장을 미션이라고 부른다 차 다녀온 뒤에는 그 결과를 서로 공유하기도 한다. 예를 들어 IMF 미션팀은 출장을 가기 전에 WB의 그 나라 담당팀과 사전 미팅을 통해서 최근 동향에 대한 정보를 공유하곤 한다. 특히 IMF는 거시경제 동향을 모니터링하고 분석하는 데 치중하고 교통, 농업, 교육, 의료, 사회보장 등 각 분야별로는 전문 인력이 부족하므로 이러한 분야별 전문지식은 WB의 관련팀에 의존하게 되는 경우가 많다. 업무 자료나 보고서를 공동으로 발행하는 경우도 많다. 『Finance & Development』라는 정기간행물도 IMF와 WB가 공동으로 만든다. 그러나 업무 중 일부 겹쳐지는 부분에서는 경쟁관계이기도 하다. 협업하면서도 서로 더 나은 보고서나 성과를 만들기 위해 선의의 경쟁을 벌인다고 할 수 있는 것이다.

IMF와 WB는 도서관도 공동으로 사용한다. 도서관은 IMF 건물의 지하에 있는데 IMF와 WB 사이 도로의 아래에 있는 지하통로로 연결되어 있다. 도서관은 웬만한 대학 도서관 정도의 장서와 학술저널 등을 비치하고 있어서 조사 연구에 많은 도움을 준다. 카페테리아도 IMF와 WB에 각각 따로 있지만 직원들은 서로 거의 구분 없이

IMF 카페테리아.
공간이 넓게 확보되어 있는데 종종 리셉션 등 행사용으로 쓰이기도 한다.

사용한다. IMF 직원들은 가까울 뿐 아니라 메뉴도 다양하다는 점 때문에 종종 WB의 카페테리아에 가서 식사하곤 한다. IMF 와 WB는 길 하나 18th street를 사이에 두고 있고 지하통로로 이어져 있기 때문에 비가 오기라도 하면 지하통로를 이용해서 왔다 갔다 하기도 한다. IMF와 WB는 구내 은행, 의무실, 언어 교육 시설 등도 공동으로 활용하고 있다.

IMF는 부속시설로 워싱턴 인근 포토맥 강변에 골프장을 포함한 운동시설도 소유하고 있다. 이 시설의 이름은 IMF를 창설한 회의를 기념하여 'Bretton Woods Club'으로 붙여져 있다. 직원들에게는 염가로 제공하고 월급에서 정액을 원천징수 1년에 한 번씩 열리는 직원들 야유회도 이곳에서 개최한다.

일에 집중할 수 있는 사무실 공간과 업무 방식

IMF에 근무하면서 부러웠던 것 중의 하나는 직원들 각자가 개인 사무실 공간을 가지고 있다는 점이었다. 한국 정부에서는 국장 이상의 자리에 올라야 개인 사무실을 가지며, 과장까지는 여

IMF 직원의 개인 사무실.
대부분의 시간을 주로 컴퓨터 화면을 보면서 일한다.
흩어져 있는 서류들이 바쁜 일상을 말해주는듯 하다.

러 직원들과 같은 사무실을 쓴다. 그래서 같은 사무실 내에 있는 누군가가 전화를 하거나 방문객을 맞으면 대화 내용을 다 듣게 된다. 그만큼 집중해서 고민하고 정리해야 하는 일은 사무실 안에서 처리하기가 어려운 환경이다. 그래서 내 경우에는 정부에서 근무할 때 집중해서 해야 하는 일이 있으면 방해 요인이 없어 집중이 잘 되는 이른 새벽이나 주말을 활용하기도 했다. 그러나 IMF에서는 개인별로 사무실이 주어지므로 그 안에서 집중해서 일할 수 있고 생각도 깊이 할 수 있다. 그래서 비록 야근은 한국보다 적게 하지만 시간당 근무 강도는 더 높다.

업무 연락은 주로 이메일을 활용한다. 윗사람에게 전달하는 보고도 서류를 인쇄해서 보고하기 보다는 이메일을 통해 파일을 보내면 윗사람이 MS Word의 'track changes' 기능을 사용해서 고쳐서 보내주는 식이다. 얼굴을 마주 보고 진행하는 대면(對面)보고가 우리보다 훨씬 적다. 대면보고를 하려면 사전에 윗사람이 자리에 있는지 확인해야 하고 막상 보고하러 가면 다른 사람이 보고 중이거나 다른 여러 가지 이유로 마냥 기다려야 하는 경우도 많다. 따라서 대면보고를 줄이면 업무에 집중하는 시간을 더 확보할 수 있다. 회의는 대부분 며칠 전에 미리 시간을 통보해준다. 각자가 시간 활용을 계획적으로 할 수 있도록 해주는 것이다.

이러한 환경이나 관행은 오랜 기간 누적되어 온 조직의 전통이나 문화라고 볼 수도 있겠지만 다른 한편으론 직원들의 근무평가를 어떻게 하느냐에 의해서 시간을 두고 길러져 온 것일 수도 있다. 직원의 근무평가에선 '투입'보다는 '성과'가 강조된다. 얼마나 오래 일했느냐보다는 얼마나 수준 높게 맡은 업무를 잘 해 냈느냐를 보는 것이다. 실제로 누가 야근을 하는지 주말에 나와서 일하는지 등은 별로 관심을 두지 않고 결과물이 얼마나 충실한지를 중점적으로 본다. 또한 다른 동료들과의 협력working together도 강조된다. 유용한 정보나 자료를 항상 다른 동료와 공유하려 하는지, 업무 관계에서 동료와 그 의견을 존중하려는 태도가 있는지, 동료에게 업무상 필요한 도움을 기꺼이 주려는 자세가 되어 있는지 등도 본인의 업무 수행 결과처럼 중요하게 보는 것이다. 이러한 평가 방식에 따라 직원들의 업무 방식은 성과와 협업 위주로 귀착한다. 별로 소용이 없는 형식에 매달리기보다는 실제적인 업무를 실질적으로 수행하는 데 초점이 맞춰진다. 따라서 장황한 보고서보다는 내용이 명확하고 알찬 보고서를 중시하고, 시간을 낭비할 수도 있는 대면보고보다는 이메일을 통한 실질적인 보고가 더 값지게 여겨진다. 이러한 조직의 전통과 문화는 각 직원의 능률을 보다 실질적으로 발휘할 수 있게 만들려는 모색과 노력의 결과라고 생각한다.

"아"해서 다르고 "어"해서 다른 영어

IMF에서 공용어는 영어다. 영어로 대화하고, 이메일을 주고받으며, 보고서 등 각종 서류를 작성한다. IMF에서 기대하는 영어의 수준은 상당히 높다. 직원들 중에 미국, 영국, 호주, 인도 등 모국어를 영어로 사용하거나, 적어도 영어를 공통어로 사용하는 나라 출신들이 많은 것도 그런 환경을 만든 중요한 요인이다.[5] 조직 차원에서도 직원들의 영어 수준을 높이기 위해 상당한 노력을 기울이는데 영어 말하기, 듣기, 쓰기 교육 프로그램은 WB와 함께 연중 운영된다. 본인이 조금만 부지런하면 이들 프로그램을 통해서 실력을 높여 나갈 수 있다. 심지어 영어 실력을 높일 수 있도록 주 1~2회 개인별 가정교사tutor를 붙여 주기도 한다.

> **Tip** 많은 국제기구에서 공용어는 영어이지만, 그렇지 않은 경우도 있다.
> 예를 들어 OECD의 경우 영어와 프랑스어이다.
> 보고서도 이들 2개 국어로 작성한다.

우리 속담에 "아"해서 다르고 "어"해서 다르다는 말이 있다. 어법상 틀리지는 않으나 표현이 주는 미묘한 느낌 등으로 말의 의미 자체가 달라진다는 뜻이다. 영어가 모국어가 아닌 우리로서는 어법에 맞는지에 급급하다 보면 이런 미묘한 부분까지 챙기기가 쉽지 않다. 그러나 IMF에서는 이 정도까지 요구한다. IMF에서 근무한 지 얼마 지나지 않아 아프리카 케냐로 재정지출과 연관이 있는 전문 용역technical assistance으로 미션을 간 적이 있다. 미션팀 회의에서 부패가 흔하다는 말을 "popular"라고 했다가 지적당한 적이 있다. "common"이라고 해야 한다는 것이다. 두 단어 모두 우리말로 '흔하다'는 뜻이지만, popular는 '인기가 높다'는 뜻에 가깝고 common이 그냥 '흔하다'는 뜻이다. 따라서 부패에

---

[5] 이런 면에서 ADB는 한결 나았다. 대부분 직원들이 영어가 모국어가 아니어서 영어 사용에 따른 부담감이 한결 덜했다.

대해 "popular하다"고 하는 것은 어색하다는 게 지적의 내용이었다. 이 예는 사실 미묘한 차이라고 하기도 어렵다. 오히려 단어의 정확한 의미 차이라고 해야 옳다. 하지만 한국인들로서는 관심을 가지고 노력하지 않으면 알기 어려운 부분이다.

나는 그 이후 스스로 어떤 글의 어떤 자리에 들어갈 꼭 맞는 단어는 하나뿐이라고 생각해 버린다. 단어의 의미나 운율rhyme, 전후 맥락이나 글의 톤 등등에 비추어 볼 때 그렇다는 얘기다. 만약 그렇지 않다면 영어에서 왜 비슷한 뜻의 단어가 여러 개 있겠는가. 이런 생각에서 가장 적확한 단어를 찾아 사용하려고 노력하다 보면 단어 간의 미묘한 차이에 대한 이해를 높여 나갈 수 있다. 영어를 잘 하려면 늘 관심을 가지고 꾸준히 노력하는 길밖에는 달리 길이 없다고 생각한다. 많이 읽고 좋은 글이나 표현을 눈여겨보면서 익혀 나가야 한다.

> **Tip** 또 이를 위해서는 반드시 영한사전이 아니라 영영사전을 사용해야 한다. 단어의 뜻이나 사용되는 용례를 미묘한 차이까지 이해해 나가려면 단어의 의미를 영어로 이해하고 영어로 생각하는 훈련이 꼭 필요하기 때문이다.

다른 문화의 경험

국제기구의 큰 특징 중의 하나는 다양한 문화를 고루 접할 수 있다는 점이다. 내가 IMF 재정국에서 근무를 시작한 지 얼마 후에, 신입직원인 나를 위해 과에서 환영 점심을 하자고 했다. 과에는 과장과 8명 정도의 직원이 있었다. IMF에서 멀지 않은 곳의 분위기 좋은 이탈리아 식당으로 갔다. 화기애애한 분위기에서 식사를 마치고 과장이 계산했다. 꽤 비싼 식당이어서 내심 좀 미안했지만 환영 점심이니 으레 과장이 계산하나보다 싶었다. 그러나 그날 오후 과의 행정을 담당하는 여직원이 이메일을 돌렸다. 전체 얼마인데 머릿수로 나누면 1인당 얼마씩이므로 수표로 자기에게 다음 날까지 주기 바란다는 내용이었다. 신입직원이고 환영받는 당사자였던 내게도 예외가 없었다. 미리 내 의견을 물어 보기는 했지만 당연히 같이 부담하겠다고 할 수밖에 없었다. 이런 더치페이는 한국 정서상 처음에는 당황스럽고 때론 마음이 다소 불편하지만, 점차 익숙해지면 시간이 갈수록 오히려 편리하게 느껴진다. 한국식은 한 사람이 내면 다음 번에는 다른 사람이 낼 것으로 기대한다. 잘 기억했다가 적절하게 내고 해야지 그렇지 않으면 경우가 바르지 않은 사람으로 여겨지기 쉽다. 결국 길게 보면 더치페이와 마찬가지이지만 일일이 과거 누가 냈는지, 나는 언제쯤 내야 하는지를 기억하고 신경 써야 하는 것이다. 이런 면에서 더치페이는 각 상황에 맞춰 계산을 끝낼 수 있으므로 단순하고 더 이상 마음 쓸 필요도 없다. 내가 먹은 것은 내가 계산한다는 당연한 원칙에 따라 돈을 내면 그만이다. 그래서 IMF에 근무하는 한국 직원들끼리 서로 만나서 식사하는 경우에도 대부분 더치페이하는 경우가 많다.

타지키스탄Tajikistan 미션 경험

IMF는 경제위기에 처한 국가들에게 긴급하게 자금을 공급하는 기능을 수행한다. 가난한 나라들에게는 특별히 낮은 금리로 자금을 공급한다. IMF는 자금을 공급하면서 채권자로서 안정적으로 자금을 회수하기 위해 그 나라 경제 동향을 정기적으로 점검하고 필요한 경우 경제 정책도 그 나라 정부와의 협의를 통해서 조정을 요구한다. 이를 위해 IMF는 대개 분기별로 그 나라 담당팀을 보내 해당 국가의 경제 동향을 점검하는 한편, 현지 관료들과 정책 협의를 하도록 하고 있다. 이러한 미션을 국제기구에서는 미션mission이라고 부른다. 미션팀은 대부분 과장급 이상의 리더와 팀원 3~6명 정도로 구성한다. 팀원들은 실물부문, 금융, 국제수지, 재정 등으로 거시경제의 각 부문을 나누어 담당한다.

나는 2년 정도 타지키스탄 담당팀country team에 재정 담당fiscal economist으로 합류해서 일했다. IMF에서 각 국가별 담당팀은 해당 지역을 담당하는 국 직원들이 주축을 이루지만 각 기능국에서도 몇 명씩 차출해서 구성한다.[6] 나는 이런 기능국 합류자 중의 한 사람으로서 참여한 것이었다. 분기별로 한 번씩 1~2주 정도 해당

---

[6] IMF는 크게 보면 각 지역을 담당하는 국들과 각 기능을 담당하는 국들, 그리고 지원기능을 담당하는 국들로 구성된다. 첫번째 부류는 아시아, 아프리카, 중남미, 유럽 등 각 지역을 나누어 담당하며 지역국(regional departments)이라고 불린다. 두번째는 재정, 금융, 국제수지 등 각 기능을 나누어 담당하며 기능국(functional departments)이라고 불린다. 세번째 부류는 인사, 회계·재무, 대외홍보 등 기능을 담당하며 지원국(support departments)이라고 불린다.

국가를 방문해서 모니터링하고 미션이 없는 기간은 기존의 정책 관련 자료 검토나 다른 연구 과제를 수행하는 작업이 이어진다.

타지키스탄까지의 왕복은 긴 여행이다. 워싱턴에서 유럽의 주요 교통 중심 도시_{런던, 파리, 프랑크푸르트, 암스테르담 등}를 거쳐 핀란드 헬싱키로 간 뒤 그곳에서 일행이 모여 전세기 편으로 타지키스탄의 수도인 두샨베Dushanbe로 갔다. IMF는 이런 긴 여정에서는 중간에 이틀을 묵을 수 있게 해준다. 헬싱키에서 오전에 비행기를 타야 하므로 그곳에서 그 전날 하루를 묵는 것은 필수였다. 비행기 노선이나 호텔은 IMF 내부 기준을 따르되 어느 호텔이나 여행경로를 선택할지는 각자가 알아서 정한다. 다만 헬싱키에서는 오전에 함께 비행기를 타러 가야 하므로 미션팀의 리더chief가 어느 호텔에서 묵을지를 알려 주면 같은 호텔에서 묵었다.

나는 그런 기회를 활용키로 했다. 헬싱키에 도착하기 전 유럽의 여러 도시를 다양하게 방문할 수 있기 때문이었다. 그래서 가급적 여로를 다양하게 선택해 런던, 프랑크푸르트, 암스테르담, 베를린, 빈, 코펜하겐 등의 도시를 들렀다. 1박하면 한나절 정도 시간이 나므로 주변을 둘러보기도 했다. 런던에서는 옥스퍼드, 케임브리지, 런던 시내의 재미있는 명소들을 찾았다. 베를린에서는 베를린 장벽 흔적과 유명한 성채를 찾아 다녔고, 빈에서는 박물관과 주변 공원 등을 둘러본 기억이 난다. 시차에 빨리 적응하기 위해 졸리더라도 낮에는 밖에 나가서 걸어 다니며 열심히 구경하는 것이 저녁에 잠을 푹 자는 데 도움을 준다.

미션의 사전 준비

하나의 미션은 실제 각 나라를 방문하는 일정뿐 아니라 사전 준비 및 사후 정리에 필요한 시간까지를 포함하면 상당히 긴 기간을 필요로 한다. 미션 가기 2~3주 정도 전부터 준비해서 미션에서 무엇을 할지를 미션 리더와 상의해서 결정한다. IMF 미션에서는 거시경제 점검과 전망이 가장 중요하다. 거시경제의 각 부문별 지표인 GDP, 물가, 통화 공급, 국제수지, 재정수지 등에 대해 지난 기간의 실적을 점검하고 다음 기간에 대한 전망을 해보는 작업이다. 이들 지표들은 서로 연관이 있으므로 전망 작업은 서로 일관성 있도록 해야 한다. 이러한 작업을 통틀어 자금계획financial planning이라고 한다. 중요한 거시경제 지표들을 전망해서 그 나라의 거시경제 모습에 대한 일관성 있는 그림을 짜보는 것이다. 각 나라 담당팀이 이러한 자금계획 작업을 수행하기 위해서는 팀원 각자가 담당하는 실물부문GDP계정과 물가 등, 해외부문경상수지와 외채 등, 금융부문통화공급량 등, 재정부문세입과 세출 및 수지 전망 별로 각각 주요 지표의 전망치를 우선 만들어 보고 각자가 전망할 때 전제가 되는 지표들은 서로 받아서 쓴다. 경제성장률을 받아서 세입 추계에 사용하는 식이다. 그 이후 서로 연계되는 부분을 확인해 가면서 조정해 나간다. 예를 들어, 재정수지에서 적자가 나면 국내 또는 해외에서 자금을 조달하게 되는데, 이에 따라 국내 통화 또는 외채가 늘거나 한다. 이 부분이 금융부문이나 해외부문과 연계되고, 해외부문의 수지는 다시 통화량 공급에 연계되는 식이다. 미션가기 전에 그 나라 정부로부터 잠정치에 불과하더라도 관련 자료를 미리 받게 되면 재무계획 작업을 미리 해보고 미션을 떠날 수 있다. 만약 중대한 문제점이 잠재해 있다면 이에 대해 여러 가지 정책대안을 미리 검토해 보는 등 사전에 준비한 후에 미션을 떠나는 것이 바람직하기 때문이다.

미션 전에 재무계획 이외에도 그 나라 정부와의 경제정책 방향에 대한 협의에 대해서도 준비한다. IMF가 1997년 우리나라 외환위기 당시에 지나치게 가혹한 고금리 등의 정책 사항을 요구함에 따라 우리국민이 고통을 겪었던 적이 있지만, IMF로서는 자금을 공급하면서 그 나라가 경제위기에서 조속히 벗어나도록 해야 하는 부담이 있다. 이것이 IMF의 기관 목적이기도 하고 채권자로서 채권을 지키는 방법이기도 한 것이다. IMF에서 타지키스탄에 대해서는 PRGF_{poverty reduction and growth facility}라는 이름의 차관을 주었는데, 이를 주면서 각종 정책 개혁을 차관 공급의 부대조건_{conditionality}으로 붙였었다. 부대조건의 이행 여부를 분기별로 점검하면서 불이행시 자금 공급을 늦추거나 심하면 중단하기도 한다. 따라서 해당 국가의 입장에서는 부대조건이 매우 중요하다. IMF 입장에서는 부대조건으로 붙여질 정책방향을 올바르게 정하는 것이 중요하고, 또 정부와 정책 협의 때 이해하기 쉽도록 설명하면서 필요한 경우 설득해 나가야 하므로 미리 충분히 준비하는 것이 필요한 것이다.

IMF에서는 각 부문별로 업무편람_{가이드라인 또는 매뉴얼}이 대체로 잘 정리되어 있다. 예를 들어 정부지출제도, 조세정책과 징수, 보조금 제도 등에 대해서도 각각 업무편람이 정리되어 있다. 따라서 이들 업무편람을 잘 이해하고 적용하는 것이 기본이다. IMF에서 유사한 정책자문 경험 자료를 정리해둔 게 있다면 이를 참조한다. 전문용역 보고서technical assistance report 또는 다른 나라의 유사한 사례에 대한 검토자료country report, 유사한 이슈에 대한 검토자료 등이다. 필요하다면 관련 학계 논문, WB, 유럽부흥개발은행EBRD 등 다른 기구의 자료 중에서도 참조 가능한 자료는 최대한 파악하려고 노력하고, 아울러 이를 충분히 참조한다. 이 과정에서 팀원들끼리 미션 전에 여러 차례 모여서 의견을 교환하며, 미션팀 리더는 이 과정을 통해 대충의 감을 잡는다. 각 팀원별로 만나야 하는 사람들의 리스트를 정리해서 정부에 통보하고 일정을 사전에 잡아 놓는 것도 준비 기간에 하는 중요한 일이다. 이러한 면담 일정 등은 그 나라에 나가 있는 주재 사무소resident mission에서 도와준다.

미션 현장에서

미션 현장에서의 업무 강도는 매우 높은 편이다. 매일 아침부터 일과시간 내내 거시경제 전망 담당이나 관련 정책을 담당하는 관련 부처, 또는 정부관련 기관의 관계자를 만나서 면담하면서 제도를 파악하고 정책을 협의한다. 타지키스탄의 경우 러시아어를 공용어로 사용하므로 러시아어 통역을 항상 동반하고 다녀야 했다. 대개 저녁 식사를 전후해서 미션팀이 모여 그날 면담한 결과를 리더에게 보고하고 또 서로 필요한 정보를 교환한다. 미션 리더는 필요한 사항을 지시하고 다음날 일정과 해야 할 일의 내용 등을 조정한다. 이러한 저녁 미팅이 끝나고 난 이후에야 자기 일을 집중적으로 할 수 있는 시간이 주어진다. 자연히 밤늦게까지 일하지 않을 수 없다. 또 거시경제 전망은 각 부문 담당자 간에 서로 기초 자료를 주고받아야 하므로 다른 부문 자료가 나올 때까지 기다리는 시간이 추가로 필요하고, 그 기초 자료가 조정되면 작업을 다시 해야 한다. 밤 12시가 넘어서도 서로 기초 자료를 주고받느라 호텔 방을 왔다 갔다 하곤 했다. 처음 미션 가서는 시차도 있었고 긴장도 되는데다가 업무 강도가 만만치 않아 심지어 회의 시간에 꾸벅꾸벅 졸고 있는 나를 발견하기도 했다.

미션팀에 대한 해당 국가의 대접은 매우 깍듯하다. 왜냐하면 IMF의 지원이 중단된다면 당장 국가 부도의 위기에 내몰리기 때문이다. IMF의 지원이 끊어지면 WB 등 다른 원조 기관들의 지원도 끊어지기 쉬우므로 IMF는 특히 중요하다. 대부분의 원조 기관들이 독자적으로 거시경제 전반에 대해 모니터링하고 평가하는 기능이 없으므로 이 부분에 있어서는 주로 IMF에만 의존하기 때문이다. 이런 까닭에 해당 국가가 IMF 직원들을 대하는 태도는 매우 정중하다. 타지키스탄에서는 공항 도착에서부터 중앙은행 총재나 재무장관이 꽃다발과 함께 미션팀을 맞았다. 대통령 주최 오찬 또는 만찬도 몇 번 있었다. 그러나 기본적으로 가난한 나라여서 미션가서 활동하는 여건은 좋지 않았다. 비포장에 움푹움푹 파인 도로를 달려서 이동해야 하는 경우도 많았다. 한 겨울인 2월에 미션을 갔는데 호텔에서 난방이 충분히 이뤄지지 않아 옷을 껴입은 채 양말까지 신고 잠을 자야 했던 기억도 있다. 타지키스탄은 우즈베키스탄으로부터 가스를 공급받아서 난방을 하는데 타지키스탄이 대금 지급을 자꾸 연체하자 겨울인데도 가스 공급을 중단한 것이다.

미션가서는 사전 준비가 충실하면 그만큼 여유가 있다. 그렇지만 대부분의 경우 일정이 매우 바쁘게 돌아간다. 주된 이유는 정부의 자료가 늦게 제출되거나 부실해서 추가로 협의하고 조정해야 하는 경우가 많기 때문이다. 그 사이 틈틈이 관련 정부 관계자를 만나 정책 협의 사항과 관련이 있는 현황을 파악하고 IMF의 정책 방향에 대해 설명하면서 그들과 의견을 교환하는 과정이 필요한 것이다.

타지키스탄의 경우 재정부문에 대해서는 주로 예산실장, 국세청 부청장과 협의했다. 타지키스탄 정부가 전망치를 준비하면서 종종 여러 거시경제지표를 사용해, IMF팀이 추정한 수준과 큰 차이가 나는 경우가 있었다. 설명해도 납득하지 않다가 늦게 실적치가 나오면서 조정해 달라고 요청하는 경우도 많았다. 그렇지만 가급적 정부 관계자의 설명을 최대한 수용하려고 노력했고, 이 점에서 정부 관계자들과의 관계도 좋았다. 특히 국세청 관계자는 나중에 자기들의 정책 구상을 내게 설명하고 나의 한국정부 근무 경험에 비추어 의견을 구하기도 했다. 내가 담당하는 나라의 제도가 조금이라도 발전하는 모습을 본다는 것은 내게도 보람이므로 나름 심사숙고해서 정책방향에 대해 조언하려고 노력했다.

재정부문에 대해 전망하는 방식을 간략히 설명해본다. 먼저 세입 부분이다. 타지키스탄의 경우 생산의 대부분은 면화와 알루미늄괴塊이다. 아울러 1인당 GDP가 1,000달러에도 못 미치는 저개발 국가다. 국토의 1/3 이상이 파미르 고원으로, 그곳의 만년설이 녹으면서 1년 내내 물이 풍부하다. 이를 이용해 면화를 재배하고, 또 수력발전으로 전기를 만들어 알루미늄괴를 생산한다. 따라서 면화와 알루미늄괴가 주요 세원이다. 이 두 물품의 생산 전망을 토대로 세입을 전망한다. 그 외에는 주요 거시경제지표와 연계하여 전망한다. 소득세는 GDP와, 관세는 수입과 연계하는 식이다.

세출은 정부의 재량에 따라 좌우되는 부분이 많긴 하지만 인건비, 행정경비 등은 비교적 그 추세를 유지하므로 전망이 쉽다. 인원 및 봉급 인상률을 기초로 정밀도가 상당히 높은 전망이 가능하다. 정책적 보조금, 융자 등은 추세에 특별한 정책 변화 요인을 감안하여 전망한다. 중요한 부분은 재정적자를 어떻게 조달하느냐의 부분이다. 이 부분이 통화 및 국제수지, 외채와 연결되므로 거시경제 관리를 위해 중요하기 때문이다. 이에 대해서는 해당 국가의 정책방향을 파악한 다음 중장기적으로 문제가 없을지 검토하여 필요하면 수정을 제안한다.

정부와의 정책 협의

정책 협의 부분은 내게는 늘 흥미 있는 부분이었다. 사실 통화량, 재정규모 등 거시경제 총량 관리는 생각보다 정책 담당자의 재량범위가 크지 않고, 중장기적으로 보면 어떤 방향을 취하건 결과적으로 큰 차이가 없는 경우가 많다. 거시경제 정책수단만으로 획기적인 경제성장을 이룬다든지 하는 것은 매우 어렵다. 통화공급을 늘리는 경우_{즉 정부의 재정적자를 중앙은행의 정부대출로 조달하거나 중앙은행이 국채인수, 지급준비금 조정 등으로 조정하는 경우} 당장 수요 증가로 일시적으로 경제활동이 촉진될 수는 있다. 그러나 중장기적으로 공급능력이 따라가 주지 않으면 물가 상승이 따른다. 무엇보다도 세계화가 상당히 진척되고 시장이 개방되어 있으므로 거시경제 정책의 효과는 더욱 줄어든다.

통화나 재정정책 등 거시경제 정책수단으로 정부가 할 수 있는 조치는 사실 제한적이다. 길게 보면, 경제에 공짜는 없다는 말처럼 부작용이 따라 오는 경우가 많다. 예를 들어 재정을 풀어 경기를 끌어 올린다면 당장 조금 도움이 될지는 모르겠지만, 푼 만큼 국가 부채가 늘어나서 두고두고 이에 따른 원금과 이자상환 부담이 늘어나 결국 미래 세대가 쓸 수 있는 돈을 줄여야 하는 상황에 직면한다. 또 통화를 푼다면 인플레이션이 따라 오기 쉽다. 세상에 공짜 점심은 없는 것이다_{There is no such a thing like free lunch}. 길게 볼 때 경제의 구조적 요인_{institutional factors}이 오히려 경제성과를 실질적으로 바꾸는 요인이라고 할 수 있다. 그래서 나는 경제의 구조를 바꾸는 정책이 더 중요하다고 본다. 유능한 정치 리더가 사회적인 갈등의 소지를 대폭 줄이고 경제활동의 당사자들에게 안정적인 성장에 대한 신뢰를 주는 경우 투자 촉진과 소비 활성화로 경제성장을 이끌 수 있다. 만약 모든 국민이 경제성장에 대한 기대로 인해 5% 정도씩만 더 경제활동을 늘린다면 국가 전체적으로 5%의 추가 성장이 가능한 것이다. 앞으로 남북관계가 진전되면 이는 우리 경제의 성장동력을 크게 업그레이드하는 요인으로 작용할 수 있을 것이다. 또 기술 변화나 신제품에 따른 구조적인 변화 요인도 중요하다. 예를 들어 흑백TV를 보다가 컬러TV가 나오자 너도 나도 컬러TV로 대체하던 시기에는 그 요인만으로도 엄청난 신규 수요가 창출되었으므로 상당한 경제성장이 이루어졌을 것이다.

정책 담당자에게 중요한 것은 이러한 변화가 자발적으로 활성화될 수 있도록 여건을 조성해주고 촉진시켜주는 일이다. 정부 정책은 최소한 이러한 변화를 방해하는 방향으로는 가지 말아야 한다. 이와 관련해서 이면우 교수의 'W이론'을 보면 좋은 예가 있다. 과거 1970년대까지만 해도 대부분이 연탄을 연료로 사용했다. 연탄공장은 엄청난 대형 사업이었다. 큰 트럭에 연탄을 가득 싣고 운반하곤 했다. 반면 가스가 처음 나왔을 때에는 구멍가게에서 자전거에 싣고 배달했었다. 그러나 가스의 등장은 시대의 흐름이 바뀌는 중요한 징조였다. 연탄공장 사장 중에서 앞으로 연료의 주종이 가스로 변한다는 시대 흐름을 읽고 재빨리 변신한 사람은 살아남았고, 이를 못보고 연탄 생산을 고수했던 사람은 시장에서 사라지고 말았다. 면화 솜이불과 캐시밀론 이불의 경우도 비슷하다. 캐시밀론이 처음 나왔을 때 앞으로 캐시밀론이 면화솜을 대체하리라는 흐름을 읽은 사람은 살아남았고, 면화솜을 고집한 사람들은 시장에서 사라졌다. 삼성이 반도체를 중심으로 전자사업으로 전환했을 때 반대가 많았지만, 지금 생각해보면 그것은 삼성이 지금 같은 글로벌 기업으로 성장할 수 있느냐의 기로였다. 이들은 구조적인 요인들이 얼마나 중요한지를 보여주는 사례들이다.

관리management에 있어서도 변화의 흐름을 따라 가는 것이 중요하다고 본다. 내가 회계 법인에서 잠시 근무하던 시절 Y 기업에 감사를 나간 적이 있다. 이 기업은 1960년대 초창기에는 무역업에서 삼성과 거의 쌍벽을 이루었다고 했다. 하지만 감사를 하던 중 한 가지 놀랐던 것은 당시 1만원 이상 지출은 모두 이사의 승인을 거치도록 하고 있었던 점이다. 볼펜이 다 떨어져도 이사가 회사로 복귀하기까지 기다렸다 이사의 사인을 받아 볼펜 한 통을 사야 하는 식이었다. 내가 감사했던 그 당시까지도 매우 탄탄한 재무구조를 유지하며 안정적인 기반에서 사업을 하고 있었지만, 규모 면에서 삼성은 한국을 대표하는 재벌로 성장한 반면 그 기업은 비록 대기업이긴 하지만 삼성에 결코 비견할 수 없는 처지에 빠지고 말았다. 그 기업이 성장을 멈춘 데에는 사업 방향을 잘못 선택한 부분도 있었겠지만, 이러한 관리의 비효율도 한 몫 했을 것이다.

제도 자체는 바람직하더라도 그 나라 실정에 비추어 맞지 않는 경우도 있다. 소위 말하는 자유주의 경제관리, 대외개방 등에 바탕을 둔 '워싱턴 컨센서스Washington consensus'는 개발도상국의 입장에서 보면 문제가 있을 수 있다는 것도 실감했다. 한번은 IMF가 타지키스탄 정부에 대해 정부 재정의 책임성accountability을 분명히 하기 위해 중앙은행에 예치해 놓은 정부예금에 대해서는 민간인이 은행에 예금하면 이자를 주듯 이자를 지급하고, 반면 정부 대출금에 대해서는 중앙은행이 정부에 대해 이자를 물리도록 하라고 권고하려고 했다. 정부 제도는 가급적이면 단순한 것이 바람직하다. 정부 제도에 대해서는 국회나 언론이 견제를 하지만, 제도가 너무 복잡하면 이들이 이해하기도 어려운 까닭에 견제가 제대로 이루어지지 못하는 경우가 많다. 투명성transparency을 높이는 차원에서도 이 방향이 옳다. 더구나 정부의 역량이 제대로 갖추어지지 않은 저개발 국가의 상황에서는 혼란만 더 초래될 수 있었다. 당시 타지키스탄에서는 정부의 예금 잔고 기록이 중앙은행의 기록과 달라 서로의 차이를 밝힐 필요가 있는 경우도 종종 있었다. 정확한 잔고 금액을 확정하는 데에도 여러 차례의 회의와 조정이 필요했고, 기간도 꽤 걸렸다. 그리고 예금 이자율과 대출 이자율도 재무부에서 압력을 행사해 자의적으로 바꾸곤 하는 실정이었다. 즉 수지 상황을 보며 재무부가 목표로 하는 재정수지 수준에 맞추어 해당 이자율도 수시로 조정하는 상황이었다. 결과적으로 제도는 복잡해지고 담당자들의 노력은 대폭 늘어나면서 기대하는 재정수지에 대한 책임성이 나아지는 효과는 거의 기대하기 힘들었다. 무슨 제도이든 그 제도를 운영하는 데 드는 비용담당자의 시간투자, 컴퓨터 시스템 지원 등을 감안해서 비용cost보다 편익benefit이 커야 하는 법이다. 이런 이유를 들어 나는 반대 입장이었지만 '워싱턴 컨센서스'에 신념을 가지고 있는 미션 리더와 동료들을 설득하는 일이 어려웠다. 결국 이 제안은 거의 실행 직전까지 갔다가 나의 의견에 주재사무소장과 미션 리더가 동의하고 정부도 강하게 반대하여 채택되지 않고 유야무야되었다.

또 IMF가 면화 및 알루미늄에 판매세Sales tax를 물리고 있던 타지키스탄 정부에게 이를 부가가치세Value added tax, VAT로 바꾸는 것이 좋겠다는 정책제안을 내놓은 적이 있다. 내가 팀에 합류하기 전에 이미 정책 협의 대상에 넣어 두고 있었던 것이다. 그러나 당시 타지키스탄의 상황은 부가세 제도를 일부 도입하긴 했지만 영

타지키스탄에서 미션팀이 방문한 어느 면화 공장. 면화는 타지키스탄의 대표적인 산업 중 하나이다

수증을 인쇄할 예산도 없는 상태였다. 부가세가 근거 과세 및 투명한 과세를 위해 바람직하지만, 영수증도 제대로 주고받지를 못하면서 그를 어떻게 도입할 것인가? 명백하게 문제점이 있었다. 그러나 문제는 이런 실무적인 문제점을 어떻게 설득력 있게 IMF 동료들에게 이해시키느냐 하는 것이었다. 나는 왜 그렇게 하면 안 되는지에 대해 나름대로 자료를 찾아서 조그만 보고서를 작성했다. 상당히 기술적인 부분이 많으므로 서류로 작성하는 것이 그냥 말로 설명하는 것보다 더 효과적일 것 같아서였다. 결국 IMF 내부에서 나의 설득이 받아들여졌다. 부가세 교육 등을 강화해 나가되 당분간은 판매세를 유지하는 쪽으로 가닥을 잡은 것이다. 이 부분에 대해 타지키스탄 정부 관계자들은 그 후 나에게 몇 번씩이나 고마움을 표시했다.

ADB, 어떤 곳인가 _ 관리자의 시각에서

ADB 입구 바깥에서 본 건물 전경

ADB 본부는 필리핀의 수도 마닐라에 있다. 필리핀 마닐라는 잘 모르는 상태에서는 먼 외국이라고 느껴지지만 사실은 인천공항에서 비행기를 타면 4시간이 채 걸리지 않는 가까운 거리에 있고 비행기편도 하루 10편 이상으로 많다. 한국에서 남쪽으로 계속 내려가면 바로 닿는 국가이기도 하다. 필리핀의 수도 마닐라 내에 올티가스Ortigas라는 신개발 지역이 있다. 이 지역 내에 꽤 넓은 부지를 차지하면서 단정한 디자인의 9층짜리 건물이 서 있는데 바로 ADB 본부 건물이다. 1990년대 초에 현대가 건설했다. 내부에는 열대지방답게 싱그러운 나무가 우거진 잘 다듬은 정원이 있고 분수도 있다. ADB 본부 건물 내부에 들어가 보면 설계나 실내 디자인에서 일본풍이 강하게 느껴진다. 일본이 ADB의 운영을

ADB 입구를 통과해서 내부에서 바라본 건물 전경

주도하고 있기 때문인지 모른다. 건물 지하에는 우체국, 은행, 여행사, 보험사 등의 편의시설이 입주해 있고 구내에는 각국으로부터 수입된 식료품, 주류, 간단한 생활비품 등을 직원들에게만 면세로 판매하는 매점도 있다. 1층과 2층에는 카페테리아와 이보다 조금 더 고급스러운 식당이 있고, 커피숍도 몇 군데 있다. 또 1,000명 이상 수용 가능한 회의 공간도 있다.

ADB의 본부는 필리핀 마닐라에 있지만, 그 이외에도 사업을 시행하고 있는 중국, 베트남, 인도 등 개발도상국 25개국에 주재 사무소resident mission이라고 부른다가 있다. 또 미국 워싱턴, 일본 도쿄, 독일 프랑크푸르트에 3개의 연락 사무소representative office라고 부른다가 있다. 이와는 별도로 일본 도쿄에 ADB의 연구 교육 센터인 ADB Institute가 있다.

내게 ADB에서의 근무는 개인적으로 유익한 경험이었다. 재무국장으로서 여러 가지 일을 했다. '사베인즈-옥슬리법Sarbanes-Oxley Act'에 따른 내부통제 보고 절차를 2년 정도의 준비를 거쳐 성공적으로 도입했다.[7] 국제회계기준IFRS의 도입을 준비했고, IPSASB

---

[7] 사베인즈-옥슬리법(Sarbanes-Oxley Act)은 미국에서 2000년대 초반 엔론, 월드컴 등 대형 회사가 회계부정으로 무너지면서 기업 내부통제를 강화하기 위한 목적으로 만들어진 법이다. 이 법에 따라 각 기업은 재무제표에 대한 회계감사 보고서와 함께 내부통제에 대한 감사 보고서

에 옵서버로 참여했다.[8] ADB 차관의 현금지급disbursement 업무에서 고객 중심의 서비스 현장을 만들고 모니터링 시스템을 도입해서 서비스를 획기적으로 개선하기도 했다. 나름대로 새로운 이니셔티브를 추진해가면서 열정적으로 일했고 인정도 받았다. 재무국장 직을 수행하면서 한편으로는 ADB의 자산부채 관리위원회Asset & Liability Management Committee, 리스크 관리위원회Risk Management Committee, IT 위원회IT Committee의 위원으로도 참여했다. 이들 위원회 일을 통해서 ADB 차원의 자산·부채 매칭과 이익계획, 자금 계획등의 재무관리 관련 의사결정 과정에 참여했다. 또 재무 리스크와 신용 리스크 등의 리스크 관리, 새로운 IT 시스템 개발 계획 수립과 모니터링 등 업무에 대해서도 경험할 수 있었다.

아시아 태평양 지역의 개발도상국에 금융 지원하기 위해 설립

ADB는 1966년에 세워졌다.[9] 설립 배경에는 냉전시대 미국이 아시아 태평양 지역에 경제적인 지원을 확대함으로써 소련의 영향력

도 공표하도록 강제되었다.

[8] 현재 ADB는 미국 회계기준(US GAAP)을 따르고 있지만, 내부적으로 국제회계기준(IFRS)으로의 이행을 준비 중이다.

[9] ADB의 경우 1966년에 만들어졌으나 설립 논의는 60년대 초반부터 있었다. 세계 2차대전이 마무리되고 조금 후였던 그 당시에는 일본이 빠르게 성장하고 있었지만, 필리핀도 아시아 국가 중에서 상대적으로 가능성을 보이는 나라였다. 당시 아시아에서 성장 가능성이 높은 나라로는 일본과 필리핀 두 나라가 꼽혔다고 한다. 이 두 나라 중에서 결국 필리핀이 ADB 유치국가로 선정되었다.

필리핀 마닐라에 있는 ADB 본부 건물.
현재 사무실 부족으로 일부 증축공사 중이다.

확대에 대응하려는 의도가 있었다고 여겨진다. ADB의 업무 목표_{vision 또는 mission}는 아시아 태평양 지역 내의 개발도상국들이 빈곤을 줄이고_{reducing poverty} 삶의 질을 높일 수 있도록 돕는 것이다.[10] 참고로 세계 인구의 약 절반 정도가 아시아 태평양 지역에 살고 있다. 또 세계 전체로 따질 때 모든 빈곤인구는 약 9억 명이라고 하며, 이중에서 아시아 태평양 지역 빈곤인구가 약 6억 명으로 세계 전체의 2/3 정도를 차지한다_{2010 기준}.

ADB의 이름에 은행_{bank}이 들어가 있지만 ADB의 목표는 이윤극대화가 아니다. ADB는 재무적으로 건전성을 유지하고 ADB의 개발지원 업무를 장기적으로 지속할 수 있는 적정한 정도의 이윤을 추구한다. 이 점이 일반 기업이나 금융기관과는 근본적으로 차이가 나는 부분이라고 할 수 있다. 예를 들어 ADB는 미회수 위험이 높은 저개발 국가에 이런 위험을 감수하면서도 시장 이자율보다 더 낮은 금리로 대출_{차관concessional loan}하기도 하

---

[10] 이러한 업무를 담당하는 국제기구들을 다자간개발은행(Multilateral Development Bank, MDB)이라고 부르기도 한다. 국제개발은행은 개발도상국의 경제개발을 지원하기 위해 국제적으로 설립된 기구들로, WB와 ADB, 아프리카개발은행(Arfican Development Bank, AFDB), EBRD, 미주개발은행(Inter-American Development Bank, IDB) 등이 있다.

고, 심지어 상환을 요구하지 않는 자금공여grant을 제공하기도 한다. 재무적으로 이윤 추구에는 오히려 역행하지만, ADB의 빈곤 퇴치라는 기관 목적을 수행하기 위해서 가능한 범위 내에서 이렇게 하는 것이다.

재무활동 상의 큰 특징은 자금의 조달과 운용이 여러 가지 통화로 이루어진다는 점이다. 또 자금 조달 기간보다 차관 등 운용 기간이 훨씬 길다. ADB는 재무위험을 지지 않기 위해 환율, 이자율 위험에 대해 완전히 헤지hedge: 환 또 금리에 대한 리스크를 없애는 거래하는 것을 원칙으로 하고 있다. 차입 중 통화 종류별로는 절반 정도가 미국 달러화로 이루어지고 있고 이자율로는 고정이자율 조건이 대부분이지만, 스왑swap 거래를 통해 거의 전부를 미국 달러화, 변동 이자율 조건으로 전환한다. 왜냐하면 대출이 대부분 달러화 표시, 변동이자율 조건으로 나가는 상황이므로 리스크 관리를 위해 자산 부채 간의 매칭matching이 필요하기 때문이다. 신용등급은 유사시 회원국들이 ADB 차입금을 우선 변제한다[11]는 약속과 ADB가 필요시 요구할 수 있는 회원국들의 자본금 추가 납입 약속에 힘입어 가장 높은 등급인 AAA를 유지하고 있다.

차관이나 공여를 제공하는 것과 같은 재무활동 이외에도 각 정책 분야별로 전문용역Technical Assistance, TA도 제공한다. 전문용역은 ADB의 전문가가 분야별예: 물 관리, 도시교통난 해소 등 또는 정책과제별예: 농업용수 공급, 도로 건설 등로 전문지식에 입각해 관련 이론, 우수한

---

[11] 이를 우선 변제채권자 지위(prefential creditor status)라고 한다.

외국 사례best practice, 해당 국가의 상황, 여건 등을 종합적으로 감안하여 정책 조언을 제시하는 활동이다. 또 ADB는 지식 공유의 장Forum을 제공하는 역할도 한다. 중요한 정책과제에 대해 관련 전문가와 역내 국가들의 정부부처 담당자들을 초청해서 전문지식과 경험을 서로 나누는 포럼을 개최하거나 교육시키는 등의 활동을 한다.

ADB는 국제기구로서 독특한 법적 지위를 가지고 있다. 여러 회원 국가들이 국제조약의 하나인 설립협정을 체결하였고, ADB는 이 설립협정에 따라 설립되고 법인격도 부여 받았다. 이 설립협정charter라고 흔히 부른다이 ADB의 지배구조, 업무, 조직 구성 등에 대해 개별 국가로 치면 헌법과 같은 역할을 한다. ADB는 이 설립협정과 이에 준해 정해진 각종 내부규정에 따라 움직인다. 업무와 관련한 규정은 본부가 필리핀에 있다고 해서 필리핀의 법 체제를 따르지는 않는다. 필리핀 정부의 입장에서는 ADB 측과 별도의 주재국협정을 체결하고마치 다른 국가와 협정을 체결하듯이, 이에 따라 ADB와 그 직원들 또는 일시적으로 일하는 전문가들에 대해 외교관에게 부여하는 것과 비슷한 각종 특권과 면제를 준다. 또한 ADB의 각종 문서, 자료, 파일 등은 이 협정에 의해서 보호된다. 필리핀 정부나 다른 국가의 정부가 ADB의 동의 없이 내부 문서, 자료, 파일 등을 조사하거나 가져갈 수 없도록 규정되어 있다.

회원국들이 지분에 따라 경영권을 행사

ADB는 누가 경영할까? 현재 67개에 달하는 회원국들이 주인으로서 중요한 의사결정을 하는 주체이다. 회원국 67개 중 아시아 태평양 지역 내의 국가는 48개이며 미국, 유럽 등 다른 지역 국가는 19개이다. 원조를 받는지의 여부로 67개 회원국을 구분하면, 41개 차입국가와 28개 원조 제공 국가로 나뉜다.

ADB 운영은 사실상 일본이 주도하고 있다. 1966년 창립 이후 줄곧 일본 재무성 차관 출신이 총재직을 맡고 있다. 미국과 일본이 동일한 지분을 가지는 양대 주주이지만 ADB 운영은 일본 측이 맡기로 양측이 합의했다고 한다. 일본과 미국을 제외하고 개도국 중에서는 중국과 인도 및 인도네시아가, 선진국 중에서는 호주와 독일 등이 상대적으로 큰 영향력을 행사하고 있다. 우리나라도 다른 국제기구의 경우에 비해서는 발언권이 있는 편이다. 의결권은 주식회사처럼 지분 크기에 따라 행사한다. 현재 2대 대주주로 미국과 일본이 똑같이 15.6%씩의 지분을 가지고 있다. 다음으로 중국 6.4%, 인도 6.3%, 호주 5.8%, 인도네시아

ADB 이사회 전경

5.2%, 캐나다 5.2%, 한국 5.0%, 독일 4.3% 등의 순이다.

지배구조에 있어서 최종적인 권한은 회사의 주주총회라고 할 만한 총회Board of Governors, BOG에 있다. BOG는 회원 자격 부여, 박탈, 총재와 이사 선임, 자본금 변경, 연차 보고서 승인 등 중요한 사항들을 심의하고 결정한다. 각 회원국 별로 한 사람의 정부대표governor, 한 사람의 대리대표alternate를 둔다. 대부분 국가에서 재무장관이 정부대표, 중앙은행총재가 대리대표를 맡는다. 우리나라의 경우 기획재정부 장관이 정부대표, 한국은행 총재가 대리대표를 맡고 있다. BOG 대표들은 비상근이어서 특별한 경우가 아니면 매년 한번씩 5월 초에 열리는 연차총회에 직접 참석해 논의한다. 필요에 따라 서류로 정부대표들의 의사를 묻고 이를 취합해서 결정하기도 한다.

실제로 일상적인 업무의 수요에 따라 결정해야 하는 사항들에 BOG가 일일이 간여하는 것은 불가능하고 바람직하지도 않다. 그래서 BOG를 대행할 수 있도록 본부에 상근하는 이사들로 구성된 이사회Board of Directors, BOD를 두고 있다. ADB의 운영과 관련해서 아주 중요한 사항은 BOG가 직접 결정하지만, 그 이외의 대부분 사항은 BOD가 결정하도록 위임되어 있다. BOD는 12개 국가 그룹을 대표하는 12인의 이사Executive director로 구성한다. 미국, 일본, 중국, 인도의 경우 각 이사는 자기 나라만을 대표하지만, 다른 이사들의 경우 몇 나라를 묶는 그룹을 대표한다. 한국도 이사 중의 하나이다.[12] 각 이사들은 1~2명의 보좌관advisor이 지원하고 있다. 이사들은 ADB 본부 제일 위층인 9층에 사무실이 있고 상근한다. 이사회 의장은 총재가 겸하고 있다. 이사회는 새로운 차관, 보증의 제공, 자본 투자, 차입, 인사, 예산, 결산 등의 중요 사항을 심의하고 결정한다. 실제 이사회의 진행은 안건별로 담당 부총재가 간략한 인사말을 하고 담당 국장이 안건을 설명한 후에, 이사별로 코멘트나 질의를 한 뒤 담당 국장이 이에 대해 답변하는 식으로 진행된다. 대부분의 경우 이사들과 사전에 충분한 설명, 협의과정을 거치므로 이사회에 일단 안건이 상정되면 거의 통과되는 것이 통례이다.

3,000여명의 직원 중 여성이 약 30%

ADB 본부 내에 왔다 갔다 하는 사람들은 대부분 ADB 직원들이지만 방문객들도 상당하다. ADB에서 전문분야 교육을 받거나 관련 세미나 참석을 위해 온 개발도상국 공무원들, 세미나 참석이나 업무 협의를 위해 방문한 전문가 등이다. WB 등 다른 국제기구 직원들도 꽤 자주 방문한다. 보안 안전관리 목적상 직원들은 항상 사진이 들어 있는 신분증ID을 목에 걸고 다니도록 되어 있다. 본부 건물을 벗어나고 다시 들어올 때 출입구에 있는 전자

---

[12] 한국 이사는 한국뿐 아니라 파푸아 뉴기니(Papua New Guinea), 스리랑카(Sri Lanka), 대만(Chinese Taipei), 우즈베키스탄(Uzbekistan), 바누아투(Vanuatu), 베트남(Vietnam)도 대표한다.

인식기에 이 신분증을 찍어야 한다. 방문객은 직원과의 사전 약속이 있어야 방문할 수 있고, 방문객 센터에서 사진이 포함된 일일 신분증을 발급받아서 패용하고 다녀야 한다.

ADB에는 총재 산하에 6인의 부총재, 같은 급의 사무총장 Managing Director General, ADBI ADB Institute 원장 dean이 있고 그 밑에 각 국 department을 맡는 국장들이 있다. 부총재들은 각각 몇 개의 국들을 분담하여 담당한다. 직원들은 국제적인 채용절차를 거쳐서 뽑는 프로페셔널 스태프 professional staff와 지역 내 노동시장에서 비교적 단순한 채용절차를 거쳐서 뽑는 서포팅 스태프 supporting staff의 두 그룹으로 크게 나뉜다. 어느 경우이든 ADB 직원이 되려면 ADB 회원국 국적을 가지고 있어야 한다.

현재 ADB 직원수는 본부 뿐 아니라 국가별 주재사무소와 주요 금융시장에 있는 지역사무소를 포함해서 약 3,000명에 가깝다. 프로페셔널 스태프는 약 1,100명, 서포팅 스태프는 1,900명 정도 근무하고 있다. 서포팅 스태프 대부분은 마닐라 본부에서 근무하는 필리핀 국적 직원들이지만, 각 나라에 나가 있는 주재사무소 또는 지역사무소에서도 약간씩 현지 직원들을 뽑아서 쓰고 있다. 직원들의 성비로 보면 여성은 프로페셔널 스태프의 약 30% 정도를 차지한다. 원래는 이보다 더 낮았지만 최근 ADB가 성비 균형 gender balance을 위해 적극 노력하면서

ADB 직원들이 회의실에 모여 회의하는 모습

이 비율이 많이 올라갔다. 학력으로 보면 석사가 가장 많다. 석사 40%, 박사 30%, MBA 15%, 학사 15% 정도로 구성되어 있다.

프로젝트 현장에서는 어떤 일이

ADB가 지원하는 사업은 개발도상국의 개별 프로젝트들이다. 이들 개별 프로젝트들은 각 나라별로 2~5년 단위로 수립하는 국가개발전략 Country Partnership strategy의 방향에 따라서 선정하고 집행한다. 개별 프로젝트별로 지원받는 국가가 정식으로 ADB에 지원을 요청하면 ADB가 그 나라 국가개발전략과의 부합 여부, 타당성 등을 검토한다. 이러한 내부 검토를 거쳐서 프로젝트별 보고서를 작성하고 이사회가 이를 승인하면 실제로 사업의 집행이 시작된다. 각 프로젝트는 대부분의 경우 3~5년의 집행기간이 걸린다. 이 시기에 일정 기간 예: 반년마다 주기적으로 사업이행실태를 점검하고 이에 따라 조달계약 procurement이 승인되고 승인된 부분만큼 자금공급 disbursement이 이루어진다. 이 사이에 ADB 관련 직원들은 수시로 현장을 방문해서 사업이 차질 없이 이루어지고 있는지 현장을 점검하고 필요한 경우 정부관계자와 애로요인을 해결하기 위해 협의한다. 평균 3~5년 정도의 시간이 걸려 사업이 마무리되면 이어서 사후평가가 이루어진다. 사후평가는 사업부서에서 자체적으로 하지만, 이와 별도로 선별적으로 독립된 사업평가 부서 independent evaluation office가 하기도 한다. 그 평가 결과는 이사회에 보고된다.

나는 ADB의 재무국장Controller으로 근무시 프로젝트가 이루어지는 개발도상국의 현장을 1년에 서너 곳씩은 방문해서 직접 점검했다. 실제 업무가 현장에서 어떻게 이루어지는지 파악하는 것이 중요하다는 생각으로 부임 후에 새로운 관행으로 정착시킨 것이다. 재무국의 업무인 '차관에 대한 현금 지급disbursement'이 현장에서 얼마나 잘 이루어지고 있는지를 제대로 살피기 위함이었다. 현장에 나가 있는 ADB 주재사무소 소장과 프로젝트 담당자, 해당 정부의 부처 관계자, 현장 소장 등 현장에서 일하는 사람들과 대화하면서 차관지급 절차에서 개선할 부분은 없는지 살폈다. 또 이러한 방문기회를 활용해서 주재사무소resident mission에서 회계와 재무 관리가 제대로 이루어지는지를 점검하는 기회로도 삼았다. 내가 현장을 방문할 때는 그 나라를 담당하는 스태프를 동행하도록 해서 같이 현장을 직접 보도록 했다. 현장의 소리

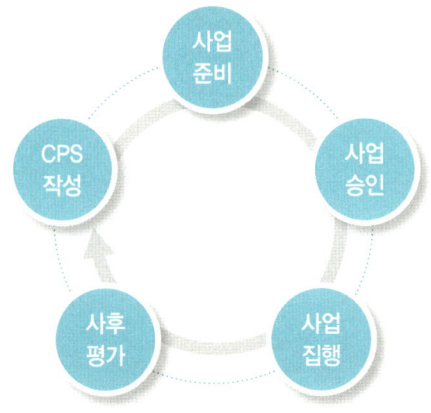

* CPS: Country Partnership Strategy, 국가개발전략

를 듣는 것은 담당자에게 자신의
업무가 ADB 전체 업무와 어떤 연
관이 있고 왜 중요한지를 알게 하
는 기회로 작용한다. 또 현장에서
자신의 일에 대한 고객을 접하고
생생한 얘기를 들을 수 있는 귀중
한 기회이다. 그로 인해 직원들에
게는 업무를 더 수준 높게 발전시
켜야 하겠다는 동기부여의 효과도
거둘 수 있었다.

실제 현장에서는 여러 가지 요
인들 때문에 사업 추진이 당초 계
획보다 지연되기도 한다. 예를 들
면, 공사를 발주하면서 제대로 절
차를 따르지 않는 경우이다. 공
사 발주procurement는 부정이나 정실
이 끼어들기 쉬운 부분이다. 그래
서 해당 정부가 발주업무를 맡아
서 하지만 투명성 있게 또 공정하

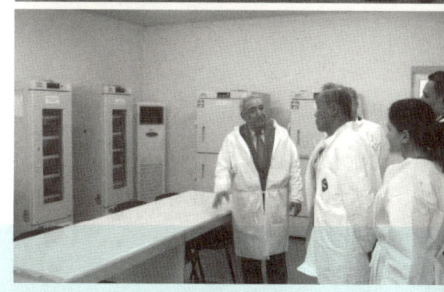

필자가 방문했던 ADB의 프로젝트 현장들.
위로부터 카자흐스탄의 도로사업, 스리랑카의 항만사업,
우즈베키스탄의 보건시설 사업 현장이다.

게 진행되도록 하기 위해서 ADB는 발주지침을 만들어 두고 이
에 따라 절차가 진행되었는지 보고서를 받아 점검 후 승인하고
있다. 해당 정부에서는 입찰자 자격을 불합리하게 제한하거나 또
는 제대로 심사하지 않은 상태에서 공사업체를 선정하는 경우가

종종 있다. 이때에는 절차를 다시 밟도록 요구하기도 한다. 입찰 또는 공사의 실제 진행상황 점검이 끝난 후에야 공사대금이 지급disbursement된다. 이 지급 과정도 여러 가지 이유로 지연되는 경우가 있는데, 예를 들어 해당 정부 내부에서 사업부서와 재무부, 중앙은행 간에 업무 협조가 잘 이루어지지 않아 지연되기도 한다. 공사를 실제로 담당하는 쪽은 사업부서지만, ADB와 연락을 유지하며 자금 지급 청구와 회계처리 등의 업무들은 재무부와 중앙은행에서 한다. 사업부서가 공사 관련 보고서를 작성해서 자금과 예산을 담당하는 재무부 또는 중앙은행과 신속하게 업무 협조를 해야 하는데, 내부 보고절차나 결재절차가 지연된다든지 하는 경우도 종종 생긴다. 또 프로젝트에 따라서 ADB 자금뿐 아니라 정부 예산에서 같이 매칭matching으로 자금이 투입되도록 계획한 경우도 있는데, 이때 국회 예산 승인이 늦어져 정부 예산으로 들어오는 자금이 늦어짐에 따라 ADB자금의 집행도 따라서 지연되는 경우도 있다. ADB 직원의 임무 중 하나는 현장에서 일어나는 이러한 지연 요인과 문제점을 파악하고 정부부처와 협력해서 사업 추진이 원활하게 이루어지도록 조정하는 것이다.

조직을 관리하고 이끈다는 것

ADB를 더 잘 이해하기 위해 나의 재무국장으로서의 조직 관리 경험에 대해 설명하는 것도 도움이 되리라 생각한다. 재무국장으로서 업무상의 전문지식을 잘 파악하고 있는 것이 업무 수행의 기본임에는 분명하지만, 더 중요한 것은 국(department) 전체 조직에 대한 관리자로서의 리더십이었다. 조직 내에서 각 직책은 고유의 역할이 있고 각자 그 고유의 역할을 잘 수행해야 조직 전체가 좋은 성과를 낼 수 있다. 과장은 과장으로서의 역할을, 직원은 직원으로서의 역할을, 그리고 국장은 국장으로서 해야 할 역할을 충실하게 잘 수행해야 하는 것이다. 국장으로서의 역할은 무엇일까? 우선 전략적인 판단을 잘 내리는 일이다. 국 전체가 어떤 방향으로 나아가야 할지에 대해 가장 치열하게 고민해서 나아갈 길을 정하고, 이를 조직원들과 공유해야 한다. 이는 국장이 마땅히 앞장서서 할 일이며, 다른 누구도 그런 역할을 대체할 수 없다. 이를 위해서는 항상 관심을 가지고 귀를 열어 둔 채 다양한 경로를 통해 전해지는 정보와 의견을 많이 듣고 생각을 다듬어 나가야 한다. 아울러 총재·부총재가 ADB 조직 전체의 운영에 대해 구상하고 있는 그림과 의중을 국 차원에서 충실하게 실현시키는 역할이 중요하다. 아울러 업무상 연관이 있는 국장 등 ADB 내 동료들의 의견도 귀담아 들어야 한다. 국가별 주재사무소에 나가 있는 동료들로부터 듣는 현장의 소리도 전략 수립과 조정에 중요하다. WB 등 다른 국제개발은행의 재무국장들도 유용한 정보원(源)이다. 이들과는 1년에 한 차례씩 국제개발은행 Controller 포럼에서 만나고 그 이외에도 수시로 필요하면 이메일로 연락했는데, 국제개발은행들은 업무가 비슷하고 유사한 이슈를 두고 비슷한 고민을 하기 때문에 서로 간의 의견교환이 매우 유용했다. 외부 전문가들에게 의견을 구하는 일도 필요하다. 예를 들어 회계법인 사람들이나 그 외 회계, 내부통제, IT, 조직관리 전문가 등과의 논의가 도움이 많이 되었다. 항상 전략적인 측면에 대해 스스로 관심을 가지고 열린 자세로 좋은 의견을 구하는 자세가 중요하다고 생각한다.

2~3년 정도를 미리 내다보고 이슈를 예상해서 사전에 준비해 나가는 것도 중요하다. 예를 들어 나는 ADB 내에 '사베인즈-옥슬리법Sarbanes-Oxley Act'에 따른 내부통제 점검 절차를 몇 년간에 걸쳐서 단계적으로 도입했다. 우선 단계별 도입계획을 짜고, 관련이 있는 부서들과 함께 준비 작업을 했다. 그 이후에 실제 예행연습dry run을 1년 해본 뒤 확신을 가지고 나서야 실제로 도입했다. 왜냐하면 만약 실제 도입한 후에 그 결과가 좋지 않으면 ADB의 신용등급에 영향을 줄 수가 있고, 이 경우 ADB의 평판repututation 훼손, 자금 조달, 금리의 상승 등 심각한 결과를 초래할 수 있었기 때문이다. 이런 중장기 과제들을 긴 시각으로 파악하고 미리미리 계획을 세워 착실하게 대비해 나가는 것이 국장으로서의 중요한 역할 중의 하나이다. 이런 전략적인 판단은 다양한 경로를 통해 정보를 획득하기 쉽고 오랜 경험을 가지고 있는 국장이 아니면 국 내에서 누구도 책임 있게 해나갈 사람이 없다.

국을 운영해 갈 이 같은 전략적인 사고를 부하 직원들과 공유하는 노력도 중요하다. 결국 그런 전략에 따라서 일을 하며 성과를 내는 사람들은 국 내부의 직원들이기 때문이다. 전략을 수립하는 과정에서도 국 내 직원들이 가급적 참여하도록 해서 그들의 의견을 듣는 방식으로 진행하는 것이 좋다. 물론 스스로 치열하게 고민하고 방향을 잡아가지만 직원들의 의견을 구하고 귀담아 듣는다면 그들의 관심도 높아져 종국에는 전략을 자신들의 것으로 인식한다. 국장이 마련한 전략과 계획에 직원들의 지원이 자연스레 보태지는 효과를 거둘 수 있음도 물론이다.

    국 외부에 대해 국을 잘 대표하는 것representation도 국장의 중요한 임무 중의 하나이다. ADB 전체 차원에서 일어나는 각종 업무에 우리 국이 적절히 참여해서 생산적인 기여를 할 수 있도록 기회를 만드는 것, 각종 회의에 참석해서 조직을 대변하는 것 등이다. 총재, 부총재들이나 다른 국장들, ADB 내 관련 직원들내부 고객들에게 국이 하는 일들을 적절히 알리는 것과 대외적으로 국이 하는 일들을 ADB 외부의 개발도상국 정부 관계자나 사업 담당자들외부 고객들에게 적절히 알리는 노력도 중요하다. 이러한 커뮤니케이션을 강화하기 위해 나는 각 과별로 커뮤니케이션 담당자

ADB 도서관. 몇 년전부터 배치를 바꾸어 정보 센터의 개념으로 바꾸었다. 도서와 자료 검색을 위한 컴퓨터 터미널은 물론이고, 세미나를 여는 공간도 있고 스타벅스 커피점도 있다

coordinator를 두고 국장실 직속의 스태프가 팀장을 맡도록 했다.

국 직원들이 담당하는 업무에서 늘 고객 중심으로 생각하고 더 나은 서비스를 제공하기 위해 노력하는 업무 태도를 가지도록 유도하는 것도 필요하다. 고객에게 제대로 서비스하지 못하는 조직은 결국 사라지는 운명을 맞는다. 정부 같은 공공부문도 예외가 아니다. 제대로 국민들에게 서비스를 제공하지 못하는 부처는 정권이 바뀌면서 조직개편의 대상에 오른다. 내가 부임했을 때 재무국은 오랜 기간 권위적인 업무처리 방식을 보이고 있었다. 특히 재무국의 차관 현금 지급 disbursement, 행정비용 지급 payment 등의 업무에서는 고객이 현금을 받아 가는 약자 입장이어서 서비스가 좋지 않더라도 대놓고 말하기가 어렵다. 그 결과 담당자 입장에서는 고객에 대해 서비스한다는 기본에 무관심해지기 쉽다. 그러다 보니 "재무국 업무 담당자들의 업무처리가 너무 늦다" 또는 "질의에 답도 잘 안 해주는 등 권위적이다"는 등의 불만이 들렸다. 재무적인 통제 fiduciary control는 엄격하게 유지하되 고객 중심으로 고객에 대한 서비스를 개선해 나가는 것이 급선무였다.

직원들의 인식을 바꾸는 것이 가장 중요했다. 고객 중심으로 일하는 것이 왜 필요한지를 설명했다. 만약 우리가 권위적인 업무 태도를 고집하면 재정국 전체가 수년 내로 위기에 빠질 수 있다는 얘기도 했다. 우리의 고객인 ADB 내 사업부서의 직원과 ADB 지원을 받는 국가의 정부 담당자를 초청해서 고객 입장에서 재무국이 해주는 서비스를 어떻게 생각하는지, 무엇을 더 개선할 수 있는지에 대해 의견을 듣는 기회를 마련하기도 했다. 고객에 대한 이해도를 높이기 위해 외부 전문가를 불러서 세미나도 가졌다. 나 스스로도 직원들과의 티타임, 점심식사 등의 시간을 통해 서로 대화하면서 '고객중심'의 마인드가 왜 필요한지 또 왜 중요한지를 이해시키려 계속 노력했다. 나중에는 직원들과 논의해서 6시그마를 도입하기도 했는데,[13] 이런 노력이 꾸준히 이어지면서 점차 직원들의 분위기가 스스로 서비스를 개선해 나가야 한다는 식으로 바뀌어 갔다.

인사관리는 어떻게

나는 직원들에게 나의 조직관리 목표는 두 가지라고 공언하곤 했다. 첫째는 맡은 일을 수준 높게 해내는 것이다. 조직 구성원으로서 자신이 담당하는 일에서 성과를 수준 높게 내는 것이 가장 중요한 임무이다. 이를 위해서는 각자가 스스로를 개발하며 맡은 업무를 잘 해내기 위해 노력하는 것도 중요하지만, 서로 협업하는 노력도 중요하다. 하나의 팀으로 일하는 것이므로 동료들이 좋은

---

[13] 6시그마는 미국 GE사에서 시작한 통계기법을 활용한 업무 프로세스 개선 기법으로 업무 프로세스를 표준화해서 예외를 대폭 줄이는 것이 목적이다. 시행해 나가는 과정이 중요한데, 조직원들이 자발적으로 참여해서 줄이는 방법을 찾고 또 성과를 계량화해서 관리해 나가는 식으로 추진한다. 이러한 과정을 통해서 조직원들의 인식을 바꾸고 자발적인 노력을 촉진하는 것이다. ADB의 경우 차관 현금지급 요청을 접수해서 검토 후 지급하기 까지 걸리는 기간이 너무 길다는 불만이 있었다. 따라서 6시그마를 통해서 이 기간을 합리적으로 단축하고자 했고 상당한 성과를 거두었다. 원래 6시그마의 시그마(σ)는 표준편차를 의미한다. 정규분포를 가정한다면 평균에서 좌우로 1표준편차 이내에는 전체의 68.3%, 2표준편차 이내에는 95.9%, 3표준편차 이내에는 99.7%가 포함된다. 6시그마는 예외의 비율을 6표준편차 바깥 정도로 줄이자는 것이니까 거의 완벽한 절차를 추구한다는 개념이다.

성과를 낼 수 있도록 적극 도와서 팀 전체의 성과를 최대한 높여야 하는 것이다. 둘째는 이런 중에서도 직원들을 최대한 행복하게 해주는 것이다. 직장 생활하는 시간은 매일 8시간씩이라고 쳐도 인생에서 잠자는 시간 등 기본적으로 필요한 시간을 빼면 가족과 같이 보내는 시간보다도 사실 더 많다. 인생의 중요한 부분인 만큼 직원들이 일하는 직장에서 최대한 그들을 행복하게 해주는 것이 리더로서의 임무이다. 같은 일을 하더라도 상대방의 상황을 이해하고 업무를 조정한다거나, 상사로서 가닥을 빨리 잡아 준다거나, 불필요한 업무 부담을 줄여 주는 배려가 필요하다. 일의 성과에 대해서는 진심으로 감사하고 조직 차원에서 인정해 주는 배려도 필요하다.

한편 인사관리에서 원칙을 세우고 이를 공평하게 적용하는 것도 중요하다. 하나의 조치는 나중에 비슷한 경우가 발생할 때 선례로 여겨진다. 아울러 유사한 사례가 생기면 그와 형평을 따지는 잣대로도 기능한다. 따라서 인사 조치를 취할 때는 이런 면까지 충분히 감안해서 판단해야 하는 것이다. 어쩌다 한 사람에게 약간의 혜택을 베풀 수는 있겠지만, 다음에 비슷한 상황의 다른 사람이 그런 혜택을 요구하면 거부하기 어렵게 된다. 그래서 원칙을 지켜 나가는 것이 중요하다. 또 훌륭한 성과에 대해서는 분명하게 그 노력을 인정하고 보상해야 한다. 그러나 제대로 성과를 내지 못하거나 실수를 범했을 때에는 상황에 대한 배려를 하되 작더라도 분명하게 불이익을 줌으로써 직원들이 신상필벌이 적용되고 있음을 알게끔 한다. 이러한 보상체계를 통해서 직원들이 업무에 더 충실할 수 있도록 시그널signal을 줄 수 있어야 하는 것이다.

내가 재무국장으로 부임한 지 얼마 지나지 않아 재무국의 한 여성 프로페셔널 스태프가 공식적인 이의제기 절차를 시작했다. 성과평가를 부당하게 받았고 승진에서도 밀렸다고 하며 내 전임 국장과 담당 과장에 대해 문제 제기를 한 것이다. 국 전체의 분위기도 다잡을 필요가 있어서 내가 개입하지 않을 수 없었다. 우선 그 과장과 프로페셔널 스태프를 별도로 불러서 충분히 이야기를 들었다. 내용을 들어 보니까 그 프로페셔널 스태프는 특히 과장이 부하 직원들 앞에서 자신을 질책한 것을 마음에 담아두고 있었다. 질책할 것이 있으면 혼자만 따로 불러서 그 이유부터 설명해서 이해시켜야 한다. 특히 부하 직원이 있는 앞에서 질책하는 것은 당하는 사람 입장에서 두고두고 앙금으로 남을 수 있다. 나로서는 개별적으로 만나서 이야기를 충분히 들어 주는 것에서 해결의 실마리를 찾았다. 이야기를 충분히 들어 주면서 그에 공감하고 이해한다는 자세를 보이면 그 자체만으로도 상당 부분의 불만은 없어진다. 그와 관련이 있는 여러 사람으로부터 이야기를 듣기도 했다. 어떻든 이미 소원 절차가 진행 중이었으므로 그 처리는 위원회의 결정에 맡길 수밖에 없었다. 나로서는 이미 직원들이 다 알게 된 이 소원 절차 때문에 국 전체의 업무나

> **TiP** ADB나 대부분의 다른 기구들도 직원들이 부당한 대우를 받았을 때 정식 절차를 거쳐서 소원을 제기할 수 있도록 하고 있다. 이러한 소원 제기에 대해서는 외부인으로 구성된 위원회에서 신중히 검토한 후에 판정을 내린다

직원들 사이의 협업 분위기가 흐트러지는 나쁜 영향을 차단하기 위해 노력했다. 이 사안은 내가 직원들을 만나서 소통하려는 기회를 가능한 한 많이 가지려고 했던 계기로 작용했다.

ADB에서는 대개 2년에 한 번씩 직장 만족도 조사를 해서 그 결과를 발표하고 또 매년 성과평가를 해서 연봉에 반영한다. 이러한 결과가 나오면 각 국에서는 경영상 개선해야 할 점을 파악해 그 방안을 마련하도록 했다. 내가 생각하고 있는 방안이 있더라도 바로 지시하기 보다는 가급적 직원들 중에 몇 사람으로 작업반working group을 구성해서 이들이 협의한 뒤 개선방안을 제안하도록 했다. 직원들의 참여가 중요하기 때문이다. 필요하다면 개선방안을 마무리하기 전에 국장과 협의하는 단계에서 조정할 수 있다. 그런 과정에서 괜찮은 아이디어가 나오면 바로 실천에 옮겨서 그들이 보람을 느끼도록 했다.

성과평가와 모티베이션

업무 전문성에 대한 평가나 승진 등 인사관리는 성과평가를 중심으로 돌아간다. 성과평가는 1년에 한 번씩 대개 2월에 그 전년도의 성과를 대상으로 벌이는데, 그 결과에 따라서 연말 포상금과 다음 해 봉급 인상률이 결정된다. 이는 또 추후에 있을 승진 심사에도 중요한 근거 자료로 활용된다. 전 조직이 동원되어서 부총재급까지 예외 없이 평가를 받는다. 따라서 이런 절차는 조직과 인사 관리에 있어서 매우 중요한 과정이다. 과장급 이하는 과장이 평가안을 마련해서 제안하고 국장이, 과장급은 국장이 안을 추천해서 부총재가, 국장급은 부총재가 추천해서 총재가 결정하는 방식으로 이루어진다. 국장들은 일 년 중에 가장 힘든 때가 성과평가 시기라고 얘기하곤 한다. 그만큼 신경도 쓰이고 시달리기 때문이다. 국장 입장에서 어쩔 수 없이 직원들의 성과를 서열로 매겨서 평가해야 하지만, 다들 자신이 기여한 것보다 제대로 평가받지 못했다고 생각하는 경향이 있으므로 신경 써서 신중하게 하나하나 처리해 나가야 한다. 자칫하면 성과평가 과정이 직원들로 하여금 더 열정을 가지고 자기 일을 하도록 하는 인센티브로 작용하기는커녕 오히려 열정을 꺾는 결과로 이어질 수도 있기 때문이다.

나는 최대한 투명하게, 또 충분히 의견을 듣는 절차를 거치고자 노력했다. 이를 통해서 성과평가 결과에 대해 직원들이 승복하고 또 인센티브 효과를 최대한 살리려는 목적이었다. 나는 그를 위해 연초에 향후 1년 동안의 성과평가를 어떤 기준에 따라 할지에 대해 미리 공표했다. 재무국은 회계와 현금 지급을 다루는 부서이므로 높은 도덕성이 뒤따라야 한다. 또 각자 맡은 일을 열심히 할 뿐만 아니라 고객인 다른 부서 직원들이나 사업 대상 국가의 공무원들에게 서비스를 잘 하는 것도 중요하다. 여기에 더해 동료들과 정보를 공유한다든지 하면서 협업하는 것도 중요하다. 이러한 점들을 기준으로 평가하겠다고 미리 밝힘으로써 직원들이 이를 분명히 알고 한 해 동안 근무할 수 있도록 한 것이다. 또 가급적 분기별로 한 번씩 매니저급 직원들 이상_{약 20명 내외}과 1대 1 면담을 하려고 노력했다. 업무 추진 상황, 애로 사항, 국 경영에 대한 건의 등을 솔직하게 듣는 기회로 활용했다. 성과평가 과정에서 직하급자인 과장들의 의견을 최대한 경청한 뒤 서로 토의해서 평가 결과를 결정하는 과정을 밟았다. 또 결과를 알릴 때에는 비록 성과평가에서 모두 우수 등급을 줄 수는 없지만 다들 열심히 일한 것을 알고 있고 여기에 대해 국장으로서 고마워한다는 점을 분명하게 밝힘으로써 더 열심히 자기 일을 할 수 있도록 격려하는 기회가 되도록 노력했다. 참고로 아래에 내가 정리해서 연초에 직원들에게 공표했던 평가 기준을 첨부한다. 이를 보면 국제기구에서 근무함에 있어서 어떤 점에 주안점을 두며 업무 수행을 해야 하는지 감이 잡힐 것이다.

Performance Evaluation Criteria for Controller's Department(CTL) Staff

The evaluation of performance of CTL staff will be based on : (i) work accomplishments and (ii) competencies in performing job responsibilities.

Work accomplishments

- The work load (volume), the difficulty of work, the contribution to the department. Work load will be considered mainly from the perspective of results, rather than inputs. Given that most works are performed in cooperation with other colleagues, each individual staff's

specific contribution needs to be considered.
- The quality of output. This needs to be appraised from the perspective of results: e.g., preserving a sound fiduciary control function, improving cleint services. For quality output, adequate knowledge or skills should be applied.
- Coordination of tasks or cooperation with colleagues, e.g., assigning and monitoring jobs, motivating colleagues, facilitating communication, solving problems cooperatively, etc.
- Timeliness of delivering outputs or results (e.g., meeting deadline).

Competencies in performing job responsibilities
- Possessing adequate knowledge and skills for a specific position.
- Making efforts to improve work process aiming to improve results, i.e., to improve work efficiency, to strengthen internal controls, and to better serve clients.
- Making efforts to improve client services and being responsive to clients' demands.
- Sharing useful information with other colleagues. Maintaining good cooperation and work relationship with other colleagues.
- Making efforts to improve the perception of the department by clients or Bank's management.
- Keeping and encouraging a high level of integrity.

협력과 소통을 위한 노력

내가 ADB 재무국장으로 근무하던 당시 협력과 소통을 위해 노력했던 경험을 얘기하고자 한다. 나는 직원들과의 소통을 강화하기 위해서 각별히 노력했다. 내가 담당하던 ADB 재무국Controller's Department은 3개 과, 직원 수가 약 180명에 달하는 큰 조직이다. 조직 전체가 업무를 실수 없이 잘 처리하고 또 서비스도 수준 높게 이루어지도록 관리하는 것은 국장에게 상당한 도전이었다. 회계와 재무는 특히 조그만 실수도 없어야 한다. 물론 오랜 기간 발전되어 온 업무처리 절차내부통제 절차가 갖추어져 있어서 이중 삼중의 점검이 이루어지지만 간혹 실수가 생기기도 한다. 예를 들어 담당 직원이 집안에 심각한 문제가 생겨서 집안일에만 모든 관심을 쏟아 업무에 소홀해진다든지, 신규 직원이 업무를 제대로 파악하지 못한 상태에서 업무를 맡아 잘못 처리한다든지 하는 경우는 얼마든지 생길 수 있다. 내부통제internal control 제도가 아무리 잘 설계되고 작동하고 있더라도 이런 인간적 요인human factor에 의해 실수가 생길 수 있는 것이다. 이런 점에 유의해서 관리자는 늘 주의 깊게 관찰해야 한다. 적어도 관리자가 늘 주의를 기울인다는 것을 직원들이 알도록 해야 하

ADB 전형적인 개인 사무실. 프로페셔널 스태프들은 이러한 개인별 사무실에서 일하게 된다.

고 관리자의 개입이 필요한 경우 바로 조치를 취해야 한다.

재무국장으로 부임하면서 우선 국 내부 과장들과의 소통 통로를 강화했다. 전임 국장의 경우 특별한 일이 있는 경우에만 과장을 불러 업무를 지시했다고 들었다. 나는 국장으로서 국 내에서 어떤 일이 이루어지고 있는지 항상 파악하지 않는 것은 직무를 제대로 수행하지 않는 것이라고 생각했다. 나는 과장들에게 매주 월요일 오전에 정례 회의를 열며, 또 원칙적으로 매주 금요일 점심을 같이 하자고 선언했다. 국의 간부들끼리 모여서 매주 회의를 하는 것은 국장이 국 내의 업무가 어떻게 돌아가고 있는지 파악하는 데 도움이 되기도 하지만, 중간 관리자인 과장들의 능력 향상을 위해서도 유용하다. 회의를 통해서 다른 과가 무슨 일을 하는지에 대해서 이해하게 된다. 이는 자신의 업무가 전체 국 업무와 또는 전체 조직ADB 업무와 어떤 관련이 있는지를 이해하는 기회로도 작용한다. 또 과 간에 업무상 협조를 논의할 일이 있으면 이 회의가 효과적인 통로가 되었다. 과장들도 언젠가는 국장 직책을 맡을지 모른다. 간부로서 역할을 준비한다는 면에서도 이들이 국 전체 또는 조직 전체의 시각에서 업무를 바라보는 훈련은 도움을 준다. 한편 금요일 점심은 서로 인간적으로 친해지는 데 주력했다. 가급적 업무 얘기보다는 가정사, 취미, 음식 등 얘기를 나누었다. 간혹 운동골프을 같이 하기도 했다. 이러한 계기를 통해서 빠른 속도로 과장들과 마음으로 가까워지고 친해질 수 있었다. 한편 업무상 연관있는 다른 국의 국장이나 과장에게도 먼저 나서서 점심을 같이 하자고 제안하기도 하고 리셉션 장에서는 다가가서 말을 걸고 하면서 친해지려고 노력했다. 결국 일은 사람이 하는 것이라 인간적으로 친해지다 보면 업무 처리도 원활하게 굴러가기 마련이다. 특히 대부분의 국 과장들이 20~30년씩 ADB에 근무한 사람들이라 갑자기 국장으로 들어온 내 입장에서는 그들과 인간적으로 친숙해지는 것이 중요했다. 이런 과정에서 외국 친구들도 꽤 생겼다.

국장으로서 과장들과의 커뮤니케이션에만 의존하다 보면 실제로 업무가 이루어지는 현장이 어떻게 돌아가는지에 대한 감이 떨어지기 쉽다. 현장으로부터의 커뮤니케이션 통로를 독점하는 사람이 자신을 위해서 악용하려 할 수도 있다. 그래서 자주는 아니더라도 하위 관리자, 또 실무 담당자들과도 소통해 나갈 필요가 있다. 매주 금요일 오후에 30분 정도씩의 티타임tea time 프로그램을 만들어 실무 담당자들을 차례로 만났다. 가벼운 분위기에서 서로 자기소개도 하고 잡담도 하면서 내가 생각하는 업무 방향에 대해서 설명하고 국 운영에 대한 의견도 들었다. 이들 중에 대리급 스태프는 두세 사람씩 나누어서 돌아가면서 점심도 같이 하곤 했다. 그리고 국에 새로 들어오거나 떠나는 대리급 스태프는 반드시 점심을 같이 하려고 노력했다. 이들은 재정국에 10~20년 이상 근무했지만 국장과 같이 점심해 본 것은 처음이라며 좋아 하기도 했다.

GCF, 어떤 곳인가

GCF가 들어설 I-Tower 건물. 중앙의 사선이 그려진 건물이다.

GCF는 2013년 내로 우리나라 인천 송도에 본부가 정식으로 출범할 예정인, 새로이 설립되는 국제기구이다. 국제사회가 기후변화에 대응해서 어떻게 힘을 합쳐 노력해 나갈지에 대해 논의하는 과정에서 몇 년 전부터 구상되어 새로 탄생하게 되었다. GCF는 특히 개발도상국들이 기후변화에 대응해 나가는 데 필요한 금융을 제공하는 기능 financial mechanism 을 위해 만들어졌다. 기후변화 대응에 있어서 금융을 얼마나 효과적으로 공급하느냐가 성과를 결정하는 중요한 요소 중의 하나이기 때문이다. 나는 GCF를 한국에 유치하는 과정의 실무책임을 맡았었고, 지금은 GCF의 정식 출범을 위한 각종 준비 작업을 맡고 있다. 또 GCF의 본부 조직, 사업 모델 등 중요한 사항들을 결정하는 과정에 관여하고 있

국제기구 알아보기

다. 이런 경험에 바탕을 두고 GCF가 어떤 국제기구인지를 설명하려 한다.

기후 변화에 대한 논의

기후변화에 따른 기상이변, 홍수, 가뭄, 폭풍 등 갖가지 재난은 이제 지구촌의 일상적인 풍경처럼 벌어진다. 2011년 2월 영동지역에 100년만의 폭설이 내려 피해가 컸다. 같은 해 7월 서울지역에 내린 집중호우는 우면산 산사태로 이어져 16명이 숨지는 참사도 몰고 왔다. 2012년 여름에는 폭염이 맹렬한 기세를 떨쳤다. 주요 도시에서 열흘 이상 열대야 현상이 나타났다. 이러한 기상이변은 우리나라뿐만 아니라 전 세계적으로 일어나고 있다. 미국도 2012년 여름 한 달 넘게 이어진 폭염으로 심각한 가뭄 피해를 입었다. 10월에는 허리케인 샌디에 의한 피해액이 63 billion 달러 약 70조원에 달했다. 이러한 재난에 의한 피해는 가난한 개발도상국일수록 더 심각하다. 2012년 12월 필리핀 남부를 강타한 태풍 보파 Bopha 로 사망자만 약 1,000명에 이르렀다.

    기후변화는 이러한 재난 뿐 아니라, 물 부족, 농업 및 식량에 대한 악영향, 생태계와 생물 다양성 파괴 등도 가져오기 때문에 인류의 생존을 위협할 수 있는 지경에까지 이르고 있다. 반기문 UN사무총장 2009 은 기후변화가 인류가 처한 가장 심각한 도전이며, 인류가 엄청난 재앙을 피하려면 앞으로 10년 안에 온실가스

Green House Gas, GHG 배출을 줄여 나가야 한다고 역설한 바 있다. 기후변화는 인류가 당면한 최대의 과제가 되었다.

GCF는 국제사회가 기후변화에 대한 대응책을 논의하는 과정에서 탄생한 기구이다. 따라서 GCF를 이해하려면 우선 국제사회의 기후변화에 대한 논의 과정을 이해할 필요가 있다. 기상이변 등 기후변화가 일어나는 주된 원인은 대기 중에 과다하게 들어 있는 온실가스에 있다. 온실가스가 과다해짐에 따라 기온이 상승하고 이에 따라 갖가지 재난이 일어나고 있다는 것이 과학자들의 결론이다. 따라서 기후변화 문제를 해결하려면 온실가스를 줄여 나가야 한다. 그런데 온실가스는 한번 생성되면 오랜 기간100~200년간 동안 대기에 남아 있다고 한다. 또 지구상 어디에서 생기든지 온실가스는 제트기류나 무역풍을 타고 빠른 시간 안에 전 세계에 퍼진다. 그러므로 기후변화 문제를 해결해 나가려면 몇몇 나라가 아니라 지구상의 모든 나라들이 힘을 합쳐서, 또 몇 년이 아니라 장기간 꾸준히 노력해 나가야만 해결 가능하다.

기후변화 문제가 심각하다는 점, 그리고 이를 해결해 나가려면 인류의 공동대응이 필요하다는 점을 세계적으로 많은 사람들이 점차 이해하고 또 폭넓은 공감대를 이뤄가게 되자 국제사회도 이를 집중적으로 논의하기 시작했다. 이러한 국제사회의 논의를 촉발시킨 주인공은 국제연합UN이었다. 1990년대 초에 UN은 국제적인 협의체를 구성하여 이에 대한 공동 대응방안을 논의하기 시작했다. 1992년 브라질 리우데자네이루에서 열린 유엔환경개발회의UNCED가 전환점으로 작용했다. 여기에서 거의 모든 나라의 정상들이 기후변화에 공동 대응하는 기본 틀을 짜기 위한 국제 협의체를 새로 구성하자는 협약에 서명하였다.[14]

이 협약에 따라 설립된 협의체가 유엔기후변화협약 UNFCCC이다. 이 UNFCCC에 참여하는 나라의 대표들이 모이는 회의를 당사국총회 COP라고 한다. 당사국총회는 기후변화에 대한 중요한 의사결정 기구로 자리 잡아가고 있다. 첫 번째 회의는 1995년 독일 베를린에서 열렸고, 이후 매년 연말에 한 번씩 당사국총회가 열리고 있다. 세 번째 회의는 1997년 일본 교토에서 열렸다. 대부분 연말인 11~12월에 열리는데, 지난 2012년 12월에는 카타르의 도하에서 18차 당사국총회가 열렸고, 2013년 11월에 19차 당사국총회가 폴란드 바르샤바에서 열릴 예정이다.

기후변화회의에서 주된 과제는 기후변화를 일으키는 주범인 온실가스의 배출을 어떻게 줄여 나가느냐이다. 기후변화를 관리 가능한 범위 내로 억제해 나가려면 연평균 기온을 산업혁명 이전 1750에 비해 섭씨 2도 높은 범위 이내로 억제해야 한다고 한다. 현시점에선 이미 0.8도가 올라가 있는 상태이다. 따라서 앞으로 1.2도 상승 이내로 억제할 수 있도록 온실가스를 줄여 나가야 하는 것이다. 이러한 온실가스 감축 노력에 중요한 이정표가 되는 것이 '교토의정서 Kyoto protocol' 체제이다. 교토의정서는 각 나라가 배출가스를 2008~2012년 기간에 1990년 기준 대비해서 적어도 5% 이

---

[14] 이 역사적인 회의를 기념하기 위해 이후 10년 주기로 2002년에 Rio+10, 2012년에 Rio+20 유엔 지속가능성장회의가 리우데자네이루에서 열리고 있다.

상 감축하자는 합의이며, 지난 2012년 말 도하 당사국총회에서 다시 그 기한을 2015년까지로 연장했다. 다만 이러한 감축의무는 개발도상국을 제외하고 선진국들만 지도록 했다.

선진국들만 의무부담을 지운 이유는 다음과 같다. 우선 현재의 기후변화 현상에 대한 책임의 대부분은 선진국에 있다는 것이다. 원인에 대한 책임이 있는 사람들이 그로 인한 부담을 져야 한다는 논리이다. 이를 역사적 책임성 historical responsibility 이라고 한다. 선진국들이 산업화 과정에서 배출한 가스가 현재 지구상에 존재하는 온실가스의 대부분 구체적으로 약 75% 정도 이라고 한다. 한편 개도국들은 빈곤문제를 해결하기 위해 경제발전을 해야 하며 그를 위해서는 어느 정도의 배출가스 증가는 불가피한 실정이다. 개도국 입장에서 본다면, 선진국들은 일찌감치 산업화를 완성하면서 배출가스를 과다하게 생산해 놓고서는 이제 산업화를 시작하려는 개도국들에게 배출가스를 이유로 들어 발전을 방해하는 꼴이다. 따라서 국제사회는 교토 기후변화회의에서 배출가스를 줄이는 부담은 선진국 당시 OECD 가입국 들 및 구소련 동구권 국가들만 지도록 합의했던 것이다.

선진국과 개도국에 대한 이 같은 구분에 따른 그룹별 국가 리스트는 유엔 기후변화협약 합의서에 부록 annex 으로 붙어 있다. 즉 감축 의무가 있는 선진국 및 구소련 동구권 국가들의 리스트가 Annex 1으로 붙어 있으며, 이에 따라 이들 국가는 'Annex 1 국가', 감축 의무가 없는 개도국은 'Non-Annex 1 국가'라고 부른다. 우리나라는 개도국 그룹인 'Non-Annex 1 국가'에 들어가 있고, 이에 따라 배출가스 감축을 의무적으로 해야 하는 부담은 지지 않고 있다. 한편 이 선진국/개도국 구분은 1990년 당시의 경제여건을 기준으로 한 것이어서 현시점에서 본다면 적절하지 않은 면이 있다. 예를 들어 우리나라 뿐 아니라 우리보다 더 잘 사는 싱가포르, 석유로 인해 잘 살고 있는 사우디아라비아와 카타르 등의 산유국들도 개도국 그룹에 포함되어 있다. 그래서 지난 2011년 12월 초 남아프리카 더반에서 열렸던 17차 당사국총회에서 2020년 이후에는 이러한 구분 없이 모든 나라가 배출가스 감축 부담을 지는 체제로 가자고 합의하였고, 그 구체적인 방안을 2015년 말까지 마무리하기로 한 것이다.[15]

GCF는 개발도상국에 대한 금융지원을 위해 설립

앞에서 설명한 내용처럼 국제사회가 1990년대 초부터 기후변화에 대한 대응을 공론화하고 배출가스를 줄이려 노력해 왔지만 그 결과는 그렇게 만족스럽지 못했다. 특히 개도국들의 참여가 소극적이었다. 그러나 앞으로 개도국들의 적극적인 참여는 매우 중요하다. 현실적으로 유럽, 미국, 일본 등 선진국에서 추가로 배출가스를 줄여 나가려면 비용이 많이 들지만 개도국에서는 상대적으

---

[15] 이 논의 체제를 그 회의가 있었던 도시 이름(더반)을 따서 더반 플랫폼(Durban platform)이라고 한다.

로 적은 비용으로 배출가스 감축이 가능하다. 또 개도국이 만들어내는 배출가스의 비중이 점차 커져 가고 있으므로 개도국의 역할이 앞으로 갈수록 더 중요해진다는 점도 감안해야 한다. 그러므로 지구 전체로 보면 개도국의 배출가스를 줄여 나가는 것이 더 경제적이고 중요하다.

하지만 선진국의 경우 그동안 축적된 배출가스에 대한 역사적 책임historical responsibility이 있다. 개도국의 입장에서는 당장 빈곤 퇴치 등 경제발전에 쓸 자금도 모자란 상태에서 배출가스 감축에 자금을 투입하기가 현실적으로 어렵다. 그래서 국제사회는 개도국의 적극적인 참여를 끌어내고 기후변화 대응의 효과를 높이기 위해서는 개도국의 기후변화 대응 노력에 필요한 자금을 선진국들의 부담으로 지원하는 것이 필요하다는 결정을 하게 되었다. 이러한 자금지원을 체계적으로 해 나가려면 이를 전담하는 금융기구를 신설할 필요가 있었다.

이러한 배경에서 2010년 말 칸쿤에서 열린 16차 당사국총회에서 GCF를 설립하기로 국제사회가 합의했다. 이에 따라 1년간 설계위원회transitional committee가 구성되어 설립방안을 마련하도록 했다. 이 설립방안Governing Instruments을 2011년 말 더반에서 열린 17차 당사국 총회에서 채택함으로써 GCF가 탄생할 수 있었다. 더반 총회에서는 2012년 말까지 유치 국가를 결정하고 2013년 말 이내로 GCF를 정식 출범시키기로 하는 시간 계획도 채택하였다.

GCF는 무슨 일을 어떻게 하나

GCF는 기후변화 대응을 위한 금융기능financial mechanism을 담당할 별도의 국제기구로 만들어졌다.[16] GCF의 설립 취지는 설립방안에 다음과 같이 규정되어 있다.

- 기후변화 대응을 위한 국제사회의 노력에 기여함이 목적이고
- 개발도상국이 온실가스 배출이 낮고 기후 변화에 대응하는 개발경로low-emission and climate-resilient development pathway로 패러다임을 전환하도록 촉진하며
- 개발도상국의 배출가스 감축이나 기후변화에 대한 적응을 지원하되, 특히 기후변화에 가장 취약한 국가들을 지원하는 것이 목적이다.

GCF가 무슨 일을 해 나가는지에 대한 설명은 위에 잘 드러나 있다. 이에 따르면 GCF는 기후변화와 관련한 배출가스 감축mitigation과 기후변화에 대한 적응adaptation을 우선적으로 지원하도록 규정하고 있다.[17] 이외에도 산림보호REDD, 능력배양capacity building, 기술개발 및 보급technology development and transfer도 지원하도록 하

---

[16] 이는 COP 16 결의문 102항에 다음과 같이 명시되어 있다. "Decides to establish a Green Climate Fund, to be designated as an operating entity of the financial mechanism of the Convention…"

[17] 감축(mitigation)은 배출가스를 줄이기 위한 사업을 말한다. 예를 들어 풍력, 태양열 에너지 시설이나 노후 버스 교체 등의 사업이다. 적응(adaptation)은 기후변화에 따른 피해를 줄이기 위한 사업이다. 예를 들어 방파제 건설, 농업용수 공급 등의 사업이다.

고 있다.[18] 또한 개도국의 프로젝트 수행을 위한 준비작업readiness and preparatory support이나 기술용역도 지원하도록 되어 있다. 지원은 대부분 공여grant 또는 저리융자concessional loan 형태로 지원한다.[19]

이러한 구도 하에서 GCF가 구체적으로 어떤 사업모델을 가지고 일해 나갈지는 아직 미정이다. 현재 이사회의 중요 의제agenda 중의 하나로 선정되어 있어 2013년에 중점 논의할 예정이다. 정해진 바에 따르면, 지원 절차에 있어서는 개도국들이 GCF로부터 직접 지원을 받는 형식direct access이 가능하며, 지원은 정부부처와 다른 국가기관 및 국제기구 등 다양한 경로를 통해 받을 수 있도록 하고 있다. 위와 같은 설립방안에 바탕을 두고 GCF 이사회가 사업모델 등을 결정해 나갈 계획이다. 아직은 이사회에서 6명으로 워킹 그룹working group을 구성해 본 사업모델에 대한 전문적 검토를 진행 중이다. 보고서가 나오는 대로 이사회에서 논의를 시작할 계획이다.

기후변화를 금융 면에서 지원하는 기구로는 GCF 하나만 있는 것은 아니다. 지구환경기금GEF, 적응기금Adaptation Fund 등이 있고, WB, ADB 등 국제금융기구에서도 지원하고 있다. 그러나 이

---

[18] REDD는 Reducing Emissions from Deforestation and forest Degradation의 약어이다. 세계적인 원시림을 가진 브라질, DR콩고, 인도네시아 등의 개도국에서 주민들이 생존을 위해 숲을 불태워 개간한다든지 하는 산림 파괴가 일어나고 있다. 산림은 배출가스를 흡수하므로 산림 파괴는 결과적으로 지구상의 배출가스를 증가시킨다. 이러한 산림 파괴를 줄이기 위한 지원 프로그램이 REDD이다.

[19] 공여(grant)는 반환의무가 없는 자금을 제공하는 것, 저리융자(concessional loan)는 시장금리보다 더 저렴한 금리로, 상환기간도 장기의 유리한 조건으로 자금을 대출해주는 것을 말한다.

들 기금은 규모가 작거나 기후변화 이외의 다른 분야도 지원하는 경우가 많다. 앞으로 GCF는 기후변화에 대응하는 국제사회의 노력에 있어서 중추 역할을 수행할 것으로 보인다. 국제사회는 GCF를 통해 이러한 다양한 지원경로를 통합해서 효율화하는 방안도 고려하고 있다.

GCF의 지배구조는 어떤가

GCF의 중요한 의사결정과 운영은 GCF의 이사회board가 맡는다. 이사회는 24개국 대표로 구성한다. 선진국 12개국과 개도국 12개국이다. 선진국의 경우에는 그런 제한이 없지만, 개도국의 경우 지역그룹 별로 대표수를 할당하고 있다. 즉 아시아와 아프리카 및 중남미지역 각 3개국, 최빈국Least Developed Countries, LDC 1개국, 도서국가Small Island Developing States, SIDS 1개국, 동구권 1개국이다. 이사들은 각 지역그룹에서 선출한다. 한편 각 이사는 대리이사alternate 한 명씩을 두도록 한다. 이사, 대리이사의 임기는 3년이다. 이사회는 공동의장 2인선진국 1인, 개도국 1인을 선출하여 운영하도록 하고 있다. 이사회는 재적 3분의 2 이상이 출석할 때 개회할 수 있다. 이사회의 의사결정은 전원합의consensus를 원칙으로 한다. 다만 다른 가능한 다른 노력을 다해도 전원합의를 이루기 불가능한 경우 이사회는 다른 절차를 채택할 수 있다.

이사 선출을 어떻게 하느냐가 중요한데, 각 지역그룹이 어떻게

GCF의 사업구조

* 역량강화, 기술지원은 감축, 적응의 틀 내에서 추진되며, 향후 GCF 이사회가 별도 창구window로 설립 가능

이사를 선출하는지에 관한 명시적인 규정 없이 해당 지역그룹에 위임되어 있다. 즉 각 지역그룹에서 재량권을 가지고 선정한다는 것이다. 내가 참여했던 아시아 태평양 그룹의 첫 이사 구성의 예를 보면, 우선 논의의 중재자는 당사국총회에서 지역그룹별로 선출한 지역별 의장당시 시우디, 현재는 통코이 맡는다. 대부분 나라의 대표들이 참여하는 기후변화관련 국제회의 등의 계기를 통해 모여서 논의하거나 이메일을 통해서 논의를 계속했다. 그러나 각 국의 이해가 첨예하여 합의가 쉽지는 않았다.

이사 선출과정에서는 국가 간 형평을 중요하게 고려한다. 기후변화와 관련하여 GCF 이사 이외에도 상임위원회Standing committee, 아시아 태평양 지역 의장, 적응기금 이사 등 다른 대표 자리도 선출해야 한다. 이러한 대표 선출과, 또 다음 임기에 대한 고려 등을 같이 감안하여 GCF 이사 선출 논의가 진행되었다. 우리나라는 현재 이사국인 중국의 대리이사 자격으로 이사회에 참여 중이다. 이사회 구성은 각 국의 재무부 출신이 다수이고 환경부, 외교부, 에너지부 등 출신도 있다. 현재 구성을 보면 재무부 인사가 13인, 환경부 7인, 외교부 2인, 에너지부 2인 등이다. 우리나라의 중요한 협력국인 미국, 일본, 중국도 모두 재무부 소득 인사가 이사를 맡고 있다.

GCF의 재원은 얼마나 조성되나

GCF의 우리나라 유치가 확정되자 국내 언론에서 그 재원 규모가 과연 얼마나 될지에 대해 관심들이 많았다. GCF의 재원 규모는 앞으로 국제사회의 합의와 이 합의를 주요국들이 얼마나 충실히 이행하느냐에 따라 결정될 것이다. 국제사회가 이제까지 합의한 내용부터 살펴보자. 국제사회는 앞으로 기후변화 대응을 위해 조성할 총액의 개략적인 그림을 정했고, 이 중에서 상당 부분을 GCF를 통해서 조달하고 운용하겠다는 원칙에 합의했다. 기후변화 대응을 위해 개도국에 지원할 총액에 대해서는 지난 2010년 12월 칸쿤 당사국총회에서 2010년부터 12년까지 3년간 총 300억 달러를 조성하기로 합의했다. 또 지난 2012년 12월 도하 당사국총회에서 2013년부터 15년까지 3년간 최소 300억 달러를 조성하고, 2020년부터는 매년 1,000억 달러씩을 조성하기로 합의했다. 2013년부터 2020년까지의 과도기 동안에는 그 규모를 점차

GCF의 조직구조

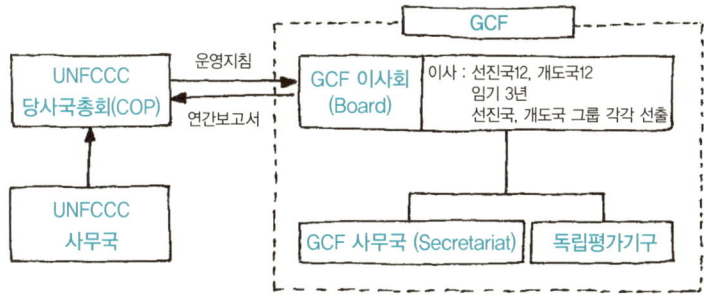

늘려 나가기로 했다. 하지만 연도별로 구체적으로 얼마를 조성할지, 또 선진국 각 나라별로 얼마씩 할지에 대해서는 아직 뚜렷한 합의 내용이 없는 상태이다.

한편 이러한 기후변화 대응 총액 중에서 과연 얼마나 GCF로 흘러들어올 것인지도 중요하다. 기후변화 관련해서 자금을 지원하는 창구로는 GCF 뿐 아니라, GEF, 적응기금 등 다른 창구들도 있기 때문이다. 그러나 국제사회가 이미 합의한 대로 GCF는 기후변화 대응에 있어 중추 역할을 수행할 것으로 전망된다. 국제사회는 기후변화 대응을 위해 새로 조성하는 기금의 '상당부분significant share'을 GCF를 통해서 조달 운용하기로 합의했기 때문이다.

기후변화 대응을 위한 재원 조성에 있어서는 정치적인 요인이 많이 작용한다. 주요국에서 집권하는 정당의 성향에 따라 가변적인 부분도 많다. 예를 들어 유럽 각 국에서는 시민들이 기후변화가 심각하다는 점과 환경 보호가 중요하다는 점에 대해 잘 이해하고 또 행동이 필요하다는 공감대가 형성되어 있다. 따라서 유럽 정부들도 그만큼 기후변화 대응을 위한 재원 조성에 적극적이다. 미국의 경우 공화당 정권보다는 민주당 정권이 기후변화 대응에 더 적극적이다.

또 앞으로의 세계경제 여건과 각 국의 재정여건도 영향을 미칠 것이다. 현재는 세계경제가 부진해지면서 각 국의 재정여건도 좋지 않은 상태이다. 선진국에서는 경제 부진에 따라 세입은 줄어드는 반면 경제위기에 대처하기 위해 재정지출은 늘어났고 정부부채도 커졌다. 각 국가들은 이런 상황에서 추가로 재원을 투입해야 하는 기후변화 대응에 아무래도 소극적으로 변할 가능성이 있다. 한편 유럽 경제가 어려워지면서 배출권 가격도 폭락했는데, 이 때문에 각 국에서 그만큼 배출가스를 줄여야 한다는 부담도 많이 적어졌다.[20]

또 국제사회의 합의 자체도 아직 명확하지 않은 면이 있다. 2010년부터 12년까지의 기간, 그리고 2020년 이후에 대해서는 명시적인 금액 목표를 정했지만 그 사이의 기간, 즉 2013년부터 19년 말까지는 점진적으로 늘린다 scale up 는 합의만을 해 둔 채 명시적인 금액 목표를 정하지 않은 상태이다. 그래서 기후변화 재원에

---

[20] 배출권은 온실가스 일정량을 배출할 수 있는 권리로 국가 간에 이를 사고 팔 수 있다. 즉, 교토의정서에 따라 할당된 배출가스 양보다 더 적게 배출하는 나라는 그 여유분을 더 많이 배출하는 나라에 판매할 수 있다. 이러한 방식을 채택한 이유는 온실가스 감축을 더 싼 비용으로 할 수 있는 나라가 더 많이 감축할 수 있도록 하기 위해서이다. 최근 경제가 부진해지면서 산업활동도 위축되었고 이에 따라 유럽 각 국에서 공통적으로 배출가스 여유분이 많이 생기게 되면서 배출권 가격이 폭락하였다.

대해서는 아직도 추가로 논의를 진행해야 할 면이 많다.

GCF의 조직구조는 어떻게 되나

GCF의 중요한 정책 결정과 운영은 이사회에서 한다. 이사회 업무는 사무본부 secretariat에 의해서 뒷받침되고 사무본부는 사무총장 Executive director이 경영한다. 사무본부의 구체적인 모양은 아직 정해지지 않았으며 앞으로 이사회에서 사업모델을 논의해 가면서 이에 맞추어 구체화해 나갈 것이다. 그러나 개략적인 모습은 설립방안에 비추어 예상할 수 있다. 사무본부는 재원을 용도 및 국가별로 배분하는 기능, 기후변화 관련한 개도국별 사업을 정하고 집행하는 기능, 집행상황과 결과를 모니터링하고 검증하는 기능, 이러한 기능들을 내부에서 지원하는 인사와 예산 및 재무와 법무 등 지원 기능이 들어갈 것으로 예상할 수 있다.

이외에도 독립된 평가국 independent evaluation unit을 두도록 하고 있다. WB나 IMF, ADB 등 다른 기관의 경우로 유추해보면 독립 평가국은 사무총장 밑에 두되 예산과 인사 면에서 독립적으로 운영할 가능성이 크다. 즉, 평가국장은 임기가 보장되고, 예산과 인사도 평가국장이 사무총장을 거치지 않고 이사회 승인을 받아서 행사한다. 이외에 재원을 위탁받아서 금융시장에서 운용하는 수탁기관 trustee을 둔다. 현재는 출범 후 3년간 WB가 수탁기관 기능을 수행하도록 하고 있다. 또 민간금융 private sector facility을 전담하는 국도 두고 독립적인 감사국independent integrity unit, 소청 담당 조직independent redress mechanism도 두도록 하고 있다.

GCF의 직원은 어떻게 채용하나

현재로는 임시사무국interim secretariat이 UNFCCC 본부 내에 있어 이사회 사무를 뒷받침하고 있다. 임시사무국은 20인 이내의 작은 규모이며 최근 10명 내외의 신규직원 채용절차가 진행 중이다. 아울러 사무총장의 선임 절차가 진행 중이다. 절차가 순조롭게 이어진다면 아마 2013년 6월 이사회에서 사무총장이 뽑힐 것으로 예상되고 있다.

 사무본부의 직원 채용은 사무총장을 선임한 뒤 그에 의해 진행될 것이다. 사무총장이 간부들을 정하고 이 간부들이 각 분야의 전문 직원들을 채용해야 하므로 직원 채용은 2014년 이후에 본격화할 가능성이 높다. 직원 채용 과정에 있어서는 전문성관련 있는 실무경험 등과 능력 위주merit·based로, 투명하고 공개적인 절차에 따라 진행하되, 지역별 성별 균형을 감안한다. 채용은 프로페셔널 스태프professional staff와 서포팅 스태프supporting staff로 구분해서 이루어질 것으로 예상된다. 프로페셔널 스태프는 국제적으로 채용절차가 진행되겠지만, 서포팅 스태프는 한국인 직원 중심으로 채용할 가능성이 높다.

GCF 유치는 우리에게 어떤 의미를 가지나

GCF를 유치했다는 것은 우리에게 무슨 의미일까? 2012년 10월 20일 송도에서 있었던 유치국가 선정을 위한 투표 뒤 우리나라가 GCF를 유치했다는 사실에 국민 모두가 기뻐했고 언론 또한 이를 대서특필했다. 하지만 보도는 주로 GCF가 얼마나 큰 재원 규모이고 경제적 효과는 얼마나 큰지에 초점을 맞췄다. 이 점은 유치를 위해 노력해왔던 나에게는 다소 유감이었다. 나는 GCF 유치가 우리나라를 한 단계 업그레이드시킬 계기가 되리라는 믿음을 가지고 있다. GCF의 한국 유치는 단지 경제적인 이해타산 이상의 훨씬 큰 의미가 있다고 보는 것이다.

  기후변화는 앞에서 인용한 반기문 UN사무총장의 말처럼, 현재 인류가 당면한 최대의 과제이고, 인류가 과연 앞으로 생존할 수 있느냐는 문제와도 직결되어 있는 중요한 과제이다. 우리가 수시로 보고 듣는 일이지만, 앞으로 시간이 갈수록 전 세계적으로 기후변화에 따른 재난 등의 피해는 더 심해질 것으로 예상된다. 따라서 기후변화에 대응한다는 과제는 시간이 갈수록 더 중요해질 것이다. 이러한 기후변화 문제에 대해서 세계 각 국은 공동의 노력을 펼쳐 나가야 한다. 이러한 범지구적인 정책의 방향과 구체적인 행동 내용들을 논의해 실제의 조치를 취하는 장場이 바로 우리나라에 들어서는 것이다. 물론 이는 우리가 앞으로 어떻게 하느냐에 따라 좌우되는 부분이 크다. 우리가 제대로 못하면 이 엄청난 기회를 제대로 살리지 못하고 낭비해 버릴 수도 있다. 하지만 적어도 우리나라는 이러한 엄청난 잠재적인 기회를 부여 받은 것이다.

더구나 우리나라는 2012년에 GGGI를 국제기구로 출범시켰다. GGGI는 개발도상국들이 채택할 녹색성장의 전략을 짜는 데 도움을 주는 기구이니만큼 GCF와 협력 체제를 구축하면 좋은 시너지효과를 낼 수 있을 것이다. 여기에 더해 녹색기술센터GTCK도 만들어졌다. 녹색성장을 제대로 추구하려면 전략과 이를 추진하기 위한 재원, 그리고 기술의 뒷받침이 고루 이루어져야 한다. 위의 세 요소에 대해 세계적으로 중요한 기능을 수행할 수 있는 기반이 우리나라에 갖추어진 것이다. 세계가 당면한 가장 중요한 과제 중의 하나를 두고 국제사회가 그 대책을 논의하고 구체적인 행동 방침을 채택하는 중심 장소가 바로 우리나라에 있다는 것. 이보다 더 중요한 의미가 어디 있겠는가?

우리 개개인에게 각자의 인격이 있듯이 나라에도 국격國格이 있다. 사람 간에 필요한 교양을 갖추고 남을 배려할 줄 아는 사람이 존중을 받듯이, 국제사회에서도 마찬가지이다. 그래서 국가 브랜드를 높이기 위해 일하는 '국가브랜드위원회'도 있다. 경제적 효과를 가지고 얘기한다면, 우리도 이왕이면 호감을 가진 기업의 제품을 구입하고자 하듯이 대한민국의 국가 호감도가 높아지면 우리 기업의 제품에 대한 선호가 높아져서 수출 증가에 기여할 수 있다. 이러한 점에서 인류 공통의 핵심과제인 기후변화에 대해 우리나라가 중요하게 참여한다는 사실은 매우 중요하다. 국가브랜드 가치를 결정적으로 높일 수 있는 기회라고 해도 전혀 과장이 아니다.

시각을 보다 넓혀서 세계적으로 보면 우리나라의 GCF 유치는 국제기구의 과거 유럽 편향을 지양할 수 있다는 의미를 띤다. 특히 환경 관련 국제기구가 처음으로 아시아 태평양 지역에 세워진다는 점에서 큰 의미가 있다. 중요한 환경 관련 국제기구는 이제까지 유럽에 UNFCCC 사무국 등 아홉 개, 북미에 넷, 아프리카에 하나UNEP가 세워졌지만 아시아 지역에는 없었다. 아시아 태평양 지역의 국가들이 세계적인 과제인 기후변화에 대응하고 해결해 나가는 데 더 적극적으로 참여하는 계기가 될 수 있는 것이다.

GCF는 우리나라로서는 처음으로 유치한 중량감 있는 국제기구이다. 그동안 백신연구소, UNESCAP 동북아 사무소 등 국제기구를 유치하기는 했지만 규모가 작거나 지역사무소 성격이었다. 국제기구를 유치하는 것은 쉬운 일이 아니다. 국가적으로 뜻을 잘 합쳐야 하고 잘 꾸려진 조직적 노력까지 보태져야 가능한 일이다. 무슨 일이든 처음 시작이 어렵다. 그 다음 하는 사람은 앞 사람의 발자취를 참고할 수 있으므로 한결 수월하다. 이런 점에서 국가적으로도 경험이 중요한 것이다. 또 중요한 국제 사안에 도전한 뒤 여기에서 이룬 성공을 통해 자신감을 가지는 것도 중요하다. GCF 유치는 우리나라가 앞으로 또 도전하게 될 다른 국제기구의 유치 가능성을 높이는 계기로도 작용하는 것이다.

경제적인 효과는 한국개발연구원KDI 국제정책대학원의 오병호 교수에 의해 연 3,800억 원 정도로 추정되었다. 이는 2020년경부터 GCF 업무가 정상화할 때 상주 직원은 500명 정도가 근무한다고 전제하고 직접효과와 간접적인 파급효과를 포함하여 추정한 것이다. GCF 본부, 그 직원 및 가족이 소비 지출하는 부분, 각종 국제회의와 세미나 등에 참여하는 사람들이 국내에서 소비 지출하는 부분, 이에 따른 간접적인 파급효과 등을 포함한 것이다. 참고로 스위스 정부의 한 보고서에서는 국제기구 하나 유치하는 것이 글로벌 기업 3~4개 유치하는 것과 유사한 경제적 효과를 가진다고 한 바 있다. GCF가 정상 가동되면 녹색산업이나 관련 금융 분야에 우리나라 전문가들이 참여하는 기회가 늘어나게 되고, 또 개발도상국의 녹색프로젝트에 우리나라 기업이 참여할 수 있는 가능성도 커질 것이다. 한편 인천이 국제도시로서의 위상이 높아지면서 송도가 부수적으로 얻는 효과도 상당할 것이다. 이러한 간접효과까지 감안하면 경제적 효과는 그보다 더 커질 수 있다.

GCF 유치 이후

GCF를 유치하고 나서 기획재정부 녹색기후팀은 GCF에 취업하려면 어떻게 해야 하느냐는 문의와 취업 이력서를 많이 받았다. 오해에서 비롯된 것인데, GCF는 우리 정부가 경영에 영향력을 행사할 수 있는 우리나라의 기구가 아니라, 그 자체의 의사결정체계를 가지는 '국제기구'이다. 24개국 대표로 구성하는 GCF

이사회가 중요한 사항을 결정하고 집행하며, 그 구체적인 업무는 사무국에서 뒷받침한다. 한국정부가 관리하거나 간섭하는 정부산하단체가 아닌 것이다. 우리로서는 유치 당시에 약속한 대로 GCF가 조기에 정상 가동될 수 있도록 지원해 나가야 한다. GCF를 한국에 둠으로써 기존의 국제기구들과는 뭔가 다르게 효과적인 기구로 커 나가리라는 국제사회의 기대도 있다. 일부 외국 인사들 중에는 나에게 "한국이 하면 뭔가 다를 것이다"며 기대하고 있다고 말해주는 사람도 있었다. 한국이 국제사회와 함께 GCF를 성공적인 국제기구로 만들어 나가면 향후 또 다른 새로운 국제기구를 한국에 유치하기도 훨씬 쉬워질 것이다.

우리나라는 무엇보다도 유치국가로서 GCF가 조기에 정상 가동될 수 있도록 지원해주는 데에 만전을 기해야 한다. 본부협정에 대한 협의를 빨리 마무리해서 조기에 체결되도록 하고, 국내 특별법의 입법 절차가 차질 없이 추진되도록 해야 하며, 또 GCF 본부와 직원들의 이주 정착을 지원해야 한다. 국제기구는 본부가 소재하는 유치국가와 국제조약의 일종인 본부협정Headquarters agreement을 맺는다. 본부협정에서는 그 국제기구에 법인격juridical personality을 부여하고, 계약 등 법적 행위를 할 수 있는 법적 능력legal capacity을 가지도록 하며, 외교관에 주는 것과 유사한 소득세, 부가가치세 등 세금의 감면 등의 특권·면제 조항 등을 둔다. 본부협정은 일종의 국제조약이며 헌법 상 정부 비준 이후 국회의 동의를 얻어야 한다. 따라서 우리나라는 임시사무국 측과 협의해서 조기에 문안을 마무리하고 GCF 이사회가 승인하는 대로 국회

동의 절차를 밟아서 법제화를 끝내야 한다. 한편 GCF에 대한 법적 능력 부여와 지원 근거 등을 규정하는 GCF 특별법을 제정하는 등 필요한 국내법 체계도 정비해 나가야 한다. 정부에서는 이미 기획재정부, 외교부, 법무부, 복지부, 노동부, 법제처 등 관련 부처와 법 전문가 등으로 작업반을 구성해서 작업을 하고 있고 임시사무국 측과도 협의하고 있다.

GCF 본부 및 직원의 이주를 지원하는 것과 관련해서는 사무공간의 배치(lay·out) 및 정비, 집기 가구 구비, 컴퓨터 등 IT설비 설치 지원, 비품 등의 통관 지원 등 본부의 이주를 지원하는 일이 있다. 또 직원들과 그 가족들의 이주, 통관, 주택 마련, 학교 입학 등 이주 정착이 계획대로 차질 없이 이루어질 수 있도록 지원해 나가야 한다. 이 부분은 인천시와 기획재정부가 함께 작업반을 구성해서 준비해 나가고 있다.

우리나라는 개발도상국의 GCF 관련 능력배양을 위해 4,000만 달러(USD)를 지원하겠다고 밝힌 바 있다. 이를 어떤 방식으로 지원해 나갈지에 대해서도 계획을 만들어서 이행해 나가야 한다. 2014년부터 17년까지 매년 1,000만 달러씩 지원하기로 했으므로 올해(2013) 상반기 내로 계획을 수립해야 한다. 이 지원 사업을 실제로 이행해 나가는 데 있어서는 두 가지가 중요하다고 본다. 우선 이 지원 사업이 개발도상국들 입장에서 실질적으로 도움이 되고 효과도 크다고 느낄 수 있도록 사업을 기획하고 추진해야 한다. 이를 위해 절차 면에서 선진국과 개발도상국, 특히 직접 지원을 받는 개발도상국의 의견을 최대한 묻고 협의해 나가면서 구체적인 사업 내용을 정해 가야 한다. 또 GGGI, GTCK와 함께 협업을 통해서 기획·기술·금융 간의 시너지 효과를 높이는 방향으로 구상할 수도 있고, 우리의 개발 성공 경험을 결부시켜서 물고기 자체보다 물고기 잡는 방법을 알려 주는 데에 중점을 둘 수도 있을 것이다.

GCF의 운영을 앞으로 어떻게 해나갈지에 대해서는 이제 이사회에서 막 논의를 시작한 단계이다. GCF 이사회에서 사무총장Executive director을 뽑는 절차가 현재 진행 중인데 일단 사무총장이 정해지면 논의의 가속도가 붙으리라 생각한다. 앞으로 1~2년은 이러한 사업모델business model, 재원조달resource mobilization, 프로그램 시행방식program modality, 개도국들의 금융지원에 대한 접근 방식accessibility, 재원 배분 원칙allocation 등에 대해 집중적인 논의가 있을 것으로 보인다. 이 논의의 결과에 따라 GCF를 앞으로 어떤 방향으로 운영해 나갈지가 정해지므로 중요하다. 이 논의 과정에서 우리나라가 유치국가로서 우리의 입장을 적극적으로 반영해 나가는 노력이 필요하다. 이를 위해 국내외 전문가들과 힘을 합쳐서 중요한 의제별로 깊이 있는 검토와 입장 정리가 필요하다. GCF가 기후변화 대응에 효과적인 국제기구로서 제대로 성장해 나가고 또 우리나라 국익에도 부합하는 방향으로 발전하도록 건설적인 의견을 적극적으로 제시해 나가야 한다.

어렵게 GCF를 한국에 유치한 만큼, 국내적으로 GCF 유치에 따른 긍정적인 효과가 극대화될 수 있도록 노력해 나가야 한다. 우선 기후변화, 녹색산업과 녹색금융 분야의 전문가 층을 두텁

게 양성해 나가야 한다. 국제기구는 정상 가동되면 관련 전문가들을 아웃소싱outsourcing해서 많이 고용한다. 구체적인 프로젝트별로 필요한 전문가가 다른데, 이들을 상시 채용하고 있는 것은 비효율이 크기 때문에 필요에 따라 그때그때 전문가를 한시적으로 채용하는 것이다. GCF도 제대로 사업을 집행해 나가기 위해서 이러한 전문가를 많이 필요로 할 것이다. 이때를 대비해서 미리 전문가를 양성하고 이들이 관련 경험도 쌓아 나가도록 측면 지원해 나가야 한다.

또한 GCF가 제대로 사업을 집행해 나가게 되면 GCF의 개발도상국 기후변화 관련 프로젝트에 우리 기업이 접근하기가 쉬워진다. 아무래도 GCF본부가 한국에 있어 프로젝트 관련 정보도 획득하기 쉽고 GCF에서 프로젝트를 담당하는 담당자와의 협의도 쉬워지기 때문이다. 이러한 기회를 최대한 활용할 수 있도록 정부·기업 간 협의체를 구성해서 관련 정보를 체계적으로 제공하는 등의 지원 노력이 필요하다. 또 녹색사업이나 금융의 인프라를 더 발전시켜 GCF가 사업을 추진해 나가면서 능률적으로 활용할 수 있도록 하고 이를 관련 서비스산업이 성장할 수 있는 계기로 활용해 나가야 한다.

송도는 진정한 국제도시로 탈바꿈시켜 나가야 한다. 마치 대기업 하나가 들어서면 관련 부품 소재 등 중소기업이 주변에 모여들듯이, GCF의 업무에 관련한 중소규모의 지식집약 업체나 금융 서비스 업체 등이 그 뒤를 따라 우리나라에 들어올 것이다. 이러한 지식집약 또는 금융 서비스 산업은 얼마나 양질의 전문가들을 확보해 나가느냐에 성공 여부가 달려 있다. 이들 전문가들이 마치 싱가포르나 홍콩의 경우처럼 편안한 마음으로 송도에 이주해 올 수 있도록 만들어 나가야 한다. 송도의 교육, 의료 등 서비스, 그 외 정주여건을 외국인의 시각에서 불편함이 없도록 만들어 나가야 하는 것이다.

우리나라가 녹색성장을 국가비전으로 제시했고 또 GCF도 유치했지만 아직 환경이나 기후변화에 대한 국민의 이해와 인식 수준이 낮다. 앞으로 녹색성장을 선도하는 국가로 자리매김해 나가려면 우선 국민의 인식이 바뀌고 실제적인 녹색 노력이 광범위하게 펼쳐져야 한다. 그래야 우리나라에 들어선 GCF와 GGGI 등 기후변화 관련 세계적인 국제기구가 국제사회의 지지도 받게 될 것이다. 세계적인 기후변화 대응 논의와 노력을 스스로 잘 이해하고 생활 주변에서 노력하지 않는 나라가 국제사회에서 녹색 노력에 대해 목소리를 높인들 존중받기 어렵다. 학교 교육에서부터 녹색 노력의 필요성과 구체적인 실천 행동 등에 대한 교육이 이루어져야 할 것이다. 또 국민들이 생활 주변에서 쉽게 기울일 수 있는 노력부터 해 가는 게 중요하다. 예를 들어 에너지 절약, 음식물 쓰레기 줄이기, 녹색소비 등을 우선 실천해 나가야 한다.

경제협력개발기구 Organization for Economic Cooperation and Development, OECD
국제통화기금 International Monetary Fund, IMF
녹색기후기금 Green Climate Fund, GCF
아시아개발은행 Asian Development Bank, ADB
일본국제협력기구 Japan International Cooperation Agency, JICA

국제기구 진출하기

"

이 부분에서는 국제기구라는 직장의 특성을 나름대로 정리해서 설명하려고 한다. 내가 근무했던 IMF, OECD, ADB에서의 경험을 바탕으로 설명하겠지만, 특히 가장 최근에 근무했던 ADB를 중심으로 풀어 나가려고 한다. 국제기구는 여러 회원 국가들이 협정으로 설립한 기구여서 개별 국가의 정부나 민간기업과는 상당히 다르다. 하지만 국제기구끼리는 조직의 성격, 구성원, 조직 문화, 업무 스타일 등에서 서로 유사한 점이 많다. 국제기구들은 정부 간의 합의에 의해서 만들어지는 기구이고, 국제적인 이슈에 대해서 일하며, 여러 국적을 가진 다양한 구성원들이 만들어 가는 직장이라는 공통점을 가지기 때문일 것이다. 국제기구가 어떤 직장인지에 대한 설명에 이어서 국제기구에 취업하려면 어떤 점에 유의해서 어떻게 준비해야 하는지, 그리고 국제기구에서 일하면서는 어떤 점들에 관심을 가지고 주로 노력해야 하는지에 대해 나의 경험을 바탕으로 조언하려고 한다.

"

국제기구는 어떤 직장인가

국제기구도 하나의 직장이라는 점에서 여느 다른 직장과 비교해서 다른 점 보다는 오히려 공통점이 훨씬 더 많다는 점을 우선 얘기해야 하겠다. 예를 들어, 대부분의 직원들이 봉급 수준, 자기개발의 기회, 일이 자신에게 주는 의미 등을 중요하게 생각한다. 이를 감안해 국제기구에서 일하겠다고 결정해서 합류하고 또 나중에 더 나은 조건이 있으면 다른 직장으로 옮기기도 한다. 업무를 잘하는 것이 중요하지만 동료들과 좋은 유대 관계를 맺고 협력을 잘 해 나가는 것도 중요하다는 점도 같다. 비공식적인 친소 관계가 보직이나 승진 등에서 어느 정도는 영향을 미친다. 조직이 국department, 과division로 나눠지고 사업부서와 지원 부서로 크게 구분되는 것도 비슷할 것이다. 1년에 한 번쯤은 직원 야유회도

가고, 연말에 망년회 겸 파티를 가지는 것도 비슷하다. 즉, 국제기구라고 국내 다른 직장과는 전혀 다른 직장인 것처럼 생각하는 것은 잘못이라는 것이다. 그보다는 국내에 들어와 있는 외국계 기업이나 금융기관이 여느 국내 직장과 비슷하긴 하지만 다소 차이가 있듯이 그 차이가 조금 더 클 뿐이라고 보면 되지 않을까 한다. 그러면 국제기구가 직장으로서 국내의 여느 직장과 차이나는 특성은 무엇일까? 나의 근무경험에 비추어 나름대로 정리해 본다.

다양한 국가 출신의 직원들과 다문화 환경

국제기구가 국내 직장과 가장 뚜렷이 차이가 나는 점은 조직 구성원과 그 문화적 배경의 다양성이라고 생각한다. 국제기구는 다양한 국가 출신의 직원들로 구성된다. ADB의 경우 67개 회원국 중에서 59개 회원국 출신의 직원들이 함께 일하고 있다. 미국이나 유럽 국가 등 선진국 출신부터 중국, 인도, 네팔 등 개발도상국 출신들, 태평양 지역의 통가, 나우루 등 평소 잘 들어 보지 못했던 이름의 섬나라 출신들까지 다양하다.

이에 따라 직원들은 다양한 종교, 문화적인 배경을 가지고 있다. 언어 면에서 직장 내에서는 영어로 소통하지만 모국어가 다 제각각이고 종교 면에서도 기독교도도 있고, 이슬람교도, 불교도, 힌두교도도 있다. 같은 종교 안에서도 여러 가지 분파가 있기도 하다. 부유한 집안 배경에서 교육 받은 사람도 있고, 찢어질 듯 가난한 배경에서 태어났지만 똑똑한 머리로 열심히 공부해서 국제기구까지 와서 고위직을 맡는 사람도 있다. 가족 구성 면에서도 동료들의 다양한 출신 배경이 영향을 주어서인지 국제결혼이 많은 편이다. 특히 ADB에서 일하는 서양 출신 직원들 중에는 아시아계 여성과 결혼한 사람들이 많다.

한편 국제기구 직원들이 맡아서 하는 일은 대개 개발도상국에서 이루어지므로, 이들 나라의 정부 담당자나 사업자들과 접촉이 많고 수시로 그 나라로 출장가서 일해야 한다. 이런 면에서도 국제적인 다양한 문화 환경에 노출되어 있다. 국제기구에서 근무하면 늘 이런 다양한 배경의 사람들과 교류하고 또 협력하면서 같이 일해야 한다. 이러한 다양한 배경의 직원들 간에 협조를 높이기 위해 ADB에서는 한 달에 한 번씩 건물 중앙의 정원에서 간단한 음료를 제공하면서 직원과 이사 등 누구에게나 개방되는 해피 아워happy hour 모임을 가지기도 한다.

나라별 문화의 차이에 대한 예를 들면, 대체로 일본, 한국, 중국 출신 직원의 경우 회의에서 대체로 발언에 소극적인 편이다. 따라서 아이디어가 있더라도 얘기하지 않는 경우가 많고 내심 별로 원하지 않는 경우가 있더라도 표현하지 않는 경우가 많다. 반면 인도나 파키스탄 출신 직원의 경우 별 대수롭지 않은 사항도 나서서 얘기하는 경향이 있다.

중국이나 베트남 등 사회주의 배경이 있는 나라의 경우 누구나 공평하게 대우해야 한다는 의식이 아직 강하게 남아 있는 것 같다. 한번은 베트남에서 프로젝트 현장을 방문하기 위해 국가별 사무소의 차량을 타고 이동하던 중에 점심 식사를 하게 되었다. 운전기사가 당연한 듯 나와 같은 테이블에 합석하고 또 활발하게 대화에 참여하는 것이었다. 다른 대부분의 나라에서는 운전기사는 스스로 자진해서 별도의 자리에 앉아 따로 식사하는 것이 통례이다. 어떻든 더 화기애애한 분위기였지만 이는 사회주의 전통이 아직 남아 있어서가 아닌가 생각되었고 문화의 차이를 보여주는 것 같아서 흥미로운 경험이었다. 이러한 문화 배경에서 오는 행동의 차이에 대해서도 민감하게 알아채고 이해가 깊어져야 동료들과의 관계를 잘 발전시키고 협업도 원활하게 할 수 있다.

　타지키스탄도 최근까지 사회주의 체제였다. 타지키스탄은 옛 소련 국가로 1990년대 초에 독립했다. 오랜 기간 사회주의 체제하에서 길들여졌기 때문인지 그 사회에는 우리 눈으로 보면 이해하기 어려운 현상들이 있었다. 호텔 앞에 매일 아침 6시만 되면 가로수에 물을 주는 아주머니가 있었다. 고무호스를 사용해서 물을 주는 것이다. 한번은 전날 밤에 소나기가 왔으므로 전혀 물을 줄 필요가 없었다. 그렇지만 아침 산책 나가면서 보니까 그날도 어김없이 아주머니는 가로수에 물을 주고 있었다. 항상 중앙의 계획에 따라서 개인별 임무가 주어지고 개인은 그 임무만 수행하면 그만이라는 오랜 습관 때문인 것 같았다. 또 부처 간에 정보 교류와 협조도 잘 이뤄지지 않았다. 우리나라 같으면 기획재정부나 한국은행, 금융감독원의 웹 사이트에 띄웠을 간단한 통계 수치도 비밀처럼 취급하면서 부처 간에 서로 공유하지 않는 것을 보았다. 장차관 등 고위급의 허락을 받고서야 정보를 주는 것이었다. 사회주의체제 아래에서 비밀경찰의 움직임이 빈번하고 정보를 외부에 유출한 사람에 대한 숙청도 종종 이루어져 정보 누출에 조심하는 관행이 굳어지다 보니 그렇게 된 것이 아닌가 싶었다.

가치와 절차를 중요시하는 업무 방식

정부조직과 민간기업은 직장으로서의 특징이 사뭇 다르다. 그 구성원들의 생각이나 조직에서의 행태도 꽤나 다르다. 국제기구 직원은 어디에 가까울까? 나는 공공부문, 공무원에 더 가깝다고 생각한다. 우선 조직의 목표가 정부와 가깝다. 기업은 대부분 이윤 극대화가 목표이고 강조되지만, 국제기구는 공익 관련 목표를 가지고 있다. 예를 들어 ADB는 역내의 빈곤 퇴치가 목표이다. 그래서 이윤에는 오히려 악영향을 주더라도 개발 목표에 필요하면 자금을 공여하거나 또는 낮은 금리低利로 차관을 제공하기도 한다. 이러한 조직 목표는 직원들의 가치 판단이나 행태에도 영향을 주기 마련이다.

실제로 상당수의 직원들이 공공부문으로부터 옮겨 온다. 각국 정부의 재무부, 중앙은행에서 많이 오고, 교통부, 에너지부 등 실무 부처에서도 온다. 일본국제협력기구JICA 등 개발기관에서 오기도 한다. ADB에서는 2년마다 직원들의 조직 인사 관련 의견

조사를 실시하고 그 결과를 조직 인사 운영에 반영한다. 그 조사에서, 자기들이 세상을 더 나은 곳으로 만드는데 기여한다는, 즉 뭔가 가치 있는 목표에 헌신한다는 느낌이 좋아서 국제기구에 근무한다는 사람의 비중이 꽤 높은 것을 보았다. 즉 국가정책과 그 효과에 대한 관심이 높은 것이다. 또 각 개발도상국에서 사업을 집행해 나갈 때 같이 협력하게 되는 상대방들도 대부분 그 나라 공무원 등 공공부문 종사자들이다. 개발도상국의 국가정책에 관심을 가지고 정책이 잘 수립, 집행되어 효과가 나도록 돕는 것이 주된 관심사라는 점에서도 공무원에 더 가깝다고 할 것이다.

국제기구에서는 또 업무를 처리함에 있어서 절차가 중요하다는 점도 공공부문의 특징과 닮았다. 국제기구에서는 업무 처리 절차가 상세히 규정되어 있고 이를 따르도록 요구하는 것이 일반적이다. 국제기구는 여러 나라의 대표들로 구성되는 이사회에 의해 감독되고, 여러 나라 출신 직원들이 업무를 수행하므로 개인적인 이해관계가 그 국제기구의 이해관계와 상충될 가능성 conflict of interest이 있으므로 엄밀하게 규정을 따르도록 하는지도 모르겠다. 예를 들어 특정국가의 프로젝트를 담당하는 자리에는 그 국가 출신의 직원을 가급적 배치하지 않으려고 한다. 왜냐하면 자신의 모국에 대해서는 아무래도 호의적으로 판단하기가 쉽고 모국에 있는 지인들과의 관계 등으로 정실이 개입될 가능성이 커지기 때문이다. 프로젝트가 실제로 이루어지는 국가와의 협의 절차도 중요하다. 만약 협의 절차를 제대로 밟지 않으면 해당 국가의 이사로부터 항의를 받을 수도 있다. 기구 내에서도 관련 부서들과 협의가 원활해야 한다. 국제기구에서는 국내직장에 비해 각 부서들에게 자율적인 권한과 책임 이양이 더 폭넓게 이루어져 있다. 따라서 관련 부서들이 협조하고 지원해주어야 새로운 정책이나 업무처리 절차가 제대로 시작될 수 있다. 이러한 협의 절차를 빠짐없이 밟아야 하므로 업무 처리 속도는 상대적으로 느리다. 특히 절차보다는 목적 달성을 중시하는 경향이 있고 늘 "빨리 빨리" 문화에 익숙한 우리 한국인에게는 너무 느리다고 느껴질지 모른다.

전문성을 중시하는 조직 문화

직원들은 자신이 맡는 분야의 전문성을 검증받아서 국제기구에 발을 들여놓게 된다. 따라서 직원 대부분은 해당 분야에서 만큼은 자신이 실력을 갖춘 전문가라는 자부심이 있다. 또 국제기구는 직원들에게 이러한 전문성을 요구하고 있기도 하다.

    이런 점에서 각 국제기구가 가지는 큰 특징 중 하나가 바로 전문성이다. 국제기구가 수준높은 전문가그룹을 확보할 수 있는 이유를 필자 나름대로 정리해 본다. 우선 대우에 관한 문제다. 알려져 있다시피 국제기구가 직원들에게 해주는 대우는 상당히 높은 수준이다. 보수뿐이 아니라 교육과 의료 등 혜택이 많다. 이런 좋은 대우가 우수한 인력을 끌어 들이게 된다. 또 국제기구의 업무상당부분은 각 국가의 정책을 비교해서 좋은 모델 best practice

을 제시하는 것이다. 이 때문에 국제기구의 직원들은 세계의 여러 나라들이 펼치는 각종 정책들을 면밀하게 훑어보면서 좋은 사례들을 모으고, 다시 이를 분석하면서 논리적으로 설명하는 작업을 계속한다. 국제기구에 들어오기 전에 쌓은 전문성은 이런 작업을 벌이면서 실무적인 감각이 추가되어 더욱 다듬어진다.

전문가 포럼이 많이 열린다는 점도 전문성을 높이는데 한 몫한다. 국제기구에서는 각 분야에 정통한 세계 각 국의 담당 공무원들과 전문가가 참여하는 포럼이 자주 열린다. 국제기구의 해당 전문가와 각 국의 전문 관료가 한 데 모여 세계 각 국의 정책을 비교하며 이를 토대로 새로운 정책을 모색하게 된다. 아울러 분야별로 담당공무원을 대상으로 하는 교육 프로그램도 많이 운영한다. 국제기구에 있으면 이런 포럼과 교육 프로그램을 통해 해당 분야의 전문성을 키우기가 쉽다. 국제기구의 포럼과 교육 프로그램의 장점은 지나치게 학구적academic이지 않으며, 실제 정책의 입안과 집행에 적용한다는 현실적 수요를 염두에 둔다는 점이다. 직원들이 자신의 업무관련 국제 세미나에 참여하는 것도 장려한다.

국제기구는 업무와 관련이 있는 세미나를 자주 열면서 필요할 경우 각 분야별로 실력을 갖춘 학자와 전문가를 초청해 직원들과 공동으로 과제를 연구하도록 뒷받침하기도 한다. 따라서 자신의 업무와 관련이 있는 세미나에는 가급적 참석하는 게 좋다. 국제기구 또한 직원들의 세미나 참석을 독려하는 분위기다.

전문성을 중시하는 분위기는 자신이 맡은 분야의 업무를 끝까지 책임 있게 완수하는 쪽으로 직원을 몰고 간다. 따라서 직원이 어떤 임무를 맡아 미션을 갈 때면 밤샘도 마다하지 않고 일에 매달리는 게 이른바 국제기구의 '조직 문화'라고 할 수 있다. 상당한 대우와 혜택을 주는 대신 그에 상응하는 업무 자세를 보여야 한다는 말이다.

예를 들면, 임무를 부여 받은 뒤 미션을 갈 경우 해당 국가와의 합의사항을 미션 기간 중 초안 형식으로 마무리해야 한다. 아울러 이를 토대로 해당 국가 관계자들과 거의 합의까지 해야 하는 경우가 대부분이다. 사실상 임무를 거의 마무리 하는 수준이다. 미션 현장에서 보고서를 대부분 끝내야 하는 까닭에 미션 기간 동안에는 밤늦게까지 일하는 경우가 흔하다.

필자도 IMF 재직 시절 코소보Kosovo 재건을 위한 전문용역Technical assistance 미션에 참여한 적이 있다. 호텔 방에서 밤 12시 넘어서까지 담당 파트 관련 사항을 미션 리더mission head와 상의하고 코멘트를 받아야 했다. 당시 미션 리더는 남미의 페루 출신 여성 과장이었다. 비록 업무 때문이기는 하지만 아주 늦은 밤에 여성 과장이 머무는 호텔 방에 혼자 가는 게 다소 어색하다는 생각이 들기도 했다. 그러나 그 과장은 전혀 그런 기색을 보이지 않았다. 그만큼 업무에 집중하고 있다는 생각이 들었다. 과장과의 논의 이후에도 금융과 국제수지 담당 등 팀 다른 동료들과 업무를 협의하기 위해 새벽 2~3시까지 호텔방을 서로 오갔던 기억이 아직도 생생하다.

기구에 대한 헌신이 우선

국제기구에 근무하는 직원들은 대부분 자신의 국적을 그대로 유지한다. 업무상 동료들로부터 자신의 출신국가 관련한 정보를 수집해 주도록 부탁받기도 하고 출신국가 정부와의 연락 창구 역할을 해주도록 부탁받기도 한다. 국제기구는 대부분의 업무가 회원국 정부와 접촉해서 하는 일들이므로 이러한 접촉 통로가 필요한 것이다. 출신국가는 국제기구 직원 자신이 태어나 자랐고 가족과 친구들이 살고 있으며 아마도 나중에 은퇴 후 다시 돌아갈 나라이므로 업무에서 출신국가에 대해서는 객관적이기 보다는 다소 주관이 섞여서 자연히 호의적으로 판단하기 쉽다. 또 정부에서 2~3년간 한시적으로 국제기구에 나가 근무하는 경우 이런 경향에 더 좌우될 가능성이 크다. 국제기구에서는 이러한 위험이 있음을 잘 알기 때문에 윤리강령code of conduct에서 명확하게 출신국가에 대한 호의적인 처리를 금지하고 있다. 또 직원이 가급적 출신국가를 직접 담당하지는 않도록 인사배치에서 감안한다.

일단 국제기구 직원이 되면 그 기구에 대한 충성과 헌신을 기준으로 일을 하는 것이 맞다고 본다. 국제기구는 회원국 정부들이 합의해서 만들지만 그 기구 고유의 추구하는 목적mission이 있다. 이러한 목적에 구성원이 충실하게 헌신할 때 그 국제기구가 제대로 굴러갈 수 있다. 만약 각 구성원이 각자의 고국에 대한 애국심을 우선시 한다면 그 국제기구가 제대로 작동할 리 없다.

눈에 보이지 않게 하면 되지 않을까 생각할 수 있지만, 거의 불가능하다. 국제기구는 늘 이러한 위험에 노출되어 있으므로 견제와 균형check and balance을 위한 장치가 늘 마련되어 있다. 예를 들어 프로젝트 관련한 계약procurement의 경우 제대로 이루어졌는지를 관련 지역 담당자와 계약 검토 담당자, 그리고 재무국 검증 담당자가 각각 검증하도록 해 놓아서 서로 자동으로 견제되도록 하고 있다. 개별 기능도 단계별로 세분해서 서로 견제되도록 한다. 정실이 개입되어서 업무 판단을 제대로 하지 못하면 조직 차원에서 인사에 이런 부분은 좋지 않게 감안될 수밖에 없다. 실제로 대부분의 경우 직원이 업무에서 고국을 위해 특별히 공헌할 부분이 많지도 않고 서로 상충되는 경우도 거의 없다. 웬만한 정책 논의나 보고서는 공개하는 것을 원칙으로 하기 때문이다. 또 크게 보면 그 국제기구 내에서 목적에 헌신하고 일을 잘해서 그 조직 내에서 인정받고 성장해 가는 것이 사실상 더 고국을 위하는 길이기도 하다.

그러나 국제기구에 우리나라 정부의 대표로 파견되는 이사의 경우는 다르다. 이사는 대개 같은 정부에서 파견된 1~2명의 보좌관과 같이 근무한다. 이들은 정부 대표로 우리나라 입장을 대변하기 위해 파견되었으므로 회원국의 하나로서 기구의 건전한 성장을 위해서도 노력해야 하겠지만 이 과정에서 우리나라의 이익이 적절히 감안되도록 하는 것이 임무이다. 직원 채용 과정에서 자국민 출신이 더 많이 채용되도록 하고, 승진이나 중요한 보직에 자국민이 더 많이 진출할 수 있도록 노력하기도 한다. 우리나라의 지분에 비추어 한국 직원이 차지하는 비중이 작으면 이 비중을 올리기 위해서도 노력하는 것이다. 그러나 이 경우가 아닌 그 이외의 일반적인 직원의 경우 애국심은 유지하되, 기구의 목적 달성을 위해 헌신하고 최선을 다하라고 조언하고 싶다.

업무에서 미션mission이 많다

국제기구 근무의 여러 가지 특징 중의 하나는 해외 출장이 많다는 것이다. 이러한 해외 출장을 국제기구에서는 미션mission이라고 부른다. 아마 대부분의 경우 직원들은 적어도 1년의 1/3~1/4 정도는 미션 나가 있을 것이다. 국제기구는 개발도상국인 회원국을 대상으로 업무를 하는 기관인 만큼 프로젝트가 실제로 집행되고 있는 개발도상국가에 미션을 많이 가게 된다. 프로젝트를 준비하는 단계에서부터 정부 관련 부처나 관계기관과 만나서 협의하는 과정이 필요하다. 실제 집행단계에서는 현장을 방문해서 순조롭게 프로젝트가 추진되는지 점검도 하고 만약 여의치 않으면 왜 그런지 알아보고 현지 담당자와 협의하면서 문제를 풀어 나가야 한다. 그래서 업무 전체가 미션을 중심으로 이루어진다고 보면 된다. 미션 가기 전에 준비하는 기간, 갔다 와서 정리하여 보고서를 작성하는 기간 등까지 감안하면 업무의 상당부분이 미션을 중심으로 이루어진다고 보면 된다.

미션은 대개 팀을 구성해서 가게 되지만 간단한 내용이면 혼자 가는 경우도 있다. 실제 현장에서는 대부분의 경우 현지 사무소에서 그 프로젝트를 담당하는 직원이 같이 합류해서 일하게 된다. 미션 일정이나 숙소 등은 그 나라에 있는 국가별 주재사무소 resident mission의 도움을 받아서 정하게 된다. 미션의 비행편은 비즈니스석을 제공해준다. 또 호텔도 최고급은 아니더라도 괜찮은 수준에서 묵도록 한다. 업무를 충실하게 잘 수행할 수 있도록 교통이나 숙박의 편의는 보장해 준다는 배려가 깔려 있는 것이다. 또 호텔을 괜찮은 수준으로 보장해주지 않으면 개발도상국에서 안전상 문제가 생길 수 있다는 점도 고려되었을 것이다.

프로젝트 관련한 미션만 있는 것은 아니다. 각 전문분야에서 열리는 전문가 세미나나 포럼에 참여해서 동향을 파악하고 전문성을 더 기르도록 하거나 소속 국제기구의 입장을 대변하도록 하기도 한다. 또 1년에 한 번씩은 고국을 가족과 함께 방문home country travel할 수 있도록 하고 있으며 이 비용도 국제기구에서 부담해준다.

협력과 소통이 중요하다

국제기구의 업무 대부분은 분업화되어 있어서 다른 부서와도 긴밀하게 협력이 이루어져야 프로젝트를 효율적으로 추진할 수 있다. 예를 들어 투자 프로젝트를 집행하는 경우 실제 프로젝트 담당 파트해당지역 담당 Regional Department와 재원조달 담당 파트Office of Cofinancing Operations, 조달계약 담당 파트Operations Services and Financial Management Department, 현금지급 파트Controller's Department 등이 연결되어 있고 서로 긴밀하게 협조가 되어야 프로젝트가 순조롭게 추진될 수 있다.

국제기구는 각 국가의 정부 기관과 같이 일하게 되므로 해당 국가의 관계자와 협력을 잘 해 나가는 것이 자신의 업무를 성공적으로 수행하는 데 중요하다. 전문지식이나 국제사례 등은 국제기구 직원이 더 잘 알더라도 현지 사정이나 개별 프로젝트별 상황은 해당 국가 관계자가 더 잘 안다. 서로 보완해 가면서 협업해서 프로젝트의 성공을 위해 같이 노력해야 하는 것이다. 또 상당수의 프로젝트에서 다른 국제기구와 같이 참여하는 경우가 많다. 예를 들어 WB가 60%, ADB가 30%, 해당 정부가 10%의 재원을 부담한다는 식이다. 이런 경우 다른 국제기구 직원과의 협력도 중요하다. 국제기구 간 업무 절차 등을 공조harmonization하려는 노력도 이루어지고 있다. 해당 국가의 입장에서는 국제기구별로 조금씩 다른 업무 절차와 보고 양식이 요구되면 동일한 업무에 대해 이중 삼중으로 행정 부담을 지게 된다. 따라서 국제기구 간에 업무 절차와 보고 양식 등을 통일해 나가려는 노력이 진행 중인 것이다. 국제기구 간에 서로 비교하고 정보를 교환해 가면서 다른 국제기구의 좋은 제도나 업무 방식을 바로 도입하기도 한다.

좋은 보수와 복지 혜택, 자기개발의 기회

국제기구의 큰 장점은 안정적인 고용이 보장되면서도 보수가 좋다는 점이다. ADB 경우 개인별 경력에 따라 다르지만, 5년 정도의 실무경력이 있는 경우 10만 달러 내외에서 연봉이 시작된다고 보면 될 것이다. 개략적으로 과장급은 15만 달러 이상, 국장급은 20만 달러 이상 받는다. 주거비, 교육비도 지원하는데 대략 75% 정도를 ADB에서 지급해준다. 내부 의무실이 있고 연 1회 건강검진도 무료로 받는다. 연금 혜택도 상대적으로 좋은 편이다.

근무환경도 좋다. 꽤 괜찮은 구내식당이 있고, 면세점에서 물품도 구입할 수 있게 되어 있다. 실내 체육관도 구비되어 있어서 점심시간 혹은 일과 후에 농구, 약식 축구, 탁구, 배드민턴 등을 즐길 수 있도록 되어 있다. 프로페셔널 스태프의 경우 개인별로 별도의 사무실이 주어지고 행정적인 업무를 지원하는 보조 인력도 있다. 연 25일 정도의 휴가가 주어져 사전에 상급자의 동의만 얻으면 아무 때나 자기가 원하는 시기에 사용할 수 있다. 대개 여름 7~8월에 1~2주, 연말 크리스마스시기에 1~2주 정도는 대부분의 직원이 휴가를 쓴다. 미션시 비행기는 원칙적으로 비즈니스 석을 이용하고 숙소도 1급 호텔에 묵는다.[21] 여름에는 국 별로 1박

---

[21] 최근 들어서 예산 절감을 위해 근거리는 비행기 이코노미석을 이용하자는 방안이 논의되고 있다. 나는 IMF에 부임하러 가면서 가족들까지 비즈니스석을 이용할 수 있어서 우쭐했던 기억이 있다. 나나 가족들은 그때까지 비즈니스석을 타본 적이 없었다.

2일 정도의 야유회 summer outing 를 갖도록 지원해 주는데 직원들끼리 레크리에이션 위원회를 구성해서 이 위원회가 중심이 되어 희망하는 장소를 정해 간다. 연말에는 크리스마스 파티가 망년회 겸 열리고 이 비용도 지원된다.

하지만 무엇보다 국제기구의 큰 장점은 각자의 전문성을 높여 나가고 자기개발을 할 수 있는 기회가 많이 주어진다는 것이다. 우선 국제기구 일 자체가 여러 나라를 돌아다니면서 해당 분야의 정책과 프로젝트를 다루게 되므로 여러 나라의 사례를 비교 연구하면서 전문분야에서 실용적인 지식과 경험을 쌓을 수 있다. 전문성을 높이기 위한 내부의 연수 프로그램도 잘 개발되어 있다. 각 분야별로 다양한 연수 프로그램이 시행되고 있고, 또 추가적으로 필요한 교육 수요를 매년 조사해서 새로운 연수 프로그램을 추가하기도 한다. 관련되는 국제회의에 참석하는 것도 장려된다. 과장급 이상의 간부에 대해서는 조직 관리나 리더십 측면의 훈련도 다양하게 제공된다. 한마디로 국제기구는 자기개발에 좋은 환경을 제공해 준다는 것이다. 이 때문에 국제기구 근무 경험을 바탕으로 유수한 투자은행 등의 금융기관이나 대학 등으로 진출하는 사람도 있고 은퇴 이후에는 컨설턴트로 전문지식을 활용하는 사람들도 많다.

국제기구에 들어가기

먼저 알아야 할 점이 있다. 국제기구들은 직원을 프로페셔널 스태프professional staff와 서포팅 스태프supporting staff 두 그룹으로 나누어 관리한다. 직원이 이원직으로 싸여 신다는 얘기다. 프로페셔널 스태프는 internationally-hired staff이고 지역 직원은 locally-hired staff이다. 프로페셔널 스태프는 국제적으로 채용절차를 거쳐서 선발하며 전문성을 갖춘 전문가를 뽑는 경로이다. 반면, 서포팅 스태프는 비교적 단순한 채용절차를 거쳐 선발하는 직원들이다. 서포팅 스태프의 대부분은 프로페셔널 스태프에 대한 보조역할을 수행하는 편이어서 채용절차도 상대적으로 더 간단하다. GCF의 경우도 그와 마찬가지다. 수 년 후에 기구가 정상적인 활동을 시작하면 물론 프로페셔널 스태프에도 한국인이 포함되겠지만 상당수의 한국인이 서포팅 스태프로 채용될 것으로 예상된다. 여기에서는 프로페셔널 스태프의 경우를 살펴보려 한다. 프로페셔널 스태프의 자격으로 국제기구에 들어가려면 어떤 절차를 밟아야 하고 어떤 점에 유의해야 하는지를 설명한다.[22]

채용의 두 가지 경로

국제기구에 프로페셔널 스태프로 진출하는 경로는 크게 Young professional_{ADB 또는 WB 경우} 또는 Young economist_{IMF 경우}라고 불리는 공채 절차와, 그 외 직책 별 또는 개별적으로 경력자_{mid career}를 뽑는 특채의 두 가지 경로가 있다. 공채는 1년에 한 번 또는 두 번 정도, 한꺼번에 수십 명 정도 뽑는 절차이다. 개별 직책에 필요한 특정한 전문성을 보지는 않지만 전문가를 뽑는다는 점은 분명하다. 다만 개별 직책에서 요구하는 고유한 전문지식을 요구하기 보다는 전문가로서의 일반적인 요건, 자질을 보고 뽑는다는 점에서 차이가 있다. 공채 응모의 경우 나이 제한을 두어 젊은 응모자만 응모할 수 있도록 하고 있다. ADB의 경우 공채 응모는 32세 이하, IMF 경우에는 35세 이하로 제한하고 있다. 공채는 대부분 학교에서 석사 또는 박사 과정을 마치고 바로이거나 짧은

---

[22] 서포팅 스태프는 대개 직접 관리자가 되는 프로페셔널 스태프가 담당 과장과 상의하여 비교적 단순한 절차를 거쳐서 뽑는다. 어떻든 이력서 등 응모서류를 받아서 검토하고 인터뷰를 진행하는 등 비슷한 절차를 거친다.

기간 다른 직장 근무 후 바로 국제기구에 들어오는 사람들이다. 공채로 국제기구에 들어오는 사람의 숫자가 많은 것은 아니지만 어려운 절차를 뚫고 들어 왔으므로 인정을 받는다. 이들은 입사 후 국제기구 내에서 여러 부서를 옮겨가며 능력에 따라 고위직으로 성장할 수 있다. 아울러 같은 시기에 입사한 사람들끼리 연대감이 있어 직장생활에서 서로 협력하기 쉽다는 장점도 있다.

이들보다 다수를 차지하는 사람들이 있다. 국제기구가 필요로 하는 인원 중 공채 직원들에 비해 수가 더 많은 경력자mid career그룹이다. 이들의 선발 방식은 특채다. 경력자 특채는 특정 부서의 담당 직원이 퇴직한다거나 또는 다른 직장이나 같은 국제기구 내의 다른 부서로 옮겨 빈자리가 생길 경우 이루어진다. 그 직책이 수행해야 할 역할에 가장 적합한 사람을 뽑는 것이 원칙이다. 대개 관련 업무에 대한 5년 정도 이상의 경력을 요구한다. 따라서 연령으로는 30대 중반 정도가 가장 많다고 할 수 있다.[23] 정부부처나 공기업 등 공공부문으로부터 전직해 국제기구에 들어오는 사람도 있고 민간 금융기관 또는 기업으로부터 전직해 오는 사람, 대학의 강사 또는 교수직으로부터 옮겨오는 사람 등 다양하다. 회원국 정부의 관련 부처에서, 또는 관련 정부 공기업 등의 공공 기관에서 근무하다가 3년 정도 한시적으로 파견 근무하러 오는 사람들도 있다. 이들 중 처음에는 국제기구에서 3년

---

[23] 일반적인 직원의 경우를 말한 것이고, 많지는 않은 경우이지만 간혹 국장 또는 과장급으로 바로 진출하는 사람들도 있으며 이들의 경우 나이는 더 많다.

정도만 근무한 뒤 복귀하려고 나왔다가 파견 기간이 끝난 후에도 계속 해당 국제기구에 남거나 다른 국제기구로 직장을 옮겨서 근무하는 사람들도 있다. 다양한 경로를 통해서 많은 전문가들이 국제기구로 진출하는데, 정부부처나 금융기관 등에서 일하다가 국제기구와 연결되어서 일해 본 사람들도 많다. 그 사람의 자질이나 전문성을 국제기구 측에서 이미 알고 있으므로 채용절차에서 유리하게 작용하는 경우가 많기 때문이기도 하다.

정식 직원 채용을 염두에 두고 그 전단계로 인턴직에 지원하는 것도 좋은 방법이다. 인턴 기회는 대개 석사 또는 박사 과정에 재학 중인 학생들에게 주어진다. 인사국에서 각 부서 별로 인턴 수요를 받아서 내부 조정한 다음 1년에 몇 차례로 나누어 ADB의 경우 1년에 세 번 정도 선발한다. 기본 생활비와 식비, 비행기표, 여행 경비 등을 지원해준다. 대개 인턴 기간이 끝나기 전에 국제기구는 해당 인턴 직원들에게 그 기간 동안 일한 결과를 세미나 형식으로 발표토록 하고 있다. 인턴으로 일해 보는 것은 자신의 전문분야와 관련해서 실제 정책 이슈에 대해 실무적으로 접근해 보는 기회이므로 유익하고, 추후 직장을 구할 때 유용한 경력이 될 것이다. 또 이러한 과정을 통해서 자신의 자질과 능력, 전문지식 등을 선보일 수 있으므로 해당 국제기구에 정식 채용절차를 거쳐 들어가기에도 유리하다. 국제기구 입장에서는 이미 잘 아는 후보자이므로 채용 과정에서 안심하고 선발할 수 있는 것이다. 이 같은 이유로 인턴을 거쳐서 직원으로 들어오는 경우가 흔히 있다.

특정한 직책position에 대한 전문가를 뽑는 것이 원칙

한국에서는 정부나 기업체가 1년에 한 번 또는 두 번 정도 고시나 입사시험을 통해서 필요한 새 인력을 뽑는 것이 보편적이다. 여기에는 자질이 우수한 사람을 뽑으면 어느 자리에 가져다 놓든지 금방 적응해서 일을 잘 해낼 수 있다는 전제가 깔려 있다. 전문성보다는 기본적인 상식, 분석 및 종합적 사고력, 외국어 능력, 인간관계 능력 등을 중시하는 것이다. 먼저 이런 능력을 두루 갖춘 범용성의 인재를 뽑은 뒤 필요에 따라 이들을 각 부서에 배치한다.

국제기구는 이와 다르다. 범용성의 인재보다는 해당 업무에 필요한 전문성을 위주로 사람을 선발한다. 앞에서 설명한 공채의 경우 범용성 인재 채용이라고 할 수 있겠지만 전문성 위주로 뽑는 특채가 다수이다. 즉 대부분의 필요 인력을 직책별로 요구되는 구체적인 능력과 자질에 따라 개별적으로 충원하는 방식으로 채운다. 어떤 직원이 정년으로 퇴임하거나 다른 기관으로 옮길 때, 또는 해당 국제기구 내에서 다른 국의 빈자리로 지원해 이동함으로써 인원 보충의 수요가 생기면 해당 국을 중심으로 채용절차를 진행한다. 그래서 인력 수요에 따라 시기를 특별히 정하지 않는 '연중 채용'이 늘 벌어진다고 보면 된다. 결원으로 비워진 자리는 특정 전문성을 갖춘 인재로 채우는 것이다. 즉 당장 해당 직책에서 제 역할을 해낼 수 있는 전문성을 요구한다.

국제기구에 근무하다 보면 눈에 띄는 게 있다. 다른 나라 출신들, 특히 미국이나 유럽 출신들은 늘 국제기구의 빈자리나 채용 정보에 관심을 기울이며 지속적으로 모니터링하고 있다는 점이다. 우리나라 사람들은 '한 번 직장에 들어가면 오랫동안 근무해야 한다'는 식의 관념에 강하게 물들어 있어서인지 대개 국제기구의 빈자리나 채용정보에 덜 민감한 것 같다. 빈자리 리스트와 채용정보는 국제기구 웹사이트에 'vacancy'라는 항목으로 늘 올라와 있으므로 국제기구 진출에 관심이 있다면 사이트를 정기적으로_{1주일에 한 번 정도는} 모니터링 할 필요가 있다.

채용은 여러 단계를 거친다

어느 부서에서 필요한 충원 수요가 생기면 인사담당 부서에 충원 협조를 요청한다. 이때 인원이 필요한 부서_{수요 부서}는 직무 설명_{Job description}과 필요한 직급을 명시해서 인사담당 부서에 제출한다. 인사부서에서는 내부에서 공모하는 절차를 우선 밟으며 수요 부서는 내부 응모자를 우선해서 고려하게 되어 있다. 내부에서 적절한 후보자가 있는 경우 인터뷰 절차를 진행한다. 내부 응모자가 없거나 있더라도 이 중에서 적절한 요건을 갖춘 사람이 없다고 판단한 경우 외부 공모 절차에 들어간다. 이때 응모자가 적절한지 여부는 수요 부서의 장_{국장} 책임으로 판단한다. 외부 모집 절차에 들어간 인사부서는 해당 자리의 직무 설명, 요구되는 조건 등을 국제기구의 웹 사이트에 올린다. 아울러 일부 일간지_{예를 들어 Financial Times}와 주간지_{예를 들어 The Economist} 등에 광고도 한다. 이때 응모할 수 있는 기한도 명시한다. 대개 2주 정도의 기간이 주어진다.

　　ADB의 경우는 원칙적으로 웹사이트를 통해서만 응모 서류를 제출하도록 요구하고 있다. 온라인 접수 방식인 것이다. 그러나 추가로 별도 서류를 우편으로 보내도 된다. 지원자들의 서류를 접수한 인사부서는 참고자료를 첨부하여 수요 부서에게 전달한다. 인사부서가 응모자의 서류를 일단 개략적으로 검토_{screening}한 후에 후보자 리스트와 제출된 서류를 수요 부서에 전달한다는 얘기다. 수요 부서는 이들 중에 적절한 사람을 추려서 인사부서에 통보하고, 이어 인사부서는 인터뷰를 위한 응모자 초청 등의 정해진 절차를 진행한다. 인터뷰를 위해서는 본부가 있는 필리핀 마닐라까지 후보자를 오도록 해야 하지만 비행기, 호텔 제공 등 관련 비용이 많이 들어가므로 정식 인터뷰 이전에 전화 인터뷰와 비디오 인터뷰 절차를 거쳐서 1차적으로 후보자들을 거르도록 하고 있다. 즉, 간략한 전화 인터뷰를 통해서 1차로 후보자를 추리고, 그 이후 이들을 대상으로 비디오 인터뷰를 통해서

채용절차(외부)

해당부서에서
인사부서에 충원
요청

웹사이트를
통해 공개모집

전화/비디오
인터뷰

실제 인터뷰

다시 추린 다음 가능성이 높은 응모자만을 실제로 초청해서 대면 인터뷰 절차를 진행한다.

인터뷰 대상자로 뽑히면 마닐라행 초청 서한 또는 이메일을 받는다. 직급에 따라서 조금씩 다르지만 후보자들은 맡을 업무에 대한 전문 지식과 분석 능력, 보고서 작성 능력 등 역량을 점검하는 "전문 세션"과 전반적인 업무에 대한 태도, 열의, 다른 직원들과의 협업 태도 등을 점검하는 "일반 세션"을 거친다. 프로페셔널 스태프의 경우 전문 세션은 담당 과장이 그 과에 근무 중인 고참 직원 한두 명과 같이 진행한다. 일반 세션은 담당 국장이 담당 과장과 인사부서가 임의로 선정하는 다른 국의 과장이나 부과장, 그리고 인사부서 담당자 등 서너 명과 같이 진행한다. 세션별로 진행은 각 1시간 정도 이루어지며 세션 직후 참여한 사람들끼리 상의하여 결과를 결정한다.

국제기구에서 일하고 싶다면 관심 있는 국제기구의 채용정보 웹사이트job vacancy를 수시로 찾아 인원 채용에 관한 정보를 놓치지 말아야 한다. 아울러 기한을 넘기지 않고 서류를 제출해야 한다. 일주일에 한 번 정도씩 시간을 정해두고 관심 있는 국제기구의 취업 사이트를 검색해 보면 될 것이다. 만약 관심이 있는 국제기구의 해당 분야에 아는 사람이 있다면 그를 통해서 지원하고 싶은 자리의 업무 내용, 채용 조건 등을 미리 알아보고 준비하는 것도 좋다. 내부 직원들은 대부분의 경우 빈자리가 나기 몇 달 전부터 관련 정보를 알 수 있다. 한국 정부에서 이사나 대리이사로 나가 있는 국제기구의 경우에는 한국 이사실에서 측면 지원을 할 수 있는지 알아보는 것도 좋다. 각 이사는 자국 출신이 가급적 많이 그 국제기구에 근무하도록 하는 데 관심이 있으므로 경우에 따라 결정적인 도움을 받을 수도 있다.

능력 기준이지만 지역별 구성도 감안

국제기구가 직원을 채용할 때 기본 원칙으로 삼는 게 있다. 정실이나 연고를 따지지 않으며 능력 본위merit-based로 뽑는다는 것이고, 이 원칙이 채용절차에서 지켜지도록 채용절차를 공개적이며 투명하게open and transparent 진행한다는 것이다. 현재의 채용절차는 이 원칙을 최대한 살리기 위해 오랜 기간 동안 발전시켜 온 결과라고 보면 된다. 즉 해당 직책에 필요한 자질, 능력과 전문성을 명시하고 이를 가장 잘 충족하는 후보자를 뽑는 것이다. 인터뷰 등 채용절차는 이러한 능력 기준에 입각해서 짜여 있다. 이러한 절차가 공정하게 진행되도록 하기 위해 절차도 매우 투명하다는 게 특징이다.

능력 기준이 기본원칙이기는 하지만 한편으로는 지역별, 국가별 구성도 감안한다. 국제기구에서 몇몇 나라 출신 직원들이 다수를 차지해버리면 개별 국가의 이익에 치우치지 않고 운영해야 하는 국제기구의 성격상 문제가 생긴다. 그러한 폐단을 막기 위해 인사부서는 기구 내 인원의 지역별, 국가별 구성에 관심을 기울인다. 또 이사들의 압력 때문에라도 지역별, 국가별 직원 구성에 관심을 가질 수밖에 없다. 이사들은 자기 나라의 이익을 대변하기 위해서 자기 나라 출신의 직원들이 많이 근무할 수 있도록 노력한다. 따라서 이사회에서는 지역별 또는 국가별 형평성에 관심이 많고, 다른 나라에 비해 자기 나라의 인원들을 해당 기구에 많이 진출시키지 못한 나라의 이사들은 자기 나라 출신 직원들을 더 채용해 달라는 압력을 행사하곤 한다. 이런 이유 때문에 채용하는 국이나 인사국에서는 신규 직원 채용 때 지역별 국가별 구성도 감안하지 않을 수 없는 것이다.

업무 경력이 중요하다

채용 과정에서는 이력서curriculum vitae가 매우 중요하다. 우선 이력서를 바탕으로 서류 심사를 진행하며, 그 결과에 따라 인터뷰 대상자를 선택하기 때문이다. 또 인터뷰로 후보자를 일일이 파악하는 데에는 한계가 있으므로 선발하는 사람 입장에서는 사전에 이력서를 꼼꼼하게 살펴볼 수밖에 없다. 인터뷰는 이력서를 보면서 미심쩍은 부분을 확인하는 절차라고 볼 수도 있다. 심사자는 대개 새 직원을 채용한 경험이 많으므로 이력서와 같은 1차 서류를 살펴보는 것만으로도 응시자의 특성을 대략적으로 파악할 수 있다.

이력서를 작성할 때는 특히 업무 경력에 관해 주의를 기울여야 한다. 해당 직책을 수행하는 데 직접적으로 필요한 근무 경험이 있는지가 중요하다. ADB에서는 기본적으로 관련 업무 경력이 5년 이상 있는 사람을 요구하고 있다. 대개 5~10년 정도의 경력을 가진 사람들이 ADB 직원으로 채용된다. 또 이전에 다닌 회사의 지명도도 영향을 준다. 학벌은 한국에서처럼 중요하지는 않다. 채용자 입장에서는 세계 각 국의 어떤 학교 어떤 학과가 좋은지를 잘 알기도 어렵고, 좋은 대학을 나왔다고 능력이 있다는 보장도 없기 때문이다. 내 경우 응모자와 같은 국적의 내부 직원에게 응모자가 졸업한 대학이 어느 정도의 수준인지를 물어 보기도 하고, 이력서를 보여주며 의견을 구해 보기도 했다. 그러나 교육제도나 학교는 나라마다 워낙 다양하므로 잘 모르거나 얼마나 좋은지 감을 잡기 어려운 경우가 많다. 반면 경력은 중요하다. 관련 업무와 직접 이어지는 업무 경험이 있는지가 중요한 관건이다. 채용자 입장에서는 채용과 함께 곧 활용할 수 있는 인력을 뽑으려 하기 때문이다.

채용자는 항상 업무로 바쁜 사람들이므로 응모자는 이력서를 가급적 간결하면서도 이해하기 쉽도록 작성함으로써 자신이 해당 직책에 필요한 업무 능력을 충분히 가지고 있음을 잘 부각시킬 필요가 있다. 한편 응모자의 이름을 인터넷에서 검색해서 응모자를 이해하는 데 도움이 될 만한 유용한 정보가 있는지 점검하기도 했다. 다른 국제기구로부터 오는 사람은 그 국제기구에 근무하는 지인을 통해서 그에 관한 평판을 알아보기도 했다. 즉, 채용자들은 우수하고 적합한 사람을 뽑기 위해서 활용 가능한 방법들을 최대한 동원한다고 생각하면 된다.

채용과정은 해당 국department 중심으로 이루어진다

국제기구에서 신입직원의 채용은 누가 결정할까? 정확하게 얘기하자면 인사담당 부서와 해당 수요 부서가 협의해서 결정한다. 그러나 인사담당 부서는 행정적인 지원 중심이고, 실질적인 의사결정은 해당 수요 부서department가 중심이 되어 이루어진다고 보면 된다. 공고를 내고, 서류를 접수하고 필요한 부분을 검증하는 등의 일은 인사담당 쪽에서 하지만, 채용할 사람이 적합한 자질과 필요한 지식을 갖추었는지는 해당 국이 중심이 되어 판단할 수밖에 없기 때문이다. 객관성을 유지하기 위해 구성하는 위원회는 우선 해당 국이 중심을 이루지만 다른 국 사람도 같이 참여한다.

채용이 결정되더라도 일단은 1년 계약으로 고용되며 정식 직원이 되기 위해서는 두 번의 검증 단계를 거쳐야 한다. 먼저 처음 1년은 '검증기간probation period'이라고 하여 ADB에서 일하기에 적합한 사람인지를 검증한다. 대개 6개월이 지나면 평가 작업에 들어간다. 프로페셔널 스태프의 경우 담당 과장이 국장과 협의하여, 서포팅 스태프의 경우는 직속 프로페셔널 스태프가 과장과 협의하여 그 여부를 결정한다. 아울러 프로페셔널 스태프의 경우 담당 부총재의 승인을, 서포팅 스태프의 경우 국장의 승인을 받는다. 이는 혹시 있을지도 모를 해당 부서의 독단을 견제할 수 있도록 하려는 것이라고 생각된다. 실제로 문제가 있다고 판단되어 1년 후에 그만두게 되는 직원들도 있다. 이 관문을 통과하면 3년

계약으로 신분이 전환된다. 이 기간 동안 업무 수행 능력과 자질, 다른 직원들과의 협업 태도 등을 감안하여 3년이 끝나기 반년 정도 전에 정식 직원으로 받아들일 것인지를 최종 결정한다. 이 관문을 통과하면 비로소 정식 직원이라는 지위를 차지하는 것이다.

여성이 더 유리하다

채용과정에서 여성은 남성 응모자보다 더 유리하다. 그동안 국제기구에서 여성 전문 인력이 상대적으로 적었다. 현재 ADB의 전문 인력 중에 약 30% 정도가 여성인데, 이도 최근 들어 여성 인력 채용을 적극적으로 늘려온 결과다. ADB 뿐 아니라 대부분의 다른 국제기구에서도 남녀 성비를 맞추려는 노력gender balance이 대대적으로 이루어지고 있다. 특히 유럽국가 이사들을 중심으로 이 사회로부터의 압력도 거세다. 심지어 ADB에서는 각 국장별로 매년 여성인력을 얼마나 충원할 것인지에 관한 계획을 자신의 업무계획work plan에 포함시키도록 하고 연말 성과평가에서 이를 중요하게 따지고 있다. 그래서 빈자리가 나면 일단 여성 후보자 중에서 적합한 사람을 고르도록 유도하고 있다. 응모자 중에서 여성으로서 적합한 사람을 고르기 어려운 경우 인사국에서 별도의 헤드헌팅 회사를 고용해 추가로 여성 후보자를 찾기도 한다. 또한 과장급 이상의 간부 중에서도 여성 비중이 더 늘어야 한다는 공감대가 이루어져 있으므로 여성은 승진에서도 유리한 측면이 있다.

최소한 앞으로 수년간은 이러한 추세가 이어질 것으로 본다.

　ADB의 경우 필리핀이라는 개발도상국에 본부가 있고 정주 여건이 선진국들보다는 열악하므로 여성 전문 인력이 오기를 꺼려하는 면도 있다. 그러나 외국인 거주 지역은 거주 여건이 괜찮고 또 이를 감안하여 급여, 복지후생 등의 면에서 더 보완해주는 측면이 있으므로 여성이더라도 응모해 보기를 권한다.

영어는 상대방이 알아듣기 쉽도록

국제기구에서는 영어로 이야기하고 영어로 이메일을 쓰는 등 영어로 소통한다. 영어로 만들어진 자료를 검토하고 또 영어로 보고서나 기타 서류를 작성한다. 따라서 인터뷰도 물론 영어로 진행된다. 인터뷰에서 영어는 업무 능력만큼이나 중요하다.

　영어로 듣고 말하기는 영어가 모국어가 아닌 우리로서는 항상 부담스럽기 마련이다. 그렇지만 잘해야 한다. 영어를 잘 한다는 것은 자신이 표현하고 싶은 바를 적확한 단어를 사용하여 상대방이 알아듣기 쉽도록 얘기한다는 것이다. 영어로 얘기할 때 네이티브 스피커처럼 빨리 얘기할 필요는 없다. 오히려 의미 묶음에 따라 또박또박 천천히 얘기하는 것이 더 나을 수 있다. 인터뷰에서도 마찬가지이다. 국제기구 직원들은 다국적이고 인터뷰하는 사람이 영어 네이티브 스피커가 아닐 가능성이 더 크다 개발도상국 공무원들과 접촉한 경험이 많아서 영어가 다소 서툴더라도 잘 이해하고 의사소통하는

데 별다른 문제가 없다. 혹시 못 알아들으면 정중하게 다시 한 번 말해 달라고 부탁하면 된다.

영어를 듣고 말하는 능력도 중요하지만, 사실 글을 잘 쓰는 능력을 채용 과정에서 더 중요하게 본다. 이메일을 통해서 자신의 의도대로 메시지를 정확하고 효율적으로 전달하는 능력, 보고서를 알아보기 쉽도록 간략하면서도 깔끔하게 작성하는 능력 등이 업무를 제대로 수행하기 위해 매우 중요하기 때문이다. 대부분의 경우 인터뷰 때 최근에 작성한 영어 보고서를 샘플로 가지고 오라고 해서 이를 살펴보면서 후보자의 쓰기 능력을 점검한다. 그러나 이렇게 이미 작성한 보고서로는 응모자 본인이 얼마나 오랜 시간 동안 그 문서를 작성했는지, 작성 과정에서 얼마나 다른 사람의 도움을 받았는지를 확인할 수 없다. 이 때문에 일부 부서는 직원 채용 때 인터뷰 현장에서 일정 시간 내에 간단한 주제를 주고 반 페이지나 한 페이지 이내의 글을 작성케 하는 경우도 있다. 일종의 현장 테스트다. 따라서 영어 글쓰기에 관한 노력을 부단히 기울여야 한다.

인터뷰에서는 전문성과 태도를 본다

인터뷰에서 응모자interviewee가 중요하게 감안하여야 할 점은 무엇일까? ADB 재무국장 시절 시험관interviewer으로서의 내 경험에 비추어 몇 가지 도움이 될 만한 점을 얘기해 보겠다.

인터뷰에서 시험관은 무엇을 중점적으로 보려 할까? 인터뷰에 들어가기에 앞서 시험관은 제출된 이력서를 꼼꼼히 살펴본다. 이력서에서는 학력, 업무 경력 등을 주의 깊게 본다. 또 후보자들이 국제기구에서 다양한 국가 출신의 직원들과 다양한 국가 정부 관계자들을 상대로 일해야 하므로 국제적인 경험을 쌓은 적이 있는지도 중점적으로 살핀다. 대화의 실마리는 대학 또는 대학원에서의 전공과목, 직장 또는 그 직전에 근무하던 직장에서의 업무와 관련이 있는 내용들을 중심으로 풀어나간다. 그렇지만 이러한 내용이 모든 것을 말해주지는 않는다. 그보다는 이러한 경력과 학력, 경험 등이 표시하는 그 사람의 자질과 업무를 대하는 태도, 전문적인 능력 등이 중요하다. 후보자의 능력을 살피는 시험관들은 다른 무엇보다 이런 점을 파악하려고 노력한다.

우선 분석적인 사고능력이 있는지가 중요한 착안 사항이다. 분석적인 사고능력은 어떤 문제가 주어졌을 때 논리적으로 문제를 풀어가는 능력이다. 예를 들어 유럽 통화 통합의 미래에 대해 어떻게 생각하는지 묻는 질문을 받았다고 해보자. 현재의 유럽위기가 초래된 통화 측면의 문제점(고정환율제)을 얘기할 수도 있을 것이고, 유럽의 정치적 통합과 평화 유지라는 정치 사회적인 측면을 강조해서 얘기할 수도 있을 것이다. 대부분의 정책문제는 복합적이어서 절대적인 정답이 없는 경우가 많다. 시험관 입장에서도 정답에 관심이 있다기보다는 어떤 답이건 그 설명에서 얼마나 논리적이고 합리적인 사고를 해나가는지를 살펴보는 것에 중점을 둔다. 다만 어떤 결론이건 그에 관한 설명은 논리적이며 설득력이 있어야 하고 또 명확해야 한다. 잘 모르는 주제라면 솔직히 잘 모른다고 하는 것이 낫지만, 그렇게 전제하면서도 최선을 다해서 답하려고 노력하는 자세를 보여야 한다.

최근 강조되는 '성과 위주의 업무 태도'도 충분히 이해하고 체득한 상태인지를 보려 한다. 즉, 과거에는 일을 열심히만 하면 어느 정도 평가를 받았다. 밤늦게까지 야근을 한다거나 주말에도 일한다거나 하는 것이 중요했던 적도 있었다. 즉 투입input을 중요하게 생각했던 것이다. 그러나 이제는 모든 면에서 성과outcome 또는 performance가 중요함을 따지는 세상이다. 무슨 일이든 달성하려고 하는 목표를 얼마나 달성했느냐가 핵심이다. 성과를 달성할 수 있다면 투입은 적든 많든 상관없는 것이다. 개발도상국을 지원하는 데 있어서 상당한 규모의 돈을 투입했음에도 불구하고 성과가 없는 경우가 많았던 국제기구의 입장에서도 성과가 더 중요하다고 강조하고 있다. 따라서 이제는 모든 원조사업의 기획과 운영에 있어서 성과를 중심으로 목표 달성에 얼마나 기여할 수 있느냐를 잣대로 평가하고 있다. 개개인의 업무에 있어서도 마찬가지이므로 응모자가 성과의 중요성을 이해하고 성과에 초점을 맞춘 업무태도를 갖는 것이 기본적인 요건이다.

또 업무 수행에 있어서 고객client이 중요하다는 점을 잘 이해하고 체화하고 있는지도 보려 한다. 기업의 경우 고객이 원하는 바를 만족시키지 못하면 결국 그 기업은 문을 닫는다. 아무리 인력과 재원을 투입했더라도 고객이 원하는 바를 잘 이해해 이를 충족시키기 위해 최대한의 노력을 기울이지 않는다면 제대로 성과를 거두기 어렵다. 성과는 그 성과를 평가하는 고객이 얼마나 만족하느냐에 달려 있다. 따라서 업무를 수행함에 있어서 자신의 관점에서가 아니라, 늘 그 서비스를 받는 고객의 관점에서 일을 기획하며 추진하고 점검하는 업무태도가 갖추어져 있어야 하는 것이다.

　다른 동료와 같이 일하는 데에 문제가 없는지도 중요한 체크사항이다. 업무처리에 있어 실력은 좋지만 직장생활에서 다른 동료들과 갈등을 일으키거나 상사와의 관계를 원만하게 이어가지 못하는 사람이 있다. 조직은 팀 전체가 협력하여 주어진 과제를 해결해 나가야 하므로 이런 사람을 뽑는다면 문제가 심각해진다. 또 업무를 해 나가는데 필요한 정보나 지식을 동료들과 얼마나 잘 공유할 수 있느냐도 중요한 기준 중의 하나이다. 한번 뽑으면 해고하기는 어려우므로 채용 결정자는 이 부분에 있어서 신중하고 또 다소 보수적일 수밖에 없다. 대부분의 경우 1시간 정도 같이 얘기해보면 대략 그 사람의 됨됨이를 알 수 있다. 상사에 대한 존중, 항상 친절하고 겸손한 자세, 협력하려는 자세, 무엇보다 진실한 마음가짐이 우러나오는 태도가 중요하다.

인터뷰의 예상 질문

ADB의 경우 전문지식을 테스트하는 인터뷰와 일반적인 고용 적합성을 테스트하는 인터뷰가 있다. 후보자는 이 두 가지 인터뷰를 거쳐야 한다. 전문지식에 관한 인터뷰는 담당하는 과장이 중심이 되어 후보자가 전문지식을 얼마나 깊이 이해하고 있느냐를 보려는 것이다. 나는 내가 맡고 있던 재무국의 과장들에게 후보자를 인터뷰할 때 그들이 염두에 두기를 바라는 사항을 강조하곤 했다. 응모자들이 단순한 암기 지식이 아니라 해당 지식을 얼마나 깊이 이해하고 있는지, 또 다양하게 발생하는 상황에 제대로 대응할 능력을 갖추고 있는지에 주안점을 두어 달라는 내용이었다. 단순한 지식은 책이나 인터넷을 찾아보면 금방 얻을 수 있다. 중요한 것은 이러한 지식을 바탕으로 삼아 주어진 문제를 해결해 나가는 능력인 것이다.

일반적인 고용 적합성 인터뷰는 해당 국장이 중심이 되어 전반적인 업무태도, 기본 소양 등을 보려는 것이다. 얼마나 고객 중심적인지, 성과 중심적인지, 동료들과 같이 일하는 데 문제가 없는지, 커뮤니케이션과 지식 공유에 적극적인지 등을 본다. 나는 내

> **Tip** 한 가지 유의할 점은 아래에 적은 많은 질문에서 '정답'은 없다는 것이다. 시험관 입장에서도 정답 찾기를 원하지 않는다. 정답은 관점에 따라서 여러 가지가 있을 수 있기 때문이다. 오히려 응모자가 답변하는 태도, 답변 내용에 있어서의 진실성과 일관성, 분석 능력, 논리적으로 풀어 나가는 능력, 업무에 대한 성실하고 책임 있는 태도 등을 주의 깊게 관찰한다.

나름대로 질문 리스트를 만들어 두고 그때그때 상황에 따라 조금씩 조정해서 사용하곤 했다. 그 질문 리스트는 아래와 같다.

Employment Potential Questions

Warming up, introduction

- Is this your first visit to Manila? impression, weather...
- You majored in economics. What made you pursue an accounting profession?
- What motivated you to apply for ADB and especially for this position?

Client orientation

- Clients are important for private companies. Who do you think are your clients for your current position? Have you ever made specific efforts to serve your clients better?
- Do you think clients are important also for an international institution like ADB? Why?

Achieving results and problem solving

- Suppose your boss assigns you works exceeding your time constraint. How will you address this situation? How will you prioritize among several jobs?
- What factors do you think should be considered most importantly in appraising your work?
- What factors do you think are most important in evaluating your staff?

Working together
- How will you maintain a good cooperation within a team? What factors do you consider are most important?
- How can you become a good boss?
- Suppose you have a different opinion with your boss or colleagues. How will you address the situation?
- How will you compare a job in ADB to a job in private sector? Please explain pros and cons.

Communication and knowledge sharing
- We, as professionals, need to update technical knowledge-otherwise we might be left behind. How do you update yourself on relevant technical knowledge?
- Please explain your experience of knowledge sharing in your previous work places, if any.
- Knowledge is important not only for an individual but for an organization as well. How do you think you can contribute to the department's knowledge base, once you join the department?

Others
- What do you think are strong points of yourself?
- What do you think are weaknesses of yourself? How do you make efforts to compensate for them?
- Would you please explain two examples of good performance in your previous work experience?
- Would you please explain two examples of failure in your previous work experience? What were the reasons for failure? And what have you learned from that experience?

이력서에서 눈에 띄는 사항들에 대해 설명을 요구할 수도 있다. 예를 들어 직장을 얼마 되지 않아 옮겼다면 면접관은 그 사유를 물어볼 것이다. 혹시 응모자 개인이 문제가 있어서 인지 그리고 채용된 후 단기간 후에 또다시 이직하지는 않을지 확인하고자 할 것이다. 새로 뽑았지만, 다시 얼마 지나지 않아 그만두는 경우가 생긴다면 국제기구 입장에서 채용절차를 다시 진행하고 교육훈련을 다시 시키는 부담을 져야 하기 때문이다.

국제기구에서 일하기

국제기구에서 일하면서 어떤 점에 유의해야 할까? 어떻게 해야 국제기구라는 직장에서 성공적으로 커리어를 쌓아 갈 수 있을까? 내가 IMF과 OECD에서 실무자로 근무하면서, 또 ADB에서 국장으로서 일하면서 경험한 국제기구의 업무 환경과 인력 관리, 업무 방식, 문제를 해결하는 자세 등에 대한 관찰을 토대로 향후 국제기구를 자신의 직장으로 선택하고자 하는 사람들에게 조언하고자 한다.

업무 전문성이 우선

국제기구의 운영 절차나 방식, 직장 분위기는 서양식으로 운영되고 그에 가까운 조직문화를 가지고 있다. 업무처리요령 Standard of procedure, SOP이 구체적인 규정으로 잘 만들어져 있으며, 업무나 내부 행정 처리는 이에 따라 수행해야 한다. 또 각 개인이 담당하는 직책별 요구 사항이 상당히 구체적이며 명확하게 정리되어 있다. 이러한 개인별 역할은 채용 때의 직무기술서 terms of reference와 이에 따라 연도별로 수립하는 업무계획 work plan에 자세하게 포함된다. 성과에 관한 평가는 연도별로 받는데, 상사가 직원을 평가하는 기준으로 삼는 것도 바로 이 업무계획이다.

국제기구에서는 직원 각자의 역할을 구체적으로 명시하며 그 역할을 충실하게 수행하도록 요구한다. 개인별 직무기술서가 구체적으로 정해져 있어서 이를 잘 수행하도록 요구한다. 권한 위임에 관한 규정이 잘 만들어져 있어서 상당 부분의 실무적인 일은 상급자에게 보고하지 않고 처리할 수 있다. 국장은 전략적인 판단, 부서 내 인적 자원과 예산의 확보, 주어진 과업의 우선순위 판단 및 각 업무에 대한 인력과 예산 배분, 다른 국과의 관계 또는 대외관계에서 국을 잘 대변하는 일 등에 집중한다. 국 내부의 세부적인 일들은 과장, 부과장 등의 매니저들을 통해서 감독이 잘 이루어지고 있는지를 모니터링해 나갈 수밖에 없다. 실무자급으로 갈수록 보다 더 구체적인 업무에 집중한다. 정리하자면, 간부를 포함해 기구의 모든 직원 각자가 수행해야 하는 역할이 잘 나뉘어져 있고 모든 직원들은 각자의 전문성을 발휘해 제 역할을 수행함으로써 조직 전체의 업무가 짜임새 있게, 또 수준 높게 이루어진다는 얘기다.

이렇게 권한과 책임의 위임이 명확해 합리적인 면이 두드러지는 반면, 상하 관계는 어떤 면에서 더 철저하다고 할 수 있다. 채용에서부터 인사고과까지 인사관리에 관한 결정은 상급자에게 거의 전권을 준다. 자기와 일하는 사람을 뽑는 과정에서 그 재량권을 충분히 부여하는 반면, 그에 따르는 책임도 철저하게 묻는 것이다. 상급자 입장에서는 자기가 최대한 활용해서 최대의 성과를 낼 수 있도록 기여할 수 있는 사람을 뽑아야 하는 것이다. 그러므로 해당 직원이 당초 기대했던 수준에 도달하지 못하거나, 업무가 부진하다고 여겨질 경우 상급자는 단호한 결정을 내린다. 업무상의 성과를 내는 데 있어서 자신이 생각한 수준에 미치지 못할 경우 상급자는 가차 없이 성과평가 등을 통해서 직원을 축출해버리는 경우도 많다. 상급자는 연말 근무평정을 하고 이는 봉급 인상에 반영된다. 그리고 승진 결정 등에서 결정적인 영향을 미친다. 따라서 국제기구 내에서 하급자가 상급자를 대하는 자세도 매우 조심스러움을 볼 수 있다. 한편 상급자도 역시 성과에 대한 모니터링을 받고 제대로 역할을 수행하지 못하면 제재를 받는다. 심한 경우 조기퇴직 당하기도 한다. 즉, 각 구성원에게 권한과 재량을 주되, 그에 상응하는 성과를 요구하고 책임도 엄격하게 묻는 것이다.

횡적인 업무 협조를 잘 해야

국제기구에서는 업무가 세부적으로 분업화되어 있어서 다른 국과의 협업을 통해서 업무를 수행해야 하는 경우가 대부분이다. 협업을 잘 이루기 위해서는 같이 일하는 사람들이 각자가 맡은 역할을 충실히 잘 수행하는 것이 대전제이다. 각자가 전문가로서 해당 역할을 충실히 잘 수행해야 협업하는 사람들 전체가 일을 제대로 수행할 수 있지, 어느 하나라도 제대로 역할을 못해내면 그 일은 어디선가 구멍이 나기 마련이다. 따라서 자기가 맡은 부분의 업무에 대한 전문성을 높여서 다른 동료들의 신뢰를 받을 수 있도록 하는 것이 무엇보다 중요하다. 동료를 도와주어야 할 때는 성의껏 도와주어야 자신도 필요할 때 도움을 잘 받을 수 있다. 또 협업을 잘 할 수 있도록 서로 다른 국의 동료들과도 의사소통을 원활히 하고 성과를 위해 서로 효율적으로 협업할 수 있도록 커뮤니케이션을 잘 해 나가는 것도 중요하다.

다른 국제기구의 유사한 업무를 수행하는 부서와 좋은 관계를 유지하고 정보를 부지런히 교환하며 협력하는 것도 중요하다. 내 경우 국제개발은행 재무국장들끼리 네트워크가 잘 짜여 있어서 1년에 한 번씩 포럼에서 직접 만나 서로 제도나 현황을 비교하며 정보 교환도 하고 또 수시로 이메일이나 전화를 통해 필요한 협의를 해 나갔다.

중요한 의사결정에 있어서 상급자와 미리 상의하는 자세를 유지하는 것도 도움이 될 수 있다. 처음에는 어디까지 상급자와 상의하고 어디까지 자신의 판단으로 의견을 내야 하는지 감을 잡기가 어려울 수 있다. 이는 동료들의 행태를 잘 관찰하고 또 조언을 구하거나 차츰 업무 경험을 쌓아 가면서 알 수밖에 없는 부분이다. 횡적인 영역에서도 마찬가지다. 다른 국과 중요한 업무를 두고 협업해야 할 경우 문서 또는 이메일로 통보하기 이전에 중요한 관계자에게 직접 찾아 가서 설명하고 협조를 구하는 것이 바람직할 때도 있다. 상대방에 대한 일종의 배려를 표하는 행동이므로 상대방이 싫어할 리 없다. 방문 설명을 받는 사람은 내가 가져간 사안을 보다 우호적으로 판단하기 마련이다. 서양 조직의 경우 이러한 부분은 한국보다 더 직접적인 언급을 잘 하지 않으므로 동료들의 행태를 잘 관찰해 가면서 눈치껏 행동할 수밖에 없는 것 같다.

 나의 경우 ADB 재무국장 시절 내부통제에 대한 보고절차 Sarbanex-Oxley Act를 새로이 도입하는 것이 ADB에 필요했고 총재 또한 그를 도입하자고 결정은 했지만 내부적으로 직원들 사이에서는 추가적인 업무 부담 때문에 눈에 보이지 않는 거부감이 있었다. 이에 대해 나는 관련 주요 국장들과 수시로 점심을 같이 하거나 리셉션에서 만나 대화하면서 우선 친해지려고 노력했다. 또 그렇게 국 간의 협력이 필요할 경우 통상 실무선에 있는 직원들이 이메일이나 문서로 상대 실무자에게 협조를 구하는 것이 관행이지만, 나는 지지를 얻기 위해 달리 행동했다. 내부통제 도입 과정의 중요한 단계에서는 직접 관련 국장들의 사무실을 찾아가서 그 국의 국장, 과장들을 모아 놓고 필요성과 추진 내용을 설명한 것이다. 이러한 노력들로 인해 조직 전체가 별다른 거부감 없이 새로운 제도를 순조롭게 받아들일 수 있었다.

적극적인 자세가 바람직

국제기구에서는 대부분의 경우 신입직원 연수 프로그램을 잘 준비해 둔 상태여서 새로 들어온 직원들은 이를 통해 알아야 할 지식이나 정보를 얻도록 하고 있다. 그러나 이러한 공식적인 연수만으로 다 알 수 없는 부분도 있다. 그래서 멘토mentor 제도를 운영하기도 한다. 대개 같은 국 안의 기존 직원 중에서 한 사람을 지정해 신입직원이 직장에 수월하게 적응하도록 6개월 정도의 기간 동안 일이나 직장 생활에서의 정착을 돕는다. 새로 국제기구에 들어간 사람들은 이러한 제도를 최대한 활용해서 빨리 배우고 적응해 나가기 위해 스스로 노력해 나가야 한다.

개인별로 사람들의 성향이 다르지만 직장의 업무와 환경에 빨리 적응해 나가기 위해서는 보다 적극적인 태도가 바람직하다. 항상 배우려는 자세를 가지고 업무나 그 외 직장생활에서 모르거나 부족한 부분이 있으면 본인 스스로 주위 동료나 상사에게 적극적으로 물어보거나 관련 자료를 찾는 등의 자세가 필요하다.

이를 위해 스스로 만든 원칙이 하나 있다. 세미나 등에 참석했을 때 그 자리에서 최소 한 가지 이상의 질문을 반드시 하자는 것이었다. 회의 등에 참석해 질문 없이 가만히 있을 때 동양과 서양의 사람들이 받아들이는 방식에는 차이가 있다. 동양은 겸손을 미덕으로 여기는 문화적 풍토가 있다. 그러나 서양은 그렇지 않다. '뭔가 잘 모르니까' 또는 '별다른 아이디어가 없으니까 가만히 있다'고 생각하는 경향이 있다.

따라서 주제에 다소 어긋나는 질문이라도 안 하는 것보다는 하는 게 낫다는 것이 내 결론이었다. 최소한 그런 마음을 먹는다면, 회의 등이 열리기 전 그 사안에 대해 미리 자료를 읽게 된다. 따라서 사전 학습을 하는 효과가 생기고, 질문을 통해 내가 하고 있는 이해의 현실적 타당성을 점검하는 계기를 마련할 수도 있다. 한편으로는 동료들에게 내가 나름대로의 전문성이 있음을 알리는 효과도 거둘 수 있다.

국제적으로 해당 분야의 전문가들과 네트워크를 잘 만드는 일도 필요한데 이를 위해서도 자기 스스로의 가치를 높여 상대방에게 유용한 존재가 되어야 한다. 업무관계는 기본적으로 주고받는 give and take 방식이기 때문이다. 관련 분야의 보고서 검토나 포럼 참석 등을 통해서 꾸준히 전문지식을 높여 나가고, 실제 업무 경험을 쌓아 가면서도 한편으로는 주의 깊은 관찰을 통해서 독창적인 정책 대안을 모색하는 등 스스로의 전문성을 높여 나가야 한다. 이러한 노력을 통해서 실력을 쌓아 내가 다른 전문가들에게 실질적인 도움을 줄 수 있어야 상대방도 나를 인정하고 그로부터 도움도 얻을 수 있다.

동료와의 인간관계도 중요하다

일은 사람이 한다. 같은 일이라도 함께 일하는 사람이 얼마나 관심을 지니고 나를 돕는가에 따라 성과의 정도가 달라진다. 좋은 성과는 스스로의 노력으로만 거두는 게 아니다. 어느 경우에는 옆에서 돕는 사람의 조력이 결정적일 때가 많다. 업무를 해결하는 데 있어서 매우 유용한 정보나 실마리는 옆의 동료와 우연히 나누는 논의의 과정에서 얻어질 수도 있다. 따라서 평소에 인간관계를 잘 쌓아두는 것은 매우 중요하다. 일반 직장도 그렇고, 여러 나라의 다양한 사람들이 섞여 일하는 국제기구에서도 그 점은 마찬가지다.

국제기구의 풍토는 한국과 다소 차이가 있다. 일을 끝낸 뒤 함께 어울리는 술자리나 같이 식사를 하는 자리가 많지 않다. 국제기구라는 직장은 그보다는 전문가로서 서로 신뢰하는 관계를 중시한다. 개인적으로 어울리는 자리가 전혀 없다고는 할 수 없지만 그보다는 업무 속의 전문성이 사람 사이의 관계를 설정하는 기본 요소라고 하는 것이 정확할 것이다. 함께 술 마시고 밥 먹는 일보다는 같은 일을 처리하면서 상대에게 도움이 되는 코멘트를 해준다거나, 함께 토론하면서 상대의 생각을 펼치는 데 도움을 주는 게 서로의 신뢰를 쌓는 데 결정적인 역할을 한다는 얘기다.

또 동료들이 업무를 해 나가면서 난관에 봉착할 때 그를 기꺼이 돕는 자세를 가져야 한다. 자기가 만든 개선안이나 보고서에 대해 관련되는 일을 하고 있거나 경험을 가진 동료에게 의견을 구하는 것은 흔히 있는 일이다. 만약 동료를 돕지 못하는 경우가 생기면 최소한 그 이유에 대해 설명을 하는 게 좋다. 동료를 무시해서 그런 것이 아님을 알릴 필요가 있다는 얘기다.

인간관계를 만들고 유지하는 데 필요한 기본적 사항은 국제기구에서도 마찬가지로 적용된다. 남을 배려하고 존중하는 자세다. 자신이 필요한 일을 추진하더라도 동료들에게 그로 인해 추가적인 업무 부담을 준다면 그에 맞게 양해와 협조를 구하는 자세를 취하는 게 좋다. 그러면서도 원칙을 지켜야 한다. 조직 전체의 미션, 나와 동료가 함께 몸담고 있는 조직의 평판을 높이는 데 기여하는 자세를 보여야 한다는 얘기다.

아울러 동료들의 전문성을 존중해야 한다. 그들이 전문적인 의견을 낼 때 경청하는 자세를 지녀야 한다. 회의가 열릴 때 상대를 존중하는 자세는 그래서 중요하다. 동료가 의견을 발표할 때 문제가 있다고 생각해 그에 대해 코멘트하더라도 최소한의 체면을 세워주는 배려가 필요하다. 이와 함께 전문분야의 용어에도 신경을 써야 한다. 영어로 소통하는 국제기구인 만큼 적확한 용어를 충분히 학습해 업무 영역에서 이를 활용하면 인간관계의 가장 필수적인 '소통'에서 맞이하는 적잖은 문제를 피해갈 수 있다.

그렇다고 국제기구에서의 인간관계가 업무와 평가에만 몰려있지는 않다. 비공식 영역에서 친분을 쌓는 일도 중요하다. ADB에서 근무를 시작할 때 부총재 한 사람은 내게 "사람들과 친분을 맺으려면 마냥 기다리지만 말고 먼저 '점심이나 커피를 같이 하자'며 적극적으로 다가가라"고 충고한 일이 있다. 나중에 알았지만 이는 매우 중요하면서도 유익한 조언이었다. 상대방이 설사 선약이 있어서 식사나 커피 마시는 일이 이뤄지지 않더라도 최소한 내가 상대방을 인정하고 중요하게 생각한다는 뜻을 전하는 효과를 거둘 수 있다.

또 리셉션이나 파티 등은 가능한 한 반드시 참석하는 게 좋다. 국제기구 사람들은 서양 문화의 기반 위에 놓여 있어서 적극적인 성격의 동료를 선호하는 경향이 있다. 서로 안면이라도 익혀두면 나중에 업무를 처리할 때도 적잖은 도움이 된다. 업무 영역이 같은 기구 안에서는 언젠가는 조금이라도 일이 겹치는 경우가 생기게 마련이다. 이때는 파티와 리셉션 등에서 서로 인사라도 하면서 말문을 튼 사이의 상대방이 큰 도움으로 작용하는 경우가 있다는 얘기다.

파티 등에서 서로 술잔이나 쥬스잔을 들고 담소하는 경우가 한국인에게는 다소 낯설게 느껴지지만 그런 자리에서 서로 이야기를 나누다보면 자신의 업무가 조직 전체의 업무에서 차지하는 맥락 등을 이해할 수 있다.

처음에는 어색하고 무엇을 얘기할지 난감해 파티 등이 두려운 경우도 있지만, 사실 그런 느낌은 나만의 것이 아니다. 다른 사람들도 같은 감정을 느낀다는 말이다. 혼자 있는 사람에게 먼저 다가가서 대화를 거는 것도 좋다. 그도 어색한 상황이므로 '누가 얘기를 걸어 주였으면'하는 기대를 품고 있었을 테니 말이다.

그런 자리에서는 '나 스스로 편안하게 분위기를 즐긴다'는 마음가짐으로 사람들과 자연스럽게 대화를 나누면 된다. 상대를 중심으로 대화를 펼쳐가는 것도 잊지 않는 게 좋다. 상대에 대한 배려가 서양 문화의 기본적인 에티켓에 해당하니까 말이다. 상대가 잘 대답할 수 있는, 고국에 대한 질문이나, 역사와 민족, 최근의 경제상황, 가족 문제, 자녀 교육 등 공통의 관심사를 이야기하는 것도 좋다. 유머를 조금씩 섞어 어색한 분위기를 얼른 떨칠 수 있다면 더 좋다.

영어를 갈고 닦아야

국제기구에서는 공식 언어가 대부분의 경우 영어다. 즉 영어로 업무를 지시하고, 회의하고, 보고서 등 각종 문서를 작성한다. 따라서 영어의 중요성은 아무리 강조해도 지나치지 않을 것이다. 그래서 대부분의 국제기구는 직원들의 영어 능력을 향상시키기 위해 영어 교육 프로그램을 운영하고 있다. 예를 들어 IMF의 경우 WB와 함께 영어 서류작성, 영어 대화 등 여러 가지 프로그램을 상시 운영하고 있다. 이들 프로그램은 짧게는 며칠, 길게는 몇 달에 걸친 것도 있다. OECD의 경우 프랑스어도 공식 언어로 채택하고 있어 프랑스어 교육 프로그램도 같이 운영한다.

업무 능력과 영어 능력 중 어느 것이 더 우선일까? 둘 다 갖추어야 하겠지만, 영어 능력은 매우 중요하다. 영어에 문제가 있으면 기본적으로 의사소통 자체가 어렵고 동료와 같이 함께 일을 해나가기가 곤란하기 때문이다. 국장의 입장에서 본다면 직원이 영어 능력을 잘 갖추고 새로운 업무를 빨리 습득해내는 자질만 있으면 사실 전문성에서 다소 떨어진다고 해도 크게 문제가 될 게 없다. 누구나 모든 부분에 정통할 수는 없고 새로운 업무도 습득해서 처리만 할 수 있으면 큰 문제가 아니기 때문이다. 그러나 영어 능력에 문제가 있으면 커뮤니케이션 자체가 어렵다. 상사와 본인 간의 업무 지시나 이에 대한 결과 보고에서 서로 불편하고, 국 입장을 국 간(間) 회의 등에서 잘 설명해야 하는데 이 부분이 제대로 이루어지지 않으면 국 입장에서도 업무에 차질이 온다.

영어 능력에서는 우선 듣고 말하기가 중요하다. 영어를 잘 한다는 것이 꼭 영어 발음을 원어민에 가깝게, 또는 원어민이 사용하는 일상적인 표현informal expression을 많이 쓴다거나, 빨리 말하는 것을 의미하지는 않는다. 영어는 이제 세계 공용어이다. 우리가 미국이나 영국 영어만 영어라고 생각하기 쉽지만 현재 지구상에서 영어를 사용하는 인구 중에는 비영어권 인구가 영어권 인구보다 훨씬 더 많다. 억양을 미국식으로 따라 하려 애쓰기보다 발음을 정확하게 상대방이 알아듣기 쉽게 하려는 노력이 필요하다. 또 자신이 이야기해야 할 사항을 정확하며 짜임새 있고 조리 있게 전달하는 능력이 핵심이다. 영어 능력을 향상시키고자 하는 열정을 가지고 꾸준히 노력하는 수밖에 없다고 본다. 수시로 외국 스태프와 점심을 먹거나 커피 등을 마시는 등 사적으로 영어로 대화하는 기회를 만드는 것도 좋은 방법이다.

영어로 듣고 말하기만큼 중요한 것이 영어로 쓰기이다. 영어로 이메일을 수시로 써야 하고 또 보고서나 간단한 서류도 작성해야 한다. 문법적으로 맞는 영어를 쓰는 것이 우선 중요하겠지만 적확한 단어를 사용해서 의미하는 바를 간결하면서도 명확하게 표현하는 훈련을 꾸준히 해 나가야 한다. 이를 위해서 영영사전 사용하기를 추천한다. 영어로 단어의 의미를 생각하고 이해하는 훈련을 해야 단어의 미묘한 뜻 차이를 이해할 수 있다. 요즘은 좋은 영영사전이 컴퓨터 프로그램으로도 나와 있으므로 이를 컴퓨터에 깔아 놓고 활용하는 것도 좋을 것이다.

또 문서를 읽는 사람이 이해하기 쉽도록 글을 쓰는 능력이 중요하다. 문서를 읽는 사람이 이해하기 쉽도록 작성하기 위해서는 문서 구상 단계에서 다음 질문들을 염두에 두면 도움이 된다.

- What is the purpose of the report?
- Who is/are the reader(s)?
- What is the main question the reader(s) will have?
- What is your(the writer's) answer to that question?

즉 문서를 작성하는 목적의식을 분명히 가지고 독자의 입장을 항상 생각하면서 중요한 이슈에 집중해야 한다는 것이다.

문서를 실제로 작성할 때 주의해야 할 사항은, 영어로 쓰는 보고서는 귀납식ascending이 아니라 두괄식descending으로 써야 한다는 점이다. 귀납식은 결론key sentence을 맨 나중에 설명하는 방식이고 두괄식은 결론을 맨 앞에서 먼저 설명하는 방식이다. 우리말과 우리의 사고방식에서는 여러 가지 이유를 설명한 다음에 그에 따른 결론은 맨 나중에 두는 것이 자연스럽다. 그렇지만 영어의 언어 특성을 감안하면 결론부터 먼저 얘기한 뒤 그 이유를 말하는 방식이 더 자연스럽고 이해하기 쉽다. 글을 쓰는 본인은 작업 과정에서 대개 여러 분석을 거쳐서 마지막에 결론에 도달하지만, 그 글을 읽는 사람은 결론부터 먼저 보는 것이 편하고 효율적이기도 하다. 즉 결론부터 먼저 적고, 다음으로 중요한 세부 내용, 보다 덜 중요한 세부 내용 순으로 설명해 가는 것이다. 이 방식을 따라서 문서를 작성하면 읽는 사람은 전체 그림과 결론을 알고 문서를 읽으므로 훨씬 빨리 효과적으로 그 문서를 이해할 수 있다. 이 부분은 IMF와 ADB의 글쓰기 프로그램에서 가장 강조하는 부분이다.

영어 에세이 쓰기에서 중요한 원칙들을 따르는 것도 중요하다.[24] 예를 들어 다음의 원칙들만 잘 지켜도 영어 쓰기가 훨씬 영어다워진다.

- 불필요하게 주어를 바꾸지 않는다.
  (예) She stayed at a resort, and much of her time was spent in painting. → She stayed in a resort and spent much of her time in painting.

---

[24] 영어 에세이 쓰기에 도움이 되는 정평 있는 참고서적을 한 권 소개하고자 한다. 『The Elements of Style』로 William Strunk Jr.과 E.B. White가 썼다. 얇지만 매우 유용한 책이다.

- 유사한 설명은 평행구조parallelism를 사용한다.
  (예) She is tall, with blue eyes, and has a congenial manner → She is tall, blue-eyed, and congenial.
- 가급적 능동태active voice를 쓴다.
  (예) A driver's test was taken by him. → He took a driver's test.

다문화 환경을 즐겨라

국제기구의 업무환경에서 가장 큰 특징 중 하나를 꼽으라고 한다면, 여러 나라 출신 직원들이 어울려서 일한다는 점일 것이다. 각 나라별로 고유한 문화가 있다. 사람들이 서로 소통하는 방식이나 이해하는 방식, 중요하게 생각하는 점들이 다 다르다. 국제기구 직원에게 요구되는 기본적인 자질중의 하나는 이러한 다문화 환경에 열려 있는 태도를 가져야 한다는 점이다. 예를 들어, 말콤 글래드웰의 '아웃 라이어'를 보면 저자의 나라별 문화적인 차이에 대한 예리한 관찰을 볼 수 있다. 이탈리아 사람들은 가족, 친구들과의 친밀도가 높다. 영화 '대부'에서도 이탈리아 사람들의 끈끈한 가족애를 엿볼 수 있다. 글래드웰은 미국 내 이탈리아 사람들이 모여 사는 지역의 주민들이 콜레스테롤 함유량이 높은 식생활 습관을 유지하면서도 건강하게 사는 원인을 그들 사이의 끈끈한 가족 및 친구와의 유대감에서 찾고 있다. 이에 반해 미국이나 영국의 경우 개인주의적이고 합리적인 성향이 강하다. 여러 나라에서 온 사람들과 교류하다 보면 각 나라별로 대체적인 특성을 알 수 있다.

　이러한 업무 환경에서 중요한 것은 다른 종교나 문화에 대해 진정으로 존중하고 이해하려는 마음을 갖는 일이다. 서로 말로써 잘 통하지 않더라도 진심으로 사람을 대하다 보면 통하는 경우가 많다. 동양과 서양의 문화가 서로 상당히 다르지만 상대방을 존중하고 다른 사람의 입장에서 사안을 이해하기 위해 노력하는 자세는 동양이든 서양이든 감사하게 받아들여진다. 서로 다른 문화에 대해 민감할 필요도 있다. 예를 들어, 인도 출신의 힌두교도에게 소고기 음식을, 이슬람교도에게 돼지고기 음식을 권하지 않아야 한다는 것은 기본이다. 늘 상대방의 다른 문화와 생활습관에 민감하고 그를 이해하며 존중하는 자세를 유지해야 한다. 특히 종교 면에서 자신이 믿지 않는 종교이더라도 존중하는 자세를 취해야 한다. 어떤 사람들은 종교와 정치는 가급적 대화의 화제로 하지 말라고 충고한다. 그만큼 서로 대립하기 쉬운 부분이라는 말도 될 것이다. 예를 들어 자기가 기독교인이라고 해서 이슬람교도나 힌두교도를 멸시하는 태도를 가져서는 안 된다. 서로 다른 가치, 자라온 환경, 문화적인 배경 등을 존중해주고, 같은 직업인으로서 각자의 전문성을 존중해주어야 하는 것이다.

　다른 나라의 역사적 배경이나 생활양식, 일상 문화를 알고 이해하려는 노력도 중요하다. 또 상대의 다른 생각이나 문화를 관찰하면서 그를 상대가 성장한 사회의 역사적 배경과 연결해 이해하려는 자세도 필요하다. 그러다 보면 다양한 국가에서 온 다양한 직원들의 문화와 역사를 그만큼 다양한 시각으로 이해하는 시각을 얻을 수 있다. 다양한 나라의 다채로운 문화와 역사를 이해하고, 아울러 여러 나라의 음식까지 맛볼 수 있는 기회 등은 국제기구만이 제공할 수 있는 큰 매력이기도 하다.

국제기구는 다문화 환경이지만 그 업무를 진행하는 방식이나 조직문화는 어쩔 수 없이 서구적이다. 미국과 유럽이 주도하는 세계질서 때문이다. 한국적인 문화에서는 흔히 공적인 업무 관계와 사적인 관계가 혼동되어서, 사적인 관계가 공적인 업무 관계에 영향을 미치기도 한다. 그러나 서양식 사고에서는 사적인 관계와 공적인 업무처리를 엄격히 구분한다. 개인적인 친분은 친분이고 업무는 철저히 직무기술서 terms of reference 나 관련 규정을 따라야 한다는 생각을 기본적으로 한다. 개인적으로 친해졌다고 해서 업무 평가나 승진, 업무 처리 등에서 특별한 배려를 기대했다가는 실망하기 십상이다. 직장 동료들을 대할 때 전문가로서 상대방을 존중하고 개인적인 친분을 쌓아 가되 업무에 있어서는 실력으로 승부한다는 자세를 가져야 하는 것이다.

다국적 직원들로 이루어진 국제기구에서 출신 국가별로 뭉쳐서 세력을 형성한다면 조직 전체적으로 문제가 된다. 그렇지만 현실적으로 끼리끼리 자연히 모임도 가지고 점심도 같이 하면서 어울리기 마련이다. 또 눈에 보이지 않게 서로 도와주고 이끌어주는 경향도 분명히 있다. 다만 너무 드러나지 않게 또 비난받을 만한 일은 자제하면서 다른 나라 직원들과도 함께 어울리는 풍토를 조성해 나가야 할 것이다.

이 참고자료는 외교부 국제기구 인사센터에서 발췌한 것이다. UN기구 중심으로 국제기구 직원 및 채용절차를 설명하고 있다. 이 책에서는 IMF, ADB 등 국제금융기구 경우를 중심으로 설명하고 있으며, UN기구와 국제금융기구는 채용, 인사관리 등 면에서 서로 차이가 있음을 유의하기 바란다.

출처 : http://www.mofat.go.kr/unrecruit/overview/unstaff.jsp

국제기구직원이란

직원의 신분

- UN 및 각종 국제기구에 소속되어 주어진 공무를 수행하는 직원을 국제공무원 또는 국제기구 직원이라고 함
- 국제기구 직원은 직무를 수행하는데 있어 소속기관 외의 다른 당국으로부터 어떠한 지시도 구하거나 받지 않음을 원칙으로 함(유엔헌장 100조)
- 국제기구 직원은 국제법상 그 직무를 수행하는데 필요한 국제공무원으로서의 특권 및 면제를 향유함(유엔헌장 105조)

직원의 종류

- 전문직원(Professional Staff), 필드전문가(Field Service Staff), 일반직 직원(General Service Staff) 등

1. 전문직원/고위직(P급·D급)

전문지식이나 기술·경험 등을 활용하여 업무를 수행하는 직종으로 채용은 공석공고를 통해 국제적으로 이루어지며 채용 즉시 일할 수 있는 전문 인력이 요구됨

직급	-	필요경력	비고
사무총장	Secretary-General	-	-
사무부총장	Deputy-Secretary-General	-	-
사무차장	Under-Secretary-General	-	-
사무차장보	Assistant-Secretary-General	-	-
D-2	Director	15년 이상	국장급
D-1	Principal Officer	최소 15년	부국장급
P-5	Senior Officer	최소 10년	선임과장급
P-4	First Officer	최소 7년	과장급
P-3	Second Officer	최소 5년	실무직원
P-2	Associate Officer	최소 2년	실무직원
P-1	Assistant Officer	-	실무직원

※ 직급별 필요경력은 절대적인 기준은 아님

2. 현장직원(필드전문가)

- UN 등 국제기구는 개도국에 대한 기술원조사업의 일환으로 특정기술분야의 전문가를 원조 수혜국의 요청에 따라 3개월에서 3년 정도 파견하며, 파견된 현장직원은 해당 전문분야에 대한 광범위한 지식 및 경험 보유가 필수적임
- 직급 및 급여제도가 전문직 지원과 차이가 있으며 유엔의 경우 FS1~FS7으로 직급구분

3. 일반직 직원(General Service Staff)

- 비서, 타이피스트, 운전기사 등 일상적인 일부터 전문 업무에 이르기까지 업무범위가 포괄적이며 대부분은 현지 채용임

인사제도

- 채용은 직원의 퇴직, 기한부 임용, 임기 종료, 다른 국제기구로의 전출, 새로운 보직의 신설 등에 따른 공석 발생 시 이루어지므로 부정기적임
- 필드 전문가의 경우에는 원조 수혜국의 요청에 따라 전문가를 모집

하는 경우도 있음
- 기존 15개의 고용계약을 3가지(temporary, fixed term, continuing)로 단순화하는 "고용계약 조건 단순화"를 2009년 7월 1일 부터 시행중
- 유엔시스템 내 국제기구 간 직원 이동 활성화

대우 및 처우

1. 신분보장

- 국제기구는 자국여권과 유엔여권을 모두 사용할 수 있으며, 일부 예외적인 경우를 제외하고는 유엔여권(Laissez-Passer)을 가지면 자유롭게 여행할 수 있음
- 국제기구는 이중국적자를 인정하지 않으므로 이중국적자는 임용 시 한 개의 국적을 선택하여야함

2. 급여와 수당

- 전문직 이상 사무국 직원은 회원국 정부 중 가장 높은 보수를 받는 국가 공무원에 상당하는 보수를 지급(Noblemaire Principle)
- 보수의 기본구조 : base salary + post adjustment + 각종수당 및 혜택
    ※ 보수기준은 국제공무원위원회(International Civil Service Commission: ICSC)에서 작성하며 수시로 변동됨

3. 직원복지

- 출장·전보 등에 따른 수당 : 여행경비, 부임수당, 이사비용 등
- 각종 사회보장 : 건강 및 생명보험, 근무 중 사망·부상 및 질병에 대한 보상, 연금 등
    ※ 관련사이트 : http://www.un.org/Depts/OHRM/salaries_allowances/index.html (사이트에 나온 것은 기본급이며, 그 외에 각종 수당이 있음)

국제기구 직원이 되려면

국제기구 진출의 필요조건

1. 전문지식

유엔의 전문직원(P급 이상)은 대부분 석사 또는 박사학위의 전문인력들이므로 국제기구 진출 희망시 먼저 본인의 관심분야가 무엇이고 어떤 분야의 전문가로 국제기구에서 활동하고 싶은지 구체적인 그림을 그린 후 이에 따른 학위 준비 및 전문지식 함양을 위한 꾸준한 노력이 필요함

2. 관련경험과 경력

일반 기업과 마찬가지로 유엔과 같은 국제기구에서도 해당 직무와 관련된 경험과 경력이 채용에 유리하게 작용. 즉, 해당분야의 전문지식과 관련 경력을 가진 지원자가 적합한 후보자로 인정되므로 본인이 희망하는 국제기구가 정해지면 먼저 해당분야의 채용정보(공석공고)를 찾아보고, 요구되는 자질·학위·경력 등이 무엇인지 파악한 후, 이에 맞추어 본인의 커리어 개발을 구체화할 필요가 있음

3. 어학능력

어학능력은 국제기구 진출을 위한 가장 기본적인 사항으로 유엔에서는 영어 이외에도 유엔공용어(불어, 스페인어, 중국어, 러시아어, 아랍어) 구사가 가능한 경우 채용에 유리하니 전문지식 습득, 관련 경험 축적과 더불어 어학능력 배양을 위한 꾸준한 노력이 요구됨

4. 건강한 신체

많은 업무량과 잦은 출장 등을 소화해야하는 국제공무원의 경우 건강한 신체는 무엇보다 중요한 요소이므로 평소 꾸준한 체력관리가 필요함 특히 아프리카 및 분쟁지역 등 열악한 환경에서 근무할 시에는 새로운 환경에 능동적으로 적응할 수 있는 강인한 체력 및 정신력이 요구됨

5. 열정

위에 명시된 자격요건을 모두 충족하더라도 국제사회에 이바지하고자 하는 강한 의지와 열정 없이는 국제공무원으로써 근무하는 것에 한계가 있을 수 있음

국제공무원은 오지 근무 및 가족과 떨어져 지내는 어려운 상황들을 동시에 고려해야 하므로, 본인의 확고한 의지와 열정이 기본적으로 필요함

국제기구 진출 경로

1. 공석공고

- 직원의 퇴직, 전출, 보직신설 등으로 결원이 발생하고 내부에 적임자가 없는 경우 국제적으로 공모함

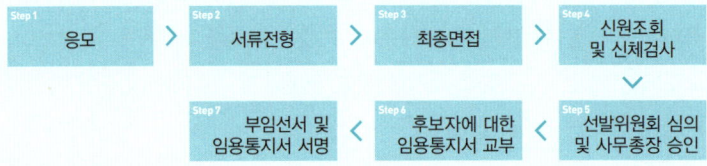

2. Junior Professional Officer, JPO(국제기구 초급전문가)

JPO 제도는 국제기구 진출을 희망하는 우리 젊은 인재(만 30세 미만)를 선발, 정부의 경비부담 하에 일정기간(2년) 유엔 및 국제기구에 수습직원으로 파견하는 제도(파견기간 종료 후 자동적으로 직원으로 채용되는 것은 아님)

3. Young Professionals Programme, YPP(젊은 전문가 프로그램)

- 유엔사무국 YPP
- 유엔개발계획(UNDP)의 Leadership Development Programme(LEAD)
- 유엔아동기금(UNICEF)의 New and Emerging Talent Initiative(NETI)
- 유엔교육과학문화기구(UNESCO)의 YPP

- 경제협력개발기구(OECD)의 YPP
- 그 외에도 YPP 프로그램을 운영하는 국제기구가 있으며, 금융관련 국제기구의 YPP 프로그램은 기획재정부 국제금융국 국제기구과에 문의하거나 국제금융기구 채용정보 홈페이지 참조
  ※ 기획재정부 국제금융기구 채용정보 홈페이지 http://ifi.mosf.go.kr/index.do

인턴십/유엔봉사단

인턴십

- 전문분야 경력이 부족한 대학(원)생들이 국제기구 근무가 본인의 적성에 맞는지 미리 경험 해보고 인적 네트워크를 형성할 수 있는 기회
- 유엔 및 국제기구에서는 대학(원)생을 대상으로 무급 풀타임 인턴십 제도를 시행
- 각 기구별 또는 국가 사무소에 따라 인턴 대상, 자격요건 및 선발시기가 다르므로 평소 관심 있는 국제기구 홈페이지를 수시로 방문하여 확인 요망

  ※ 참고 사이트 http://www.mofa.go.kr/unrecruit/data/rela_link.jsp
  http://social.un.org/index/Youth/UNOpportunities/Internships.aspx
  http://www.un.org/Depts/OHRM/sds/internsh/index.htm
  http://careers.un.org/lbw/home.aspx?viewtype=IP

  ※ 정부 지원 국제기구 인턴십
  외교부 : 중남미 지역 국제기구 인턴 파견 사업
  여성가족부 : 국제전문여성 인턴 프로그램
  환경부 : 국제환경규제·정책전문가 양성과정(IEETP)
  *정부해외 인턴사업 통합 페이지: http://www.ggi.go.kr

유엔봉사단(UNV)

1. 유엔봉사단(UN Volunteers:UNV)이란?

유엔봉사단(UNV)은 1970년 12월 7일, 제25차 유엔총회 결의 제2659호에 의거하여 설립된 유엔 내 봉사기구(1971년 1월1일부로 활동 개시)로 봉사정신(volunteerism)을 통하여 전 세계의 지속가능한 개발과 평화유지 기여를 목적으로 다음과 같은 임무를 수행함.
- 세계 평화와 개발을 위한 봉사정신(Volunteerism) 지지
- 연계 파트너와 함께 개발 계획 프로그램 지원
- 전문 자원봉사단원 파견

2. 사업 및 활동

- 40여 개국의 정부 또는 국가 협력단체를 국별책임기관(National Focal Point)으로 지정하여, 유엔 기구, 비정부간 기구(NGO), 사기업 및 지역단체 등과 연계하여 사업수행
- 농업, 보건 및 교육 이외에도 인권, 정보통신 기술, 지역개발, 산업 및 인구 등 115여 개의 전문 카테고리에서 봉사단원을 선발·파견하여 인도주의적 구호, 재건사업, 인권 보호, 선거관리와 평화구축 등을 위해 활동
  ※ 7,303 명의 봉사단원이 132개국에 파견 (2011년 기준)

3. 유엔봉사단원(UN Volunteers:UNV)이 되려면?

1) 자격요건
- 자원봉사주의(Volunteerism)의 원칙과 가치에 대한 확고한 의지
- 다문화 환경과 어려운 환경에 적응할 수 있는 능력
- 뛰어난 대인관계 능력과 조직력
- 자원봉사 경험자 및 개발도상국 근무 경험자 우대
- 최소 25세 이상
- 학사학위

- 관련경력 최소 2년 이상
- 다음 유엔 공용어 중 최소 1개 이상 능통자 (영어, 불어, 스페인어)

2) 선발 및 파견
- 유엔봉사단(UNV)의 수요에 따라 온라인 후보자명부(Roster)에 등록된 지원자를 선발하여 파견
- 선발된 자원봉사단원에게는 생활비(Volunteer Living Allowance: VLA), 정착비(Settling-in-Grant), 여행비 및 보험료 등 지급
- 지원서 등록방법 ① https://one.unv.org/main/index.php 접속 ② 간단한 개인정보 등록 후(Part 1) 이메일로 전송받은 로그인 아이디와 비밀번호를 이용하여 지원서 작성(Part 2)

  ※ 기타 자세한 사항은 유엔봉사단(UNV) 홈페이지 참조: http://www.unv.org

경제협력개발기구 Organization for Economic Cooperation and Development, OECD
국제재생에너지기구 International Renewable Energy Agency, IRENA
글로벌녹색성장기구 Global Green Growth Institute, GGGI
녹색기후기금 Green Climate Fund, GCF
당사국총회 Conference of the Parties, COP
대외경제협력기금 Economic Development Cooperation Fund, EDCF,
세계기상기구 World Meteorological Organization, WMO
아시아개발은행 Asian Development Bank, ADB
아시아태평양경제협력체 Asia Pacific Economic Cooperation, APEC
유럽연합 European Union, EN
유엔기후변화협약 United Nations Framework Convention on Climate Change, UNFCCC
유엔생물성다양과학기구 United Nations Intergovernmental Science-policy Platform on Biodiversity and Ecosystem Services, IPBES
유엔환경계획 United Nations Environment Programme, UNEP
지구환경기금 Global Environment Facility, GEF
한국국제협력단 Korea International Cooperation Agency, KOICA

국제기구 유치하기

GCF 유치, 어떻게 성공했나

다른 동료들보다 비교적 오랫동안 국제기구에서 근무한 경험이 감안되었는지 몰라도, 나는 정부로 복귀한 뒤 국제기구를 유치하는 프로젝트를 맡게 되었다. 이를 위해 정부 내의 각 부처, 많은 공무원, 또 여러 기관의 전문가들, 관련자들이 열정을 가지고 혼신의 노력을 기울였다. 국제기구의 관행과 의사결정 매커니즘, 사안을 판단하는 시각 등에 대한 나의 이해와 국제기구에서 다양한 배경의 직원들과 함께 일해 본 내 경험은 유치 과정에서 큰 도움이 되었다.

여기에서는 GCF의 유치과정에 대해서 얘기하려고 한다. GCF의 유치 활동은 2012년 연말 가까이 가서야 끝났으니 거의 1년간 일했던 셈이다. 나로서는 정말 온 힘과 정성을 기울여 일했던 기간이었다. 많은 일들이 있었고 이야기 거리도 참 많다. 이를 솔직하게 기록하려고 한다. 그러나 밝히기 곤란한 국가 간의 외교적인 부분은 부득이 제외했다. 또 실명을 밝힐 경우 본의 아니게 누를 끼칠까 우려되어 어쩔 수 없는 경우가 아니면 개인의 실명은 밝히지 않았다.

GCF 유치국가를 선정한 과정[25]

GCF에서 본부 유치국가를 선정한 전체 과정부터 간략히 설명하는 것이 좋을 것 같다. 임시사무국은 2012년 4월 15일까지 유치국가 신청을 받았다. 그때까지 여러 나라가 유치에 뛰어들 것이라는 소문이 무성했지만 예를 들어 중국, 싱가포르, 남아프리카공화국 등도 신청한다는 소문 4월 15일 직후 임시사무국의 발표에서 결국 독일, 스위스, 한국, 폴란드, 멕시코, 나미비아 아프리카의 남아프리카공화국 북서쪽에 위치 등 6개국이 신청한 것으로 드러났다.

이들 유치신청 6개국과의 경쟁구도는 그리 나쁘지 않아서 안도의 숨을 내쉬었다. 우선 지역적인 구도 면에서 괜찮았다. 우리

---

[25] GCF 유치 과정에 대한 이후의 설명은 주로 필자 개인의 경험에 기초한 것이다. 보다 전반적인 설명은 기획재정부가 발간한 『녹색기후기금 유치 백서』를 참고하기 바란다.

나라가 아시아 태평양 지역에서는 유일한 신청국가였다. 아무래도 같은 지역 내 국가들은 그 지역 국가를 지지할 가능성이 많기 때문에 아시아 태평양 지역에서 또 다른 국가가 신청하지 않음으로써 표가 분산되지 않은 점이 다행이었다. 한편 유럽에서 독일, 스위스, 폴란드 세 나라가 신청했고, 또 EU국가들 내에서도 독일, 폴란드 두 나라가 신청한 것은 지지표가 분산된다는 점에서 우리에게 유리한 구도였다. 또한 유치 제안서에 포함된 신청국가별 지원 패키지 면에서도 괜찮은 모양새였다. 지원 패키지는 사무실 제공이나 재정적 지원 등 유치를 위해 제안한 지원 내용 일체를 말한다. 지원 패키지 면에서 우리나라와 독일, 스위스 세 나라가 경쟁력이 있었고, 멕시코, 나미비아, 폴란드는 약했다<주요 경쟁국 지원사항 비교> 표 참조. 우리나라의 지원 패키지는 독일보다는 많이 떨어지지만 스위스보다는 더 높은 수준이었다. 독일, 스위스라는 강한 상대들과 경쟁해야 하므로 우리의 지원 패키지도 강력해야 하겠지만, 독일과 스위스는 기후변화 대응을 위한 지원의무가 있는 선진국그룹의 국가이고 우리나라는 지원의무가 없는 개도국그룹의 국가이므로 지원 규모 면에서 독일보다는 작지만 스위스보다는 많은 모양새가 괜찮았다. 마치 프로젝트의 경쟁 입찰에서 낙찰가를 배팅하듯이, 경쟁국가 간에 서로 어느 정도를 지원 패키지로 제시할지도 모르는 상태에서 신청서를 제출한 것이었지만 일단은 우리에게 유리한 방향으로 유치전이 시작되는 것 같았다.

주요 경쟁국 지원사항 비교

	한국	독일	스위스
운영비	총 9백만 달러	年7백만 유로(영구)	총 9.9백만 달러
사업비	40백만 달러 (능력배양지원)	·	3.3백만 달러
건물임대지원	I·Tower 15개 층 (21,500㎡)	신축	세계기상기구 건물활용(3+3년)

* 멕시코: 운영비 연 50만 달러+α, 1,500㎡사무실(건물미정) 지원
** 폴란드, 나미비아: 건물 무상 임대

    신청국가가 확정되었으므로 이제 이사회를 열어서 유치국가 선정의 기준과 절차, 방식에 대해 논의에 들어가야 했다. 그러나 이사 선임이 이뤄져야 이사회를 열 수 있는데 이사 선임이 예정보다 자꾸 늦어졌다. GCF의 이사국은 선진국 12석, 개도국 12석, 총 24석으로 구성되며 개도국 12석은 다시 아시아, 태평양, 아프리카, 중남미 등 지역별로 배분되어 있다. 특히 아시아 태평양 지역과 중남미 지역 개발도상국 몫 각 3석씩의 이사 선임이 계속 지연되었다. GCF 임시사무국 측에서는 당초 3월 정도까지 모든 이사 선임을 마무리하고 1차 이사회를 3~4월경 연다는 계획이었는데, 이사 선임이 계속 늦어지다가 마침내 7월 말 경에 가서야 마무리 되었다.

    이사국 선임 결과는 우리에게 나쁘지 않았다. 우선 EU국가가 7개나 들어가 있다는 점이 우려스러웠지만, 어차피 선진국 표는 독일이나 스위스로 갈 가능성이 많을 것이므로 당초부터 큰 기대

는 할 수 없었던 부분이었다. 하지만 한국에 상대적으로 우호적인 미국, 호주, 노르웨이, 영국 등이 들어 있었고, 최근 녹색성장과 관련해서 동맹 관계로 발전한 덴마크도 포함되어 있었다. 또 일본은 아무래도 아시아 이웃나라이고 국제금융 분야에서는 양국 재무부 간에 긴밀한 관계를 구축하고 있으므로 불리하지 않을 것 같았다.[26] 개도국 중에서는 중국, 인도네시아 등 우호적인 국가가 들어 있었다. 결국 중남미권과 아프리카권의 개도국 표를 누가 많이 얻느냐가 승패를 좌우할 것으로 생각할 수밖에 없었다.

이사국 구성 현황(괄호는 대리이사국)

선진국(12): EU 7, 비EU 5개국
* EU(7): 영국, 독일, 프랑스, 덴마크(네덜란드), 스웨덴(벨기에), 스페인(이탈리아), 폴란드(헝가리)
* 비EU(5): 미국, 일본, 호주(뉴질랜드), 러시아(스위스), 노르웨이(체코)

개도국(12): 아프리카3, 중남미3, 아시아3, 최빈국·도서국·동유럽 각1개국
* 아프리카(3): 남아공(기니 비소), 이집트(에티오피아), 베냉(DR콩고)
* 중남미(3): 콜롬비아(페루), 벨리즈(쿠바), 멕시코(칠레)
* 아시아(3): 중국(한국), 인도(파키스탄), 인도네시아(필리핀)
* 최빈국(1): 잠비아(방글라데시),
* 도서국(1): 바베이도스(사모아)
* 동유럽(1): 조지아(사우디아라비아)

---

[26] 이 부분은 나중에 투표일 얼마 전에 있었던 이 대통령의 독도 방문을 계기로 반전되고 말았다. 실무자로서 걱정을 많이 했지만, 결국에는 잘 풀렸다.

이사 선임이 7월 말에 가서야 마무리됨에 따라 1차 이사회는 8월 말에 열 수 밖에 없었고, 2012년 중에는 이사회를 두 번밖에 열 수 없었다.[27] 이사회와 다음 이사회 간에는 이사회 안건 준비, 전번 이사회 결과 정리 및 승인 절차 등으로 최소한 1달 정도의 시간이 필요하기 때문이다. 임시사무국은 이에 맞추어 일정 계획을 다시 조정했다. 그 내용은 다음과 같다. 1차 이사회에서 선정기준, 절차, 방식 등을 정하고, 6명의 이사로 유치국가 평가위원회Evaluation committee를 구성한다. 이어 평가위원회가 각 신청국가의 신청서류를 구체적으로 검토하고 유치국가별 질의응답 회의를 연 다음, 그 검토보고서를 2차 이사회에 제출한다. 2차 이사회는 이 검토보고서를 토대로 표결을 통해서 유치국가를 선정한다. 그 결과를 2012년 12월 도하 당사국총회에 제출하여 인준 절차를 거친다 등이었다.

1차 이사회가 8월 22일부터 25일 간 스위스 제네바에서 있었다. 여기에서 임기 1년의 공동의장 두 사람이 선출되었다. 공동의장은 논의를 주도하고 그 흐름에 영향을 줄 수 있다는 점에서 중요했다. 선진국 몫으로 호주 개발청 부청장인 Ewen McDonald, 개도국 몫으로 남아프리카공화국 환경부 차관보 Zaheer Fakir가 뽑혔다. 의장 두 사람이 한국에 상대적으로 우호적인 국가들인 호주와 남아공 출신이고 개인적 성향 면에서도 한국에

---

[27] 애초 임시국의 계획은 2012년 중 이사회를 세 번 여는 것이었다. 이사 선임이 확정되더라도 일부 국가 대표들의 비자 발급 등에 최소한 3~4주의 추가적인 시간이 필요하므로 적어도 1달 정도의 준비기간이 필요했다.

GCF 유치국가 선정 과정

임시사무국 : 유치 신청국가 신청 접수 (4.15)

1차 이사회 : 선정 기준, 절차, 방식 결정, 평가위원회 구성
(스위스 제네바, 8.22~25)

평가위원회 : 설명 및 질의 응답 회의 (미국 워싱턴, 9.17~18)

2차 이사회 : 투표 (한국 송도, 10.18~20)

당사국총회 : 인준 (카타르 도하, 12.8)

호의적이었다. 이 점은 내가 그들과 직접 만나본 뒤에 받은 느낌이었다. 그런 점에서 우선 공동의장 선임은 우리에게 유리하다는 판단을 내릴 수 있었다.[28]

우선 1차 이사회에서는 유치국가 선정의 기준, 절차, 방식 등을 정했다. 선정기준으로는 법적인 뒷받침을 잘 할 수 있는지_{GCF에 대한 법인격, 법적 능력 부여, 외교관에 주는 것과 유사한 특권 면제 부여 등}, 재정적 행정적 뒷받침은 충실한지, 교통 편의성과 직원들의 거주 여건은 좋은지 등이 들어 있었다. 선정 절차와 방식도 정했다. 유치국가 평가위원회_{Evaluation committee}를 이사회 멤버 6인으로 구성하고, 이 위

---

[28] Mr. McDonald는 한국 지지를 부탁하기 위해 내가 호주를 방문했을 때, Mr. Fakir는 5월 독일 본에서 열렸던 기후변화협상 시에 양자 면담 형식으로 만나 대화를 나눈 바 있었다.

원회에서 신청국가의 제안서를 구체적으로 검토한 후에 2차 이사회에 보고하고, 2차 이사회에서는 순차적으로 최하 득표 후보를 떨어뜨려 나가는 방식으로 유치국가를 선정하기로 결정했다.

한편 1차 이사회에서 각 유치신청국가별로 15분씩 프레젠테이션할 기회를 주어서 각 국 대표들이 제안 내용을 이사회에 설명했다. 우리나라의 제안내용은 대리이사인 기획재정부 최종구 국제경제관리관이 프레젠테이션했다. 우리나라의 발표 내용이 가장 충실하고 호소력이 있다고 호평을 받았다. 평가위원회는 벨리즈 이사_{위원장}, 미국, 스페인, 체코, 이집트, 인도네시아_{차후 필리핀 대표로 대체} 이사로 짜였다.

1차 이사회가 끝난 약 한 달 뒤인 9월 17~18일에 미국 워싱턴에 있는 WB 건물 내의 GEF 사무실에서 평가위원회의 질의·응답 회의가 있었다. 나는 우리나라의 대표로 참가하여 평가위원들의 호평을 받았다. 2차 이사회에 보고된 평가위원회의 최종보고서에서 우리나라는 독일, 스위스와 함께 만점_{all green light}을 받았다.

마침내 2차 이사회가 10월 18~20일간 인천 송도에서 열리고 여기에서 유치국가 선정 투표가 있었다. 투표 절차에 대한 세부합의_{예를 들어서 참관자 범위, 투표결과를 어느 정도까지 공개할 것인가 등}가 있었고, 이어서 투표가 이루어졌다. 투표 자체는 그 동안의 길고 복잡했던 시간과 절차를 감안하면 싱겁다고 할 정도로 한두 시간 내에 마무리되었다. 그리고 그 결과 우리나라가 GCF 유치국가로 선정되었다. 더반 당사국총회에서 결정한 사항에 따르면, 유치국가는 GCF 이사회에서 결정_{decide}하고, 당사국총회에서 인준_{endorse}하기로 되어 있었다. 이에 따라 2012년 12월 8일 도하 당사국총회의 마지막 날, 한국이 GCF 유치국가임을 명시한 결정문이 채택됨으로서 한국이 마침내 정식으로 GCF의 유치국가가 되었다.

유치전에 뛰어 들다

유치전戰의 시작

앞에서 GCF 유치 전체적인 과정을 개괄적으로 설명했다. 이제 시작 단계부터 하나하나 구체적으로 얘기해 나가려고 한다.

우리 정부는 2011년 말 더반 당사국총회에서 GCF를 유치할 의사가 있다고 공개 선언하였고, 이에 따라 2012년 1월 기획재정부 내에 과 단위인 녹색기후팀이 새로 만들어지고 국장급인 대외경제협력관이 책임을 맡도록 했다. 마침 이 시점에 나는 거의 6년에 가까운 해외 생활_{OECD에서 1년간 국장 직무훈련 이어서 ADB에서 재무국장(Controller)으로 5년간 근무}을 청산하고 기획재정부로 복귀했고, 바로 이 대외경제협력관 자리를 맡았다. ADB 재무국장도 매력적인 자리였지만, 나는 오랜 기간 정부에서 경제관료로 훈련 받았고 경제나 재정 정책 이슈들에 대해 나름대로 고민해 왔었다. 정부의 경제관료로서 정책을 다루는 업무에 대한 향수가 강했다. 또 개인적으로 가족과 같이 생활하고 싶었다. 이러한 점들 때문에 고민 끝에 마침내 정부로 복귀하게 된 것이다.

유치활동을 기획하고 막 시작하던 2012년 초에는 한국이 실제로 GCF를 유치할 수 있으리라고 믿는 사람은 거의 없었다. 공무원은 새로운 자리를 맡을 경우 주변 사람들로부터 적지 않은 축하 인사를 받는 게 통례다. 그러나 내가 대외경제협력관으로 발령 나자, 나를 잘 아는 사람들 중에는 축하보다는 어차피 실패할 일을 맡게 되었다며 걱정해 주는 사람이 많았다. 오랜 외국생활 끝에 복귀했지만 첫 임무부터 실패함으로써 '팽烹'당할 수 있다는 우려 때문이었다. 이래저래 불확실성이 너무 커 보이고 나 스스로도 자신감이 들지 않았다. 정부에 복귀한 뒤 처음 맡는 일에서 실패하면 일도 일이지만 내 커리어에 미치는 영향은 또 어떻게 하느냐는 무거운 중압감이 가슴을 누르고 있었다.

그러나 뒤집어 놓고 생각하면 위기는 기회다. 아울러 나는 국내에서 경제관료로 잔뼈가 굵은 뒤 국제기구에서 다양하면서도 유익한 경험과 이력을 쌓아온 처지였다. 따라서 그동안 갈고 닦은 국제기구에서의 경험을 바탕으로 국가의 이익에 도움을 주는 일을 성사시킨다면 개인적으로도 커다란 보람이 될 것이기도 했다. 아울러 무슨 일이든 이루어 내려면 그 일을 수행하는 본인 스스로부터 '하면 될 수 있다'는 신념을 가져야 한다는 생각이

들었다.

그런 때에 수출입은행에서 오랜 기간 개발금융 업무를 담당해왔던 친구도 격려를 아끼지 않았다. 다른 사람에 비해 다양하게 축적한 국제기구에서의 경륜을 이 기회에 펼쳐 보라는 얘기였다. 친구의 격려는 큰 힘으로 작용했다. GCF를 유치한다면 이는 우리나라에 엄청난 사건이다. 결과야 어떻게 되건 이런 중요한 일을 담당할 수 있다는 자체가 행운이다. 또 열심히 하다가 결국 외부적 요인에 의해서 좌절하더라도 열심히 노력했음은 사람들이 알 것이고 그 부분은 인정받을 것이다. 한편 적극적으로 생각해서 만약 유치에 성공한다면 이는 분명히 우리나라를 한 단계 업그레이드 시키는 엄청난 계기로 작용하리라는 생각도 들었다. '하면 된다'는 말이 있듯이 가능성은 항상 열려 있는 것 아닌가. 더욱이 한국이 유치하겠다는 의사를 이미 국제적으로 표명한 마당이다. 국가가 공개적으로 약속한 사안인 만큼 최선을 다해서 뛰는 수밖에는 없었다. 역사적인 소명의식을 가지고 한번 해보자고 결심했다.

나에게 기후변화 협상은 익숙한 분야는 아니었다. 학교 선후배, 전·현 직장 동료, 연구기관 전문가, 교수 등 활용 가능한 통로를 최대한 동원해서 관련 부처 공무원들, 관련 연구기관 사람들, 전문 컨설팅 업체, 교수 등 전문가들, 원로들 중 전문지식이 있고 경험 많은 분들의 의견과 조언을 들었다. 또 이러한 의견과 조언을 경청하고 이를 접목해서 유치 전략이나 보고 자료를 다듬어 나갔다. 당초의 생각에서 좀 더 나은 생각으로, 막연한 구상에서 실행 가능한 착상으로 조금씩 발전시켜 나갔다. 실제로 귀중한 아이디어나 전략적 팁의 상당한 부분은 이러한 분들과의 대화와 조언에서 나왔다. 또 이런 접촉 과정에서 우리가 유치전에 활용할 수 있는 우리나라의 전문지식, 네트워크, 전략적 사고 등의 역량이 내 기대 이상으로 상당한 수준이라는 점도 알았다. 아울러 우리 한국인들이 정말 지혜가 많다는 점을 깊이 느꼈다. 이러한 역량을 잘 활용하면 유치도 가능할 수 있다는 생각이 점차 들었고, 역량을 제대로 활용하지 못해서 유치에 실패한다면 그것은 우리나라의 역량이 모자라서가 아니라 바로 조정자coordinator 역할을 담당하는 나의 잘못이리라는 생각이 들었다.

이러한 많은 사람의 경험과 전문지식, 여기에서 나오는 지혜를 최대한 동원하고 활용하기로 했던 것은 유치 성공을 위해 잘 선택한 전략이었다. 만약 내가 기후변화에 대해 섣불리 알고 있던 상태에서 그만큼의 자만에 사로잡혀 전문가나 경험자의 조언을 등한시했다면 어떠했을까? 아마 결과는 실패였을 가능성이 많았다고 본다. 유치전은 특성상 불확실한 여건, 미흡한 정보, 수시로 바뀌는 상황하에서 펼쳐 나가야 하는 일인 만큼 경험 많은 사람들의 조언은 특히 중요했다. 이 자리를 빌려 유치전과정에서 격려와 조언을 아끼지 않으신 모든 분들께 깊이 감사드린다.

2월 초 일을 시작하면서 바로 유치전의 전체 계획, 즉 로드맵 작성에 들어갔다. 우선 앞으로의 과제를 시간 순서대로 세 단계로 잡았다.

(i) 이사 선임이 되도록 노력하는 것,
(ii) 4월 15일까지 제출해야 하는 유치 제안서를 경쟁력 있게 잘 작성해서 제출하는 것,
(iii) 실제 유치국가 투표전에서 유치국으로 선정되도록 하는 것

등 세 가지로 분명히 정리한 것이다. 그때가 2월 초였으므로 이사국 선임을 마무리하도록 계획되어 있는 3월 말까지는 불과 한 달 반 정도 남은 상태였다.이사국 선임은 자꾸 연기되어 결국 7월 말경이 되어서야 결론이 난다. 따라서 당장은 이사국 선임에 주력하고, 그 이후 유치 제안서 작성과 유치전에 집중한다는 시간계획도 명확히 했다. 왜냐하면 일단 이사의 자격으로 이사회 회의장 내에 자리 잡고 있어야 유치국가 선정 기준이나 절차 논의, 관련된 토의, 투표과정을 모니터링하고 필요한 대응을 즉각 할 수 있을 것이기 때문이다.

나를 뒷받침하는 조직으로는 녹색기후팀 팀장과장급과 직원 네 명 등 총 다섯 명, 그리고 별도로 다른 과국제성세과에서 기후변화를 담당해오던 직원 1명이 전부였다. 그래서 유치전 내내 나는 가능하면 최대한 외부 전문가 등을 활용해서협조를 받아 가면서 같이 일하는 전략을 택했다. 덕분에 GCF 유치전은 정부 일로서는 드물게 '개방형'으로 업무를 진행했다고 생각한다. 즉, 국가적 프로젝트이니만큼 국가적으로 동원 가능한 인력과 잠재력을 최대한 동원하자는 것이 나의 기본 방침이었다. 나와 몇몇 실무자만으로 안이하게 대처하다가 만약 이 엄청난 프로젝트를 성사시키지 못한다면 그 죄책감이 평생 갈 것 같았다. 3월에 로드맵을 청와대에까

지 보고하고 마침내 "유치전을 한번 해보자"는 결심을 얻어 냈다.

우선 유치 후보도시를 확정해야 했다. 서울과 인천이 경쟁한 끝에 결국 인천으로 결정되었다. 김경환 서강대 교수를 위원장으로 하여 민간입지선정위원회를 구성하였고, 선정기준에 따라 논의 후 정한 결과였다. 위원회에서는 자칫 잡음이 나기 쉬운 절차를 깔끔하게 마무리해 주었다.

민간유치위원회를 구성하다

유치활동을 시작하면서 민간유치위원회도 구성했다. 이에 앞서서 정부 내에서는 각 부처 간의 협력을 긴밀하게 하기 위한 네트워크의 하나로 기획재정부 1차관을 단장으로 하는 정부추진단을 구성했다. 외교부, 환경부, 지식경제부, 국토해양부, 인천시 등이 포함되었다. 이와 함께 민간의 도움을 얻기 위해서 민간 전문가, 학계, 업계, 언론계 대표 등 22명으로 민간유치위원회를 만든 것이었다. 이러한 민간유치위원회 구성은 GCF 유치가 범국민적인 지지를 받고 있다는 점을 외부에 보이기 위해서도 필요했다. 독일이나 스위스도 민간유치위원회를 구성하고 웹사이트에 이를 대대적으로 올려서 홍보하고 있는 상태였다. 민간유치위원회는 수시로 유치활동 전반에 대해 자문에 응하면서 필요에 따라 해외 정보 수집, 유치활동에 대한 측면 지원 등의 도움을 주는 역할이었다.

민간유치위원회는 여러 차례에 걸쳐 유치활동의 전략, 진행상황을 보고받았으며 그런 자리를 통해 우리에게 귀중한 조언을 했다. 또 각 위원들은 자신이 할 수 있는 범위에서 유치활동에 도움을 주기도 했다. 어떤 위원은 아시아 지역 정치인들과의 네트워크를 활용해서 그들과 만나 직접 대화하거나 이메일을 주고받을 때 한국정부의 입장을 알리려고 노력했다. 또 어떤 위원은 법적 문제에 대해 자문에 응하기도 했고, 삼성, 현대 등 업계에서는 해외지사를 통해 정보를 주거나 별도의 협찬으로 도움을 주기도 했다.

특히 민간유치위원회의 위원장이었던 한덕수 무역협회장의 도움이 컸다. 나는 유치활동 중간 중간에 위원장에게 별도로 보고도 드리고 조언도 듣고 했다. 위원장 본인도 수시로 전화를 걸어 진행상황을 물어보거나 조언을 해주었다. 예를 들자면 우리가 국제기구인 GCF를 유치하려는 명분을 내세우기 위해 사용한 논리가 하나 있었다. 한국이 국제회의 G20과 부산포럼 등를 성공적으로 주관하고 또 의미 있는 성과를 도출할 수 있는 능력을 갖춘 세계적으로 몇 안 되는 국가 중의 하나라는 점이었다. 이런 논리를 개발해 전면에 세울 수 있었던 것은 한덕수 위원장의 조언 덕분이었다. 또 독일이나 스위스에 비하면 우리나라가 기본적인 외교 네트워크도 빈약하고 이들 나라는 평소에 꾸준히 상대 국가들을 관리하는 반면 우리나라는 올림픽 유치 등 우리가 필요한 일이 있을 때 부랴부랴 찾아다닌 뒤 성공하고 나면 또 다 잊어 먹고 관리하지 않는 경향이 있다, 국제기구를 유치해 본 경험 측면에서도 독일이나 스위스 등에 한참이나 미치지 못하는 형편이었다. 그런 객관적 상황에서는 더 열심히 노력하는 길만이 목표에 다가서는 지름길이었다. 한 위원장은 수시로 그런 경종을 울려 주었다. 그는 특히 직전 주미대사를 역임했으므로 미국 내 백악관, 국무부, 재무부 핵심인사들과의 네트워크를 바탕으로 직접 미국을 방문해서 설득활동도 펼쳤고 이는 미국의 지지를 확보하는데 결정적인 영향을 주었다. 이뿐 아니라 주요 이사국 지인들에게 별도의 서한을 보내거나 이사국의 주요 인사가 방한하면 면담 등을 통해 GCF 유치 지원을 부탁했다. 2차 이사회 당시 어느 만찬 모임에서는 미국, 영국이사가 "송도에 너무 사람 왕래가 없다"고 하더라면서 나에게 그 우려를 바로 전해 주기도 했다. 한덕수 위원장이 평소에도 GCF 유치에 얼마나 마음을 쓰고 있었는지를 보여주는 사례이다.

유치 제안서를 경쟁력 있게

당장 발등에 떨어진 불은 4월 15일까지 유치 제안서의 내용을 경쟁력 있도록 구성하고 또 디자인, 사진 등 프레젠테이션도 호소력 있게 만들어서 임시사무국에 제출하는 것이었다. 유치 제안서는 유치국가 결정에 있어서 가장 중요한 문서가 될 것이었다. 유치국가 결정은 객관적이고 공개적인 절차가 강조되므로 거의 유일한 문서인 유치 제안서는 더더욱 중요했다.

우리의 경쟁 상대는 저력이 엄청난 독일과 스위스이므로 우선 제안서를 그들 못지않게, 아니 우리가 다른 여러 면에서는 그들보다 더 취약하므로 더 호소력 있게 잘 만들어야 했다. 영어 문안도 국제적으로 전혀 손색이 없도록 수준 높게 작성해야 했다. 제안서를 수준 높게 작성하려면 외부 전문 인력의 협조를 받을 수밖에 없다고 결론 내렸다. 윗분들에게 예산이 들더라도 외부용역을 주어서 추진하겠다는 점을 분명히 하고 동의를 받았다. 이 결정은 잘한 결정이었다. 만약 우리 팀만으로 해내겠다고 했었다면 어떻게 되었을까. 아마 고생을 엄청나게 하고서도 유치전에서는 실패했을 것이다.

제안서 작성 항목과 관련해서 당사국총회에서 제시한 유치국가 선정 기준이 있었다. 법인격 부여, 특권면제 부여, 재무적 지원, 위치 및 정주여건 등이었다. 이들 선정 기준을 감안하여 경쟁 국가로 유력시되던 독일, 스위스 등에 비해 우리 유치 제안서가 더 경쟁력이 있도록 작성하는 것이 과제였다. 우선 독일, 스위스 등 여타 국가가 기존의 유사한 환경기구를 유치하기 위해 제출했던 유치 제안서를 입수해서 분석하는 것이 중요하다고 판단했다. 왜냐하면 그들이 GCF 유치 제안서를 작성하면서 과거 사례를 분명히 참고할 것이고, 행정부내 관행, 국회절차 등을 감안하면 크게 바뀌지 않을 것으로 예상할 수 있기 때문이다. 이들 자료 입수는 쉽지 않았다. 외교부, 관련 국제기구에 근무하는 한국 직원 등을 통해 수소문해서 알아봤지만 어려웠다. 그러나 우리 팀에서는 마침내 가까스로 독일이 1994년 유엔기후변화협약UNFCCC사무국을 유치하고자 했던 당시의 제안서를 비롯해 독일, 스위스, 아랍에미리트UAE가 2009년 국제재생에너지기구IRENA 사무국을 유치하고자 제출했던 제안서들을 입수할 수 있었다.

우리는 이러한 경쟁 상대의 제안 패키지를 참고했다. 독일, 스위스, UAE 등의 유사한 환경기구인 IRENA 유치 제안서, 독일의 UNFCCC 제안서, 우리 환경부의 IPBES 제안서 등을 참고하면서 제안서 내용을 하나하나 채워나갔다. 재정 지원 내용이 핵심이었다. GCF 초기 비용의 일부를 지원하겠다는 것은 이미 더반 당사국총회COP에서 우리 정부가 약속한 바 있었다. 이에 추가하여 운영비의 일부를 지원하는 것도 다른 국가의 예에 비추어 필수적이라고 판단했다. 그렇다고 너무 과하게 지원할 수는 없었다. 결국 2020년부터 GCF가 정상적으로 활동하는 게 GCF측의 기본 계획이었으므로, 그 이전까지인 2013~19년간 매년 100만 달러씩 지원하는 것으로 했다.

한편 운영비 이외에 GCF 사업비를 지원할 것인지 말 것인지를 결정해야 했다. 독일이나 스위스의 경우 십중팔구 사업비 지원을 포함시킬 것으로 예상했다. 따라서 어떤 형태로든 GCF의 사업을 지원하는 성격의 재정 지원은 필요했다. 그런데 이와 관련해서

GCF 민간유치위원들. 각오를 다지면서 파이팅을 외쳤다.

는 기후변화 전반의 맥락에서 생각할 필요가 있었다. 기후변화협상체제에서 개발도상국 그룹에 속해 있는 한국이 사업비를 지원하는 경우 개도국들에게 압력으로 작용할 수 있으므로 개도국들은 오히려 거부감을 가질 수 있다는 전문가 의견이 있었다. 특히 중국, 인도 같은 나라의 반발이 우려되었다. 왜냐하면 이는 개도국들의 협상 포지션을 약화시킬 수 있기 때문이다. 우리나라가 유치국가로 선정되려면 개도국의 지지와 표를 확보하는 것이 절대적이다. 그래서 내린 결론은 이렇다. 사업비로 직접 지원하지는 않고, 개도국 능력배양capacity building을 위해 지원한다는 것이었다. 이 경우 개도국 능력배양에는 다들 관심도 많고 그 필요성을 인정하고 있으므로 선진국이든 개도국이든 어느 나라나 반발하지 않을 것이다. 따라서 개도국 능력배양을 위한다는 명분으로 지원한다.

개도국 능력배양에 대한 지원의 규모를 얼마 정도로 할 것인가도 문제였다. 한편으로는 독일이나 스위스 같은 나라와 경쟁하려면 우리도 강력한 재정 지원이 있어야만 했다. 그 액수가 너무 적어서 유치에 실패하게 되면 초기비용 지원이나 2차 이사회 개최 등 유치활동에 쓰는 돈 그리고 모든 유치활동 노력들이 함께 물거품이 될 것이다. 원로 중에는 만약 GCF 유치만 된다면 얼마를 쓰든 아깝겠느냐고 하는 분도 있었다. 그렇지만 너무 많이 지원할 수도 없었다. 예를 들어 개도국그룹에 속해 있는 한국이 선진국 그룹의 독일보다 더 많은 지원을 약속하는 것도 모양새가 이상할 것이었다. 전문가들, 원로들, 기후변화 협상에 참여했던 사람들과 상의해 보고 나름대로 고민한 결과, 세계은행WB에 내는 비숫한 성격의 우리나라 신탁기금 규모를 참고해서 5,000만 달러 정도를 제시하기로 했다. 우리에게는 정부 내부 설득도 문제였다. 설득의 근거 마련을 위해 우선 전문가들을 불러 회의를 하며 그들과 공감대를 만들었다. 회의를 통해 그 정도 액수의 사업비를 개도국 능력배양을 위한 지원으로 하되, 구체적인 용도와 지원방식은 GCF 측의 의견을 참작해서 정한다는 식으로 결론 내어 서면으로 내부 보고도 해 두었다. 이를 바탕으로 예산실과 협의하고 논의 끝에 조금 줄어든 4,000만 달러로 규모를 정할 수 있었다.

이 능력배양 지원 4,000만 달러의 구체적인 용도는 제안서에 담지 않았다. 너무 상세히 제안서에 정해두면 나중에 우리가 탄력적으로 대응할 여지가 없어지기 때문이다. 이 결정도 나중에는 잘 했던 것으로 드러났다. 투표 한 달 전쯤부터 독일과 스위스가 저소득국가 관계자들이 GCF 관련 회의나 세미나 참여시 필요한 여행경비를 대주겠다고 발표했다. 저소득국가 관계자들에게는 여행경비가 큰 부담이므로 이러한 지원발표가 주는 반향은 꽤 컸다. 아마 미리부터 준비하고 적당한 시점을 노렸을 것으로 짐작되었다. 우리는 즉각 우리가 개도국 능력배양 지원 용도로 약속한 4,000만 달러에 그런 부분도 포함하도록 구상 중이라고 설명했다. 한국은 개도국의 실제 담당자들의 능력을 키우는 것도 중요하다고 생각하며 따라서 이들의 능력을 높이기 위한 여행경비 지원도 4,000만 달러의 개도국 능력배양 지원용도 중에서 중요한 부분이라고 설명했다. 그 이외에 개도국이 프로젝트를 선별하고 관련 서류를 작성하도록 도와주는 것, 국가별 친환경 개발 계획을 수립하는 것을 도와주는 것 등이 재원의 중요한 용도라고 설명했다. 만약 우리가 이 4,000만 달러의 용도를 미리 밝혔었다면 여행경비 용도를 추가할 여지가 없었을 것이다. 그런 상황에서 독일과 스위스에 대응해서 비슷한 추가적인 지원을 하려면 재빨리 추가 재원에 대해 정부 내에서 합의한 뒤 이를 국제적으로 설명해 나가야 했는데, 시일이 촉박하고 유치전에 바쁜 상황이어서 그렇게 하기는 현실적으로 불가능했을 것이다.

제안서는 민간업체 삼정KPMG를 동원해서 같이 준비했다. 막상 제안서 작성 작업을 시작했지만 시간이 촉박한데 진도가 부진해서 마음이 타 들어 갔다. 결국 역삼동에 있는 민간 업체 빌딩 안에 작업실을 따로 마련하도록 해서 우리 팀 두 사람과 인천시 두 사람이 나가서 같이 작업했다. 법제연구원에서도 법적인 면을 위해 필요한 경우 합류해서 작업했다. 주말을 포함해서 수시로 나도 작업실에 나가 독려하고 함께 독회를 해나가면서 하나하나 정리해 나갔다.

우리 제안서의 완성도를 높여 독일, 스위스의 제안서에 손색이 없도록 경쟁력 있게 만들어야 했다. 독일과 스위스가 국제재생에너지기구 IRENA에 제출했던 유치 제안서를 옆에 놓고 대조해 가면서 우리 제안내용을 하나하나 점검했다. 그들이 이번에 GCF 유치를 위해 제안하는 내용도 기존의 유치 제안서에서 크게 벗어나지는 않을 것으로 생각했기 때문이다.

한편 너무 불필요하게 과하다 싶은 부분은 축소하기도 했다. 예를 들어 인천시에서 당초에 수도전기요금 등 utility 비용도 부담하겠다고 제안에 포함해왔는데 너무 과하다 싶어서 빼도록 했다. 이 부분에 대해서는 나중에 유치전이 본격화하면서 마음이 점점 불안해지자 '차라리 포함시켰어야 했던 것 아닐까'라는 후회도 들었지만 결과적으로는 현명한 판단이었음이 증명되었다. 나중에 만일 독일이나 스위스가 그런 항목을 포함시켜서 온다면, 우리로서는 utility 비용을 유치국가가 부담하면 전기 등을 마구 쓰게 하는 등 도덕적 해이 moral hazard 문제가 생기고 이는 환경보호에도 역행하는 것이라고 설명하려고 했다. 이렇게 방어를 위한 답까지 염두에 두고 세부 내용을 검토해 나갔던 것이다. 초안 단계에서 전문가 몇 분에게 검토를 의뢰했고 이 분들은 깊이 있게 제안서를 검토해주고 좋은 코멘트를 주었다. 또 민간업체의 영어 에디터가 영어 문안을 다듬은 상태였지만 원어민 native speaker인 캐나다 기후변화 전문가에게 최종 영어 검열을 맡겼다. 디자인과 책자 제작은 또 다른 민간업체 인터컴에 의뢰해서 작업했다. 이러한 힘든 작업이 끝날 무렵 우리 팀 한 사람은 너무 무리하게 일하다가 소화기에 탈이 나서 한때 입원하기도 했다. 이런 우여곡절 끝에 마

우리나라의 유치 제안서와 브로슈어

침내 우리는 4월 15일 마감 시한에 임박해서 제안서를 가까스로 마무리할 수 있었다.

열정, 겸손하지만 강한 자신감

나는 평소에 일의 성과는 세 가지 요소에 의해 좌우된다고 생각한다.
 (ⅰ) 정책 자체를 얼마나 잘 만드느냐,
 (ⅱ) 담당하는 사람들을 얼마나 잘 뽑느냐,
 (ⅲ) 담당하는 사람들에게 얼마나 잘 동기부여motivate를 하느냐이다.

흔히 우리는 정책만 잘 만들어 놓으면 좋은 결과가 따라올 것으로 생각해버리곤 한다. 그러나 얼마만큼 능력이 있는 사람이 그 업무를 맡느냐도 중요하다. 그래서 "인사人事가 만사萬事"라는 말도 있지 않은가. 아울러 유능한 사람일지라도 제대로 동기부여가 되지 않으면 능력을 온전히 다 발휘하지 않는다. 열심히 일해도 보수나 승진 등에서 제대로 보상이 되지 않는다거나 자칫 저지른 실수만 확대해서 문제 삼을 때 누가 열심히 일하겠는가. 예를 들어 어떤 문제가 생기면예: 중소기업 육성 정부대책에서는 대부분 정책 자체예: 업종제한 또는 공정 하도급거래 강화 등에 집중한다. 그

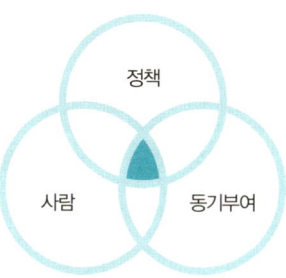

러나 정책의 집행 담당자들(지방공무원 포함)이 새로운 정책의 취지와 내용을 얼마나 잘 알고 또 성과를 만들어내고자 얼마나 열의를 지니고 업무를 수행하느냐에 따라 중소기업 육성이라는 목적을 달성하는 정도는 큰 차이가 난다. 즉 정책의 집행 담당자가 얼마나 실력을 갖추었는지, 그리고 이들이 얼마나 목적 달성을 위해 노력하는지도 정책 자체만큼이나 중요한 것이다. 이러한 세 요소가 제대로 작동하고 있는지가 종합적으로 나타나는 곳이 바로 현장(現場)이다. 그래서 기회가 있을 때마다 현장이 강조되는 것이라고 생각한다. 말이 길어졌지만 그만큼 동기부여가 중요하다는 말이다.

GCF 유치를 담당하는 인력은 이미 정해져 있는 상태였고 기한이 1년도 남지 않은 상태에서 바꾸거나 보충하거나 할 여유도 없었으므로 이들에게 동기부여를 잘 하는 것이 중요했다. 동기부여에서 가장 기본은 맡은 일에 대해 열정(passion)을 불어 넣는 것이라고 생각한다. 제안서 작성과 그 이후의 브로슈어, 동영상 제작, 그리고 다른 유치활동에 있어서 우리 팀뿐만 아니라 다른 전문가들인 삼정KPMG, 인터컴, 수출입은행, KDI 등의 전문 업체·기관까지 같이 일하면서 이들에 대해서도 뭔가 잘 해보자는 열정을 불어 넣어야 했다.

나는 두 가지를 강조했다. 우선 GCF 유치가 우리나라에 어떤 의미인지를 설명하면서 애국심에 호소했다. "유치가 된다면 이는 분명히 우리나라가 한 단계 업그레이드하는 계기로 작용한다. 이러한 역사적인 일에 우리가 참여하고 있는 것이다"라고 말이다. 나 스스로에게도 이 말을 계속 되뇌면서 잊지 않으려고 했다. 내

열정이 식으면 다른 사람들은 어떻겠는가. 그래서 스스로 더욱 긴장의 끈을 놓지 않으려고 노력했다. 팀원들에게도 이런 내 뜻을 항상 전하고자 했다. 또 다른 하나는 전문가인 그들의 의견을 경청하고 존중하는 것이었다. 그렇더라도 논의를 이끄는 사람으로서는 논의의 목표와 최종 생산물의 그림을 마음속에 두고 논의를 유도해야 한다. 또 각자의 의견이 다르더라도 서로 존중해 가면서 논의하는 분위기를 만들어 가야 생산적인 작업이 될 수 있다. 계속 논의해 가면서 서로 이해를 깊게 하다보면 처음부터 대립했던 사람들도 대개는 적절한 합의점을 찾아 간다. 논의를 이끄는 사람으로서는 인내심을 가지고 논의를 유도하되 필요한 경우에는 방향이나 시각을 다시 설명해서 이해를 더 깊게 하도록 하거나 적절한 단계에서 결론을 내려 줄 필요도 있다. 제기되는 좋은 아이디어가 있으면 감사를 표하고 채택했다.

한편으로는 자신감의 수준을 적절히 관리하는 것도 과제였다. 독일과 스위스가 강한 상대라고 아예 자신감을 잃을 수는 없었다. 자신감 없이 '어차피 해도 안될 일'이라고 자포자기하면서 일에 임한다면 그 일이 제대로 이뤄질 수가 없다. 그렇다고 근거도 없이 자신감을 가지면 자만에 빠져서 준비에 허점이 생기거나 소홀함을 막을 수 없다. 결국 겸손한 마음과 함께 또 한편으로는 강한 자신감을 가져야 했다. 이를 위해 우리의 상황을 솔직히 설명하는 일이 필요했다. 독일, 스위스와의 경쟁이 결코 쉬운 싸움은 아니다. 솔직히 어렵다. 그러나 결과는 끝까지 가봐야 하고 누구도 모르는 것이다. 우리가 하기에 따라서 얼마든지 우리가 유치할 가능성도 있다. 가능성은 솔직히 낮지만 만약 우리가 유치하게 된다면 이는 정말 대한민국 역사의 새 이정표에 해당하는 사건이다. 여기 모인 우리가 힘을 합쳐서 최선을 다해보자. 시간은 어김없이 흘러 갔지만 우리의 이런 마음자세는 한결 굳어갔다.

제안서와 브로슈어, 동영상 작성 과정에서는 작성에 참여하는 사람들끼리 인식을 공유하는 것이 중요하므로 이를 위해서도 관심을 가지고 노력했다. 여러 사람이 하나의 문건 작성에 관여하다가 보면 각자가 생각하는 완성된 문건의 모습이나 중요하게 생각하는 점들이 조금씩 다를 수 있으므로 나중의 결과물은 일관성을 잃을 가능성이 크다. 아주 이상한 모양새의 결과가 나올 수 있다는 말이다. 앞으로 완성할 문건이 어떤 모습이어야 할지에 대한 이해가 참여자들 사이에서 일치하지 않는 경우도 있다. 따라서 참여자들에게 지속적으로 공동의 목표와 중요한 포인트에 대해 반복 설명해서 문안의 최종모습과 중요한 포인트들에 대한 이해를 깊게 하고 또 인식을 공유하게 하는 것이 중요하다.

나는 이와 함께 국제기구에서 쌓은 내 경험을 바탕으로 제안서의 중요성을 설명했다. 일단 독일과 스위스에 비해 우리가 여러 면에서 열세이므로 제안서를 비롯해 브로슈어 등은 더 호소력 있게 만들어야 하리라는 점을 강조했다. 아울러 제안서는 일종의 약속이었다. 국제기구는 국제적인 사안을 두고 여러 나라가 이해를 따지는 마당이기도 하다. 따라서 그곳에 내놓는 제안서의 내용은 일종의 국제적인 약속이다. 이 점 때문에 신중을 기해서 반드시 지킬 내용만 담아야 한다는 점을 팀원들에게 주지시켰다. 또 한국의 장점을 부각시키되 늘 외국인의 입장에서 생각하면서 이해하기 쉬우면서도 호소력 있게 만들어야 한다는 점도 강조했다.

같이 한자리에 모여서 문안 초안을 놓고 논의를 거듭해가면서 인식의 차이를 좁혀 나갔다. 스킨십을 쌓기 위해 우리 팀, 삼정 KPMG팀과 저녁을 하면서 소주 파티를 갖기도 했고, 전문가들과도 저녁을 하면서 대책 등을 논의하곤 했다. 아무래도 한번 같이 식사를 하고 나면 논의가 부드러워진다. 이러한 노력 끝에 나중에 한승수 전 총리로부터 "정부에서 만든 것 같지 않게 잘 만들었다. 앞으로는 정부 홍보자료도 이런 식으로 만들어야 한다"는 칭찬을 들을 수 있었다. 임시사무국의 책임자 Henning Wuester나 다른 외국인들로부터도 잘 만들었다는 칭찬을 들었다.

녹색 브로슈어와 감동을 주는 동영상

제안서를 마무리하자 바로 브로슈어와 동영상 제작에 들어갔다. 예산은 예비비로 충당하여야 했기 때문에 한편으로는 예비비를 확보하기 위한 행정절차를 밟으면서도 절차가 마무리되는 시점까지 기다릴 수만은 없었다. 우리 팀과 삼정KPMG, 인터컴 측에 우선 일을 시작하도록 주문했다. 브로슈어는 항상 수요자, 즉 각 나라 대표들과 의사결정에 관여할 정부 관계자들을 염두에 두고 만들라는 당부를 했다. 그들이 결정하는 과정에서 브로슈어가 얼마나 영향을 미칠 수 있는지를 고려토록 하라는 얘기였다. 사진은 가급적 자연이나 녹색 관련 사진들을 많이 넣도록 했다. 기후변화 분야에 오래 일한 사람들은 '녹색green'을 좋아 한다. 녹색은 친환경 저탄소 배출을 상징한다. 그래서 녹색성장, GCF라는 이름이 나왔을 것이다. 환경에 반하는 것들을 '갈색brown'이라고 표현하기도 한다. 그래서 브로슈어를 만들 때에는 이를 염두에 두고 산업화, 공장, 도시 이미지보다는 나무와 푸른 숲, 들판 등의 이미지를 더 사용하려고 노력했다.

동영상은 두 가지를 준비했다. 하나는 제안서를 프레젠테이션할 때 사용할 도입부 동영상이었고, 다른 하나는 이와 별도로 리셉션 등에서 사용할 용도보다 편안하게 보는 용도였다. 도입부 동영상은 우리나라의 산림녹화 경험, 녹색성장, 개도국·선진국 간의 가교역할bridging role, 우리의 지원 패키지, 본부가 들어올 빌딩이 이미 완공단계라는 점, 생활비가 독일이나 스위스에 비해 저렴하다는 점 등을 포함했다. 또 이 대통령이 한국의 환경보호 노력을 설명하면서 GCF의 한국 유치를 호소하는 영상 메시지도 담았다. 편하게 보는 동영상은 EBS 지식채널e팀에 의뢰해서 만들었다. 2009년 당시 태안반도의 기름유출 사건을 극복하는 과정에서 보여준 국민적인 합심 노력을 주제로 하는 것이었다. 태안반도를 그렇게 단기간 내에 다시 복원한 것은 세계적으로 유례가 없는 일이었고 이는 일반 시민, 학생들, 외국인 자원봉사자 등의 단합된 노력이 있었기에 가능했다. 이 영상에는 손자 세대를 걱정해 동해안 지역에서 온 노인봉사자, 신혼여행 대신 자원봉사를 택한 신혼부부, 크리스마스와 설날에도 해변의 기름제거에 노력하는 자원봉사자들의 감동적인 모습이 나온다. 한국인 특유의 집중된 합심과, 기름으로 뒤덮인 바다를 다시 복구하기 위한 적극적인 노력을 보여주면서 이러한 마음이 바로 기후변화 대응의 핵심이며 한국은 태안반도에서와 같은 기적을 기후변화 차원에서 만들어 보려 한다는 내용의 메시지였다.[29]

우리나라의 캐치프레이즈Catchphrase를 무엇으로 할지도 꽤 고민한 부분이었다. 단순하면서도 뭔가 우리나라의 중요한 메시지를 담아야 했다. 독일은 "Turning vision into impact비전을 영향으로"였다. 메시지가 강력하긴 하지만 너무 단순한 느낌이었다. 우리는 여기에서도 뭔가 차별화해야 한다고 생각했다. 한동안 고민과 논의 끝에 "All together, one step towards low·emission climate·resilient world다 함께 저탄소 기후 적응 세계로 한 걸음 더"로 정했다. 세계가 같이 합심해야 한다는 것, 여기에 가교역할을 잘할 수 있는 한국이 있다는 것을 내포한 것이었다.

인터넷 시대이니만큼 투표 의사결정을 할 이사국 정부 관계자나 이사들이 주로 인터넷을 통해서 자료에 접근할 것이므로 웹사이트를 잘 만들고 업데이트해나가는 것도 중요했다. 바로 인터넷 사이트 개발에 들어갔다. 자체적으로 콘텐츠 작성을 위해 노력도 했지만 시간이 촉박해서 한계가 있었으므로 문화관광부, 관광공사 등의 기존 영문 한국 소개 자료도 적극 활용하며 계속 다듬어 가니 꽤 괜찮은 사이트로 발전했다.

---

[29] 이들 동영상은 한국의 GCF 유치 공식 웹사이트 www.gcf-korea.org에서 볼 수 있다.

5월 본 기후변화회의에 데뷔하다

본 기후변화회의에는 다른 할 일도 많은데 참여해야 하나, 그리고 참여 자체가 과연 얼마나 최종 투표에 기여할까 고민하다가 결국 참여하기로 마음을 정했다. 그러나 나중에 보니 반드시 참여해야만 하는 중요한 회의였다. 기후변화회의는 1년에 두 번 2주간 진행되며 연말의 기후변화 당사국총회에 대한 예비회의 성격이다. 거의 모든 UNFCCC 회원 국가로부터 오는 기후변화 담당 공무원, 전문가들을 비롯해서 기후변화와 관련해서 중요한 사람들이 거의 모인다. 또 이들 중에는 이사국에서 중요 결정과정에 관여하는 사람들이 많았으므로 그 사람들과 안면을 트고 한국의 유치 노력을 알릴 수 있는 절호의 기회였다.

임시사무국에 연락하니까 홍보 부스를 활용할 수 있다고 해서 우리 제안서와 별도로 만든 브로슈어, 작은 선물북마크 등, 입간판 등을 준비해서 우리 팀, 인천시 실무자들과 같이 독일 본으로 갔다. 유치 경쟁국들인 독일, 스위스, 나미비아, 폴란드, 멕시코도 나름대로 준비해 왔지만 독일이 가장 적극적이었다. 독일은 선물로 민트를, 스위스는 초콜릿을 준비했는데 우리 직원들은 우리가 많이 소비함으로써 다른 나라 사람들이 조금 가져가게 하자며 그들의 부스를 여러 번 방문해서 집어 오기도 했다. 지금 생각해보면 어느 정도 여유를 가지고 활동했어도 좋았는데, 당시에는 조그만 실수라도 유치전의 실패로 연결될지 모른다는 긴장감이

우리나라 GCF유치 홈페이지와 이 대통령의 메시지

늘 나를 짓눌렀다.

나는 최대한 시간 약속이 가능한 대로 주요 국가 대표들과 양자 면담을 가졌다. 중간 중간에 시간이 비게 되면 회의장 주변에서 각 국 대표들에게 다가가 잡담하면서 말을 걸고 한국 유치를 설명하곤 했다. 이 과정에서 우선 주요인사들과 안면을 튼 것이 큰 소득이었다. 그 다음에 만날 때는 구면이므로 유치에 관해 설득하기가 훨씬 좋았다. 또 한국의 설득 논리를 설명하면서 반응을 살피다 보면 어느 나라에게는 무슨 논리가 잘 먹히는지를 알 수 있었다. 각 나라가 처한 상황이 다르기 때문에 설득력 있는 논리가 각기 다른 것이다. 또 우리의 유치 논리를 한 페이지로 정리해서 한국 대표단의 아침 회의 때 나누어 주고 각자가 주요국 대표를 만날 기회가 있으면 GCF 유치를 위해 설득해달라고 부탁도 했다. 큰 도움이야 되지 않겠지만 각 국 대표에게 한국을 조금이라도 더 노출시켜 놓는 것이 도움이 되리라는 생각 때문이었다.

처음이다 보니 실수도 있었다. 미국 대표와 양자면담을 했는데, 분위기가 좋았고 미국이 우리를 지지하리라는 인상을 받았다. 나중에 일부 개발도상국 대표가 내게 물었을 때 미국이 우리를 거의 지지할 것 같다고 솔직한 소감을 얘기했다. 그런데 이 소문이 퍼져서 미국 대표의 귀에까지 들어갔고, 미국 대표가 나중에 정색을 하고 내게 "미국은 입장을 정하지 않았다는 점을 분명히 한다"면서 "다른 나라 대표들에게도 미국이 지지한다고 사실이 아닌 소문을 내면 한국을 위해서도 결코 좋지 않다"고 했다. 나는 미국대표에게 정중하게 사과했다. 다행히 더 이상 비화하지는 않았고 그 이후에도 미국대표와 가깝게 지냈다. 그러나 외교관례상, 특히 개별 국가 지지 여부 등을 함부로 밝히는 것은 주의해야 함을 뼈저리게 아는 계기가 되었다.

본에서는 독일이 유치 홍보를 위해 상당히 준비했음을 알 수 있었다. 홍보 부스에도 다른 나라가 갖추지 못한 동영상까지 준비했고, 아울러 개최국으로서의 이점을 최대한 활용했다. 특히 각국 수석대표들을 불러서 리셉션하면서 메르켈 총리의 동영상 메시지를 방영했다. 상당히 반향이 좋음을 느낄 수 있었다. 국가 최고 지도자가 정치적으로 뒷받침하고 있음을 알려 주었기 때문이다. 이는 우리가 이명박 대통령의 영상 메시지를 준비하는 계기가 되었다.

중국과 힘을 합치다

이후 나는 중국을 방문하여 이사국 선임과 유치국가 지지를 연계해서 서로 협조하는 방안을 상의했고, 중국은 환영했다. 이 부분은 중요한 의사결정이었기 때문에 숙고와 내부 협의 끝에 진행한 것이었다. 아시아 태평양 지역 내에서 다시 소지역별로 나뉘면 중국과 우리는 같은 조였으므로 둘 중에서 한 나라만 이사국이 될 수 있었다. 어차피 중국의 비중으로 보아 경제규모가 클 뿐 아니라 배출 가스 면에서 중국은 전세계의 30% 정도를 차지한다 이사국에서 빠진다고는 예상하기 어려웠다. 또 우리나라가 유치국가가 되겠다고 하면서 이사국도 하겠다고 한다면 한국이 모든 것을 다 가지려 하느냐고 할 것이 분명했다. 특히 기후변화 협상에서는 형평성도 중요한 가치로 여겨지기때문에 결국 중국과 끝까지 이사국 자리를 놓고 다투기 보다는 일찌감치 그들에게 협조하고 우리의 실리를 취하는 것이 낫다고 판단했다.[30] 게다가 4월 15일 이전까지는 중국 상하이가 유치를 신청할지 모른다는 소문이 있었고, 실제로 중앙정부 차원에서도 검토하고 있는 듯했다. 아시아에서 중국까지 나선다면 우리의 가능성은 크게 낮아지므로 상하이의 신청을 사전에 차단하고자 하는 계산도 깔려 있었다.

사실 이 부분은 추후 외교부 쪽으로부터 너무 성급했다는

---

[30] 이사 및 대리이사의 임기는 3년이다.

비판을 받았다. 나는 평소에 실제로 잘못이 있다면 비난은 기꺼이 감수해야 한다고 생각한다. 자신이 잘못했으니 억울할 것도 없는 것이다. 그러나 만약에 외교부 쪽의 판단이 옳았고 나의 판단 착오로 인해서 우리나라의 유치 가능성이 날아가 버렸다면 어떻게 하느냐는 생각이 들어 한동안 괴로웠다. 하지만 지금 돌이켜 볼 때, 중국과의 이 협의는 잘한 일이었다. 어차피 유치국가로 나서면서 중국을 제치고 이사국이 되기는 현실적으로 어렵다. 이왕 양보한다면 이른 시기에 생색을 내면서 중국이 고마워할 때 양보하는 것이 나았다. 나중에 1, 2차 이사회에서 중국이 발 벗고 나서서 우리를 지지해 주었던 것은 그 결과였다고 생각한다. 중국은 처음에 1차 이사회의 투표방식에 대한 논의에서 우리 의견을 물어 1회 투표로 결정하자는 제안에 찬성했다가, 나중에 우리가 입장을 순차 투표안으로 바꾸자 중국이사는 스스로의 발언을 다시 번복해서 발언해 주기도 했다. 국제회의 석상에서 입장을 번복해서 말한다는 부담을 지기가 쉽지 않았을 텐데 기꺼이 해주었던 것이다. 또 투표가 있었던 2차 이사회 때에는 다른 나라들에게 중국이 한국을 지지하고 있다는 것을 밝히고 적극적으로 한국 지지를 부탁하기도 했다. 이에 대해서는 눈물이 날만큼 고마웠다.

그 사이 아시아 태평양 지역 이사 선정에 대한 논의에 진전이 별로 없자 희망하는 7개 국가 대표들 간에 판을 다시 짜려는 논의도 있었지만, 우리는 내내 중국과의 약속을 지켰다. 국제적으로 국가 간에도 신의가 중요하다. 이사국 선정과정에서 늘 중국과 미리 상의해서 결정하고 발언하는 모습을 취하고 발언에서도 중국을 배려해서 얘기했다. 나중에 이사회 과정에서 중국이 적극적으로 우리를 도운 것은 이러한 우리의 배려가 쌓인 결과이기도 했다.

불확실 속에서 길을 찾다

유치전은 막상 시작되었지만, 어려움이 한두 가지가 아니었다. 불확실한 면이 많다는 점이 무엇보다도 어려웠다. 2월 초에 유치활동을 시작했지만 유치 신청서 제출 마감일인 4월 15일까지는 경쟁 상대가 누구인지도 확실하게 알려지지 않았다. 손자병법에서 "적을 알고 나를 알면 백번 싸워도 위태롭지 않다知彼知己 百戰不殆"고 했던가. 그러나 우리는 적이 누구인지도 모르는 상태에서 전투를 해야 하는 상황이었다. 유치신청국가가 어디인지 알려지는 4월 15일까지는 무엇보다도 같은 아시아 지역 내에서 다른 나라가 유치전에 뛰어들면 어쩌나 하는 불안이 있었다. 아시아권 국가끼리 표를 가르면 유치전에서는 아주 불리한 상황이 나올 수 있기 때문이었다. 다행히 아시아 지역에서는 우리나라만 신청한 것으로 드러났다. 또 투표권을 가지는 이사국으로 어느 나라가 선정될지도 7월 말에 가서야 알 수 있었다. 따라서 수개월 동안 경쟁상대가 어느나라인지도, 또 어느나라가 투표자인지도 모르는 상태에서 득표활동을 해야 하는 상황이었다. 그럼에도 잠재적인 경쟁국까지 포함한 상대 국가들은 나름대로 열심히 유치활동을 하고 있을 터였다. 그들보다 조금이라도 유리하려면 노력에 박차를 가해야 했다. 상대를 잘 모른다고 그저 손 놓고 있을 수는 없는 노릇이었다. 그동안의 여러 정황이나 흘러 다니는 소문, 만나서 떠본 결과 등에 따라 최선의 추정best guess을 해 가면서 대응해 나갈 수밖에 없었다. 물론 시간이 갈수록 점차 추정의 정밀도는 높아져 경쟁국들과 이사국들의 윤곽이 확실해져 갔다.

경쟁국들이 어떠한 전략과 활동을 펼치고 있는지도 불확실했다. 그러나 상대방이 있는 게임이므로 상대보다 더 잘하는 것이 중요하다. 또 경쟁국의 유치활동을 감안해서 우리의 전략과 행동도 더 효과적이 되도록 계속 조정해 나가야 한다. 중요한 점은 이러한 불확실한 정보를 가지고서도 일단 행동에 들어가야 하고, 점차 확실해지는 정보에 따라 여러 계획을 계속 수정하면서 유치활동을 해 나갈 수밖에 없었다는 것이다. 일단 행동에 들어간 뒤 획득하는 경험learning by doing은 항로 조정에 중요한 도움을 준다. 하지만 항상 항로를 잘못 잡고 있을지 모른다는 점에 유의해서 여러 주변 정황에 관심을 늘 두고 파악과 분석 작업을 되풀이해야 한다. 즉 민감하게 살피면서 변화하는 상황에 융통성 있게 탄력적으로 대응해 나가는 것이다. 경쟁국들이 어떤 유치활동을 펼치고 있는지를 파악하는 데에는 인터넷도 유용했고 대사관, 국제기구, 임시사무국 직원들과의 대화도 유용했다. 특히 독일, 스위스는 자신들의 유치활동을 비교적 충실히 보도하거나 자신들의 홈페이지에 내용을 게재했다. 아마 그들의 입장에서는 시민들에게 자신들이 열심히 하고 있음을 알릴 필요가 있었을 것이다. 하지만 우리 입장에서는 이들을 통해서 그들의 활동을 개략적으로

나마 파악해나갈 수 있는 좋은 기회였다.[31]

예를 들어 2012년 5월 독일 본 기후변화회의 때 독일은 회의 참가자 중 나라별로 수석대표와 그 외 한 사람씩을 초청해서 리셉션을 개최했다. 나도 참석했는데, 이 리셉션에서 메르켈총리가 영상으로 GCF의 독일 유치를 지지해줄 것을 호소하는 메시지를 보여 주었고 각 국 대표들에게 좋은 반응을 얻었다. 총리가 직접 나서서 부탁하는 만큼 강력한 정치적 지지를 확보한 셈이었다. 우리가 미처 생각하지 못한 부분이었다. 늦었지만 우리도 돌아와서 바로 청와대의 협조를 얻어 대통령 영상 메시지를 준비했다. 이 대통령의 영상 메시지를 만드는 과정에서는 청와대의 홍보 전문가까지 동원되었고 몇 번이나 관계자들이 모여 논의해 가면서 준비했다. 청와대 안마당의 푸르른 녹음을 배경으로 한국 정부와 국민이 GCF의 유치를 강력히 지지하고 응원한다는 메시지로 준비했다. 아껴 두었다가 8월 말 1차 이사회에서 유치국가들이 나라별로 프레젠테이션할 때 사용했는데 반응은 매우 좋았다.

우리가 독일의 시도를 모방해서 따라 했지만 결과적으로는 우리에게 더 유리한 방향으로 작용했다는 점도 얘기해야겠다. 독일은 메르켈 총리의 동영상을 이미 5월 본 기후변화회의에서 선보였기 때문에 8월 이사회 현장에서 다시 방영할 수 없었다. 아마

---

[31] 우리의 경우에는 언론 보도는 되도록 자제하자는 방침이었다. 유치활동이 펼쳐지는 중에도 유치 성공 가능성이 크지 않다고 생각되었고 특히 나중에 대통령까지 개입하게 될 텐데, 언론의 기대에 비해 결과가 좋지 않은 경우 비난만 너무 클 수 있다는 우려 때문이었다. 국민들에게 알리는 데 소홀히 한 점에서는 죄송했지만, 경쟁 상대들에게 우리의 활동을 노출시키지 않은 면에서는 도움이 되었다.

다시 보였더라도 대부분 이사들이 이미 보았던 내용이므로 신선하지도 않고 효과도 크지 않았을 것이다. 하지만 우리는 나중에 준비한 덕분에 대통령 영상 메시지를 8월 이사회 때 활용할 수 있었던 것이다. 대통령 동영상을 만들어 놓고 팀 내부에서 인터넷 웹사이트에 바로 올리자는 의견이 있었지만, 다음에 사용하기 위해 공개하지 말고 아껴두자 했던 것도 결과적으로 잘 한 판단이었다.

다소 설명이 장황했지만, 경쟁국의 행동에 재빨리 대응해서 전략을 탄력적으로 조정해나가는 것이 중요하다는 점을 설명하고 싶었다. 우선, 독일의 총리 영상 메시지를 보고 재빨리 우리나라도 준비한 것이 천만다행이었다. 참고로 우리나라 이외의 다른 신청국가들은 본에서 독일의 총리 영상 메시지를 보고서도 자국 정상의 영상 메시지를 준비하지 않았다. 따라서 늦었더라도 기동력 있게 잘 대응해 나가면 오히려 더 효과적으로 활용할 수 있다는 것을 알 수 있다. 투표가 10월 말에 행해진 점을 감안하면, 독일은 너무 이른 시점인 5월에 일반적인 기후변화협상 대표들을 대상으로 영상 메시지를 사용했다. 반면 우리는 아껴두었다가 투표에 중요한 1차 이사회가 열렸던 8월 말에 투표 당사자인 이사들에게 집중해서 사용했던 것이다. 독일은 영상 메시지를 잘 준비하고서도 이를 사용할 최적의 타이밍timing에 대한 고민을 깊이 하지 않았는지도 모르겠다. 결과적으로 독일은 너무 성급하게 사용해버려서 그 효과를 반감시킨 셈이다.

곡절이 많았던 아시아 태평양 지역 몫의 이사 선임

아시아 태평양 지역 개도국 몫으로 이사국 세 자리가 할당되어 있었다. 대리이사까지 합치면 여섯 나라가 이사국 또는 대리이사국에 오를 수 있는 상황이었다. 그런데 희망하는 나라는 인도네시아, 인도, 필리핀, 파키스탄, 사우디, 한국, 중국 등 7개국이었다. 3월 중순쯤 인도네시아 대표가 coordinator로서 이메일 교환을 통해 이사국들을 선정하려고 시도했다. 4개의 소지역sub·region, 즉 East Asia, South East Asia, South Asia, Middle East Asia로 나누어서 중국/한국/사우디가 하나의 이사 자리를 맡고, 인도/파키스탄, 인도네시아/필리핀이 나머지 두 자리를 맡자는 제안이었다. 중국/한국/사우디에게 명백하게 불리하므로 당연히 서로 양보하지 않았다. 결국 5월 본 기후변화회의에서 직접 만나서 논의하기로 했다. 임시사무국에서 딩쵸 시한으로 계획했던 3일 말은 지켜지지 못하게 되었다. 한편 아시아 뿐 아니라 다른 지역에서도 진통을 겪고 있었다.

본 기후변화회의에서 중요한 과제 중의 하나가 아시아 태평양 지역 이사국 선정에 합의하는 것이었다. 나는 아시아 태평양 지역 그룹 회의 의장사우디에게 지역그룹회의에서 GCF 유치국가로 한국이 나서게 된 배경을 설명할 수 있도록 프레젠테이션 시간을 부탁했다. 아시아 태평양 지역 국가들에게는 우리나라에 대한 지지를 부탁할 필요가 있었다. 브로슈어와 제안서를 돌리고 왜 한국이 GCF를 유치해야 하는지를 설명했다. 특히 아시아에 환경관련 국제기구가 아직 하나도 없다는 점을 강조했다. 이 발표는 사실상 나의 기후변화 회의에서의 데뷔전이었는데 반응이 좋았다. 같은 아시아 국가로서 다들 한국을 지지하자는 얘기도 있었고, 일본 외무성에서 나온 대표는 회의 직후에 따로 찾아와서 한국 논리에 동의하며 지지를 적극 검토하겠다고 했다. 이 프레젠테이션은 나중에 한국이 대리이사국 자리를 차지하는 데에도 유리하게 작용하였다. 사실 프레젠테이션하겠다고 할 때 이 부분까지 사전에 계산에 넣었던 것은 아니었지만 부수적으로 얻은 효과였다. 그러나 막상 이사국 선임은 희망하는 7개국 대표들이 몇 차례 만나서 회의했지만 진척이 잘 이루어지지 않았다. 아시아 태평양 지역 이사국 선정은 재무상설위원회standing committee on finance의 아시아 대표 선정 문제와 또 기후변화 협상의 아시아 의장단 선출문제 등과 맞물리면서 복잡하게 얽혔고 결국 본 기후변화회의 마지막 날까지 합의에 실패했다.

나는 이 시기에 솔직히 상당히 낙담했다. 전망도 매우 어둡게 느껴졌다. 다들 이사국을 하고 싶어 하는 상황이고, 이사국을 하더라도 별도로 부담하는 것은 거의 없으니 어느 나라가 이사국을 마다 할까 싶었다.[32] 그러나 다른 국가 대표들은 느긋한 모습이었다. 아직 시간은 남아 있다는 분위기였다. 나중에 알았

---

[32] 이는 다른 국제금융기구 경우와 다르다. 즉, IMF나 세계은행의 경우 발언권을 가지는 이사가 되려는 국가는 상응하는 규모의 출자를 해야 한다.

지만, 이렇게 마감시한까지 갈 때까지 가보자는 것이 기후변화 협상의 오랜 관행이기도 했다. 한편 다른 지역들은 하나 둘 이사국 선정에 합의했다. 6월쯤 되니까 이사국 선정이 아직 안된 지역으로는 중남미 지역과 아시아 지역만 남았다. 선정이 계속 지연되자 이렇게 되면 2012년 안에 유치국 선정이 어려워지고 이럴 경우 국제사회의 GCF에 대한 관심이 현격히 줄어들지는 않을까 하고 걱정하는 목소리가 커졌다. 또 한국이 아시아 지역에서 유일하게 GCF를 유치하겠다고 신청했는데 아시아 지역이 이렇게 비협조적으로 비친다면 한국의 득표에도 좋지 않을 것 같았다. 그러나 이사국 결정은 우리만 조바심 낸다고 해결될 문제도 아니었다. 초조했지만 참을성 있게 기다리면서 성의 있게 아시아 지역 이사국 자리를 신청한 7개국 간의 국제적 논의에 참여하는 수밖에 없었다. 이메일을 서로 주고받으면서 논의를 계속했지만 지지부진했다. 본에서 직접 얼굴을 맞대고 협의해도 해결되지 않던 문제가 이메일 교환으로 해결될 리는 만무했다.

    나는 점점 더 초조해졌다. 궁리 끝에 서울에 이사국 자리를 신청한 7개국 대표들을 불러서 회의하는 자리를 만들기로 했다. 대외경제연구원에 있는 친구로부터 개도국 대표들을 불러 모아서 세미나하는 프로그램이 있다는 얘기를 듣고 이를 활용해서 아시아 지역 대표들을 초청해 회의를 열기로 했던 것이다. 이사국이 되고자 하는 중국, 인도, 인도네시아, 필리핀, 파키스탄, 사우디 등 6개국 대표들을 이틀간 일정으로 한국에 초청했다. 회의 분위기는 좋았다. 우리는 인천시의 협조를 얻어 송도지역 투어 등 대접에도 각별히 신경을 썼다. 하지만 결국 합의에는 이르지 못했다. 하지만 어떻든 한국이 GCF 유치를 위해 진지하게 노력하고 있다는 점은 분명히 보여 주었다는 점에서 소득이 있었다. 서울 미팅에서도 성과가 없으면서 7월로 접어들자 이제는 어느 정도 지연되는 것이 송도에서 투표하는 결과를 가져올 것이므로 오히려 우리에게 유리할 수 있는 상황이 되었다. 우리는 이 점을 감안해 마음의 여유를 가지고 어느 정도 속도를 조절하기로 했다.

7월 말경, 앞으로 더 이사국 선정이 지연되면 8월 말로 잡혀있는 스위스 제네바 이사회도 취소하느냐를 두고 초읽기에 들어갈 무렵이었다. 중남미와 아시아 지역의 이사국 선정이 마침내 결론 났다. 이러한 지연 때문에 당초 예정했던 3차 이사회는 물리적으로 열 수가 없게 되었으며, 따라서 3차 이사회에서 할 예정이던 유치국가 선정을 위한 투표도 2차 이사회에서 할 수 밖에 없게 되었다. 3차 이사회 장소는 독일 베를린이었고 2차 이사회는 인천 송도로 예정되어 있었으므로, 이는 결과적으로 인천의 2차 이사회에서 유치국 투표를 할 수 밖에 없는 상황으로 발전한 셈이었다. 이러한 결과를 보면서 우리나라의 국운이 GCF 유치를 돕고 있는 것이 아닌가 하는 생각이 들었다.

벽돌 하나하나를 쌓듯이

우리가 펼치는 모든 유치활동이 과연 얼마나 최종 득표에 유효

한 영향을 줄까를 늘 염두에 두고 유치활동을 진행했지만, 불확실한 요소들이 너무 많아서 가늠하기 어려운 경우가 많았다. 이런 상황에서 내가 택한 전략은, 현 상황에서 최선의 추측을 하고, 여기에 입각해서 조금이라도 도움이 되겠다 싶으면 무엇이든 한다는 것이었다. 마치 복싱 선수들이 별 의미 없어 보이는 잽을 계속 날리는 것 같지만 그런 잽이 쌓여서 KO를 끌어내기도 하고, 벽돌 하나하나가 꾸준히 쌓이다 보면 어느새 근사한 건물이 지어 지듯이 조그만 사안이라도 직접 챙기며 실행에 옮겼다. 선거라는 것이 유권자의 마음에 부채를 계속 쌓아 가는 과정이라고 하던데 일리가 있다고 생각한다. 유치전에서도 이사국의 의사결정자들에게 우리가 열심히 접근하고 노력하고 있음을 여러 기회에 자꾸 알림으로써 나중에 투표에서 뭔가 우리나라를 지지해야 할 것 같은 마음의 부담을 만들어 간다면 유치에 도움이 될 것이라고 보았다.

무엇보다 큰 힘이 되었던 것은 기획재정부 박재완장관이 G20, IMF 연차총회, APEC 등 각종 국제회의에서 GCF 관련 양자면담을 다른 어떤 과제보다 우선해서 일정을 잡도록 지시하고 직접 발로 뛰어준 점이었다. 실무자 입장에서 큰 격려가 되었고 더 열심히 해야 하겠다는 자극이 되었다. 이명박 대통령도 몇몇 정상회담에서 GCF 지지를 부탁기도 했고 김황식 총리도 덴마크 방문 때 GCF 유치 의지를 상당히 비중 있게 언급했다. 그 외에 김성환 외교장관, 유영숙 환경장관, 임채민 복지장관이 주요 국가 방문 시 또는 관련 장관 면담에서 우리나라 지지를 부탁했다. 이와는 별도로 기획재정부 신제윤 차관, 김동연 차관, 최종구 국제경제관리관, 외교부, 환경부 차관 또는 실장들이 주요 국가를 직접 방문했다. 고위 간부가 직접 방문하는 성의를 보이는 것이 표를 얻는데 도움이 되리라고 생각했기 때문이다. 대략 아시아 지역은 박재완 장관이, 중남미는 신제윤 1차관이 맡고, 아프리카지역은 최종구 국제경제관리관이 맡도록 했다. 외교부와 환경부 장차관들도 일부 국가를 나누어 분담했다.

나는 대리이사국 중에서 중요한 몇 개 국가를 맡기로 했다. 국가도 개인과 별로 다르지 않다. 오지까지 직접 찾아가서 부탁하면 그 성의에 일단 감사해 한다. 우리의 방문에 대한 반응은 아주 호의적이었다. 과연 유치 경쟁국인 독일, 스위스, 멕시코, 폴란드까지 방문하는 것이 나을지 꽤 고민했다. 서로 교차 지지하자고 약속을 남발하는 것도 신의를 지키지 않는 모습을 보이는 것 같아 오히려 역효과가 날 수 있었다. 하지만 일단 만나서 우리가 노력하는 모습을 보이는 것은 좋을 것으로 판단했고, 결과적으로 우리 정부 대표는 독일만 빼고 다 방문했다.

원래는 대통령 특사를 보내는 안도 고려했었다. 한정된 기간 내에 많은 나라를 방문해야 했기 때문이다. 전직 총리 몇 분 등을 염두에 두었다. 그러나 의전 상 절차가 복잡하고 또 일부국가에서는 의전상의 부담 때문인지 정중하게 사양하기도 했다. 대통령 특사는 대통령을 대신해서 방문하는 것이므로 방문 받는 나라도 상당한 부담이 되기 때문이다. 상대국들과의 협의과정에서 직급은 다소 낮은 현직 차관, 차관보급이 방문하더라도 상대국에서 그 정도 비중을 둔다는 점을 알았다. 실제 정책결정에 현재 영향을 미치는 사람이기 때문이다. 또한 설득력 있게 열정을 가지고 설명해야 하는데 이점에서도 계속 GCF 유치 업무를 해온 현직이 낫다고 판단했다. 그래서 유명환 전 외교장관이 이집트에 대통령 특사로 방문하는 것 이외에 더 확대하지는 않았다.

이러한 고위급 접촉 이외에도 실무자 입장에서 생각할 수 있는 노력은 다했다고 자부한다. 나는 국내에서 시간이 나는 대로 이사국과 중요 대리이사국의 주한 대사관을 차례로 방문해서 우리나라 유치제안을 설명하고 지지를 부탁했다. 주한 대사관들은 주재국과 좋은 관계를 유지해야 하므로 주재국에 호의적이려는 성향이 있다. 그래서 좋은 매개 역할을 할 수 있는 것이다. 사실 내가 각 대사관을 방문한 것때문에 그 나라가 한국 지지로 돌아서리라고는 당연히 기대하지 않았다. 다만, 한국 정부 대표가 대사관까지 방문해서 설명했다는 점이 본국에 전문 등으로 보고될 텐데 그 자체가 한국이 얼마나 진지한 노력을 하는지를 보일 것이라는 점, 그래서 해당 국가에 마음의 부채를 쌓아가게 되리라는 점, 또 추후 2차 이사회를 송도에서 할 때 해당 국가 이사나 대리이사가 방한하면 대사를 만날 텐데 대사의 우호적인 한 마디가 결정적인 영향을 줄 수도 있다는 점 등을 감안한 것이었다. 이런 생각을 가지고 열심히 발품을 팔고 다녔다. 만나러 가면서는 그 나라를 칭찬할 거리를 찾아서 갔다. 예를 들어 6.25 참전 국가는 참전에 대한 감사에서 시작했고, 내가 그 나라를 방문한 경험이 있으면 방문 경험으로 이야기를 풀어 가곤 했다.

대부분 대사 또는 경제공사를 만났는데, 다들 매우 호의적이었다. 이들로부터 본국의 어느 부처가 의사결정을 하는지, 언제쯤 할지 등을 파악하는 데 큰 도움이 되었다. 어떤 나라에서는 의사결정의 핵심에 있는 장관이 어떤 성향이며 국내 인사 누구와 친하다는 정보를 알려 주기도 했고, 그 나라에서 영향을 줄만한 친한 인사가 누구누구이니까 이들을 잘 활용하라는 조언을 해 주기도 했다. 투표에 임박해서는 본국의 결정사항을 귀띔해 주기도 했다. 대부분의 대사들이 한국을 사랑하고 한국에서 근무하는 것을 좋아하고 있다는 사실을 발견하는 것도 나에게는 큰 즐거움이었다. 방글라데시 대사를 만났을 때의 감격도 잊지 못한다. 그는 한국이 "우리" 개발도상국들의 자랑이라고 했다. 불과 50년 전만 해도 최빈국이었던 나라가 이제 원조 공여국이 되었음을 칭찬한 말이었지만, 한편으로 개발도상국들이 우리에게 가지는 동질 의식이 고마웠고, 한국으로서는 이러한 호의와 지지를 잊지 말아야 하겠다는 생각이 들었다.

주한 대사들을 송도에 초청해서 기재부 장관과 인천시장, 그리고 민간유치위원장이 주최하는 만찬 프로그램도 가졌다. 이는 한덕수 위원장이 제안한 아이디어였다. 대사들이 송도를 직접 경험하고 본국에 '송도가 이미 잘 준비되어 있는 도시임'을 얘기하도록 하게 하자는 것이었다. 만찬은 송도에 있는 잭 니클라우스 골프장에서 했는데, 인천시에서 각별히 신경을 써서 공연까지 준비해 좋은 분위기에서 치렀다. 이외에 장차관이 주요국 대사들과 점심 또는 저녁 식사를 하는 프로그램도 진행했다.

이사국의 재외공관에 나가있는 우리 대사들이 얼마나 열의를 가지고 상대를 설득하고 한국 지지를 얻기 위해 노력하느냐도 유치전 성공에 있어서 중요한 결정 요인이다. 재외공관에 대해서는 수시로 우리의 설득 논리 등 자료를 보내면서 부탁했다. 마침 7월 말에는 신임공관장들을 대상으로 1주일 과정의 교육과정이 국립외교원에서 있었다. 내가 1시간 할애를 받아 GCF가 무엇인지 그리고 왜 한국이어야 하는지 나라별로 어떻게 설득해야 할지 등을 설명하고 신임 공관장들의 적극적인 협조를 부탁하기도 했다.

국제기구 이사실 등에 나가 있는 기획재정부 출신들에게도 이사국 출신 이사와 직원, 또 해당 기구의 기후변화 전문가들에게 브로슈어를 돌리고 한국의 유치 논리를 설명하도록 했다. 국제기구 직원들은 이사국의 정부 관계자들과 종종 접촉하고 각종 국제회의를 개최하거나 관련 안건을 정리하는 등의 실무 작업을 담당하므로 일종의 국제적인 여론 주도층 opinion leader이라고 할 수 있다. 따라서 이들이 한국을 지지하고 성원하는 것도 중요했다.

우리 실무자들의 노력도 언급해야 하겠다. 여수엑스포에 이사국 관련 VIP들이 온 적이 있었다. 우리 팀에서는 기획재정부 장관 명의의 정중한 환영 인사와 유치 지지를 부탁하는 서한을 꽃과 같이 호텔 객실에 넣어 주기로 했다. 편지를 준비하고 장관의 바쁜 일정에 맞추어 사인을 받다 보니 실무자는 밤 열차를 타고 여수로 내려가서 전달할 수밖에 없었다. 부랴부랴 짐을 챙겨서 잠도 제대로 못자고 밤차로 내려갔던 것이다. 또 한 번은 모 이사국의 외교장관이 방한했다가 다음날 아침 비행기로 귀국한다는 것을 전날 점심때에야 알게 되었다. 우리 실무자들은 바로 연락해서 그가 출국하기 직전에 신제윤 차관이 호텔로 찾아가서 만날 수 있도록 했다. 찾아가서라도 만나야 할 판에 이런 기회를 놓칠 수는 없었던 것이다. 이를 계기로 중남미권의 명예 총영사분들을 따로 만나서 저녁을 함께 하며 조언도 듣고 유치 협조 노력을 부탁하기도 했다. 이러한 노력들이 과연 얼마나 표에 연결되었는지는 알 수 없다. 표는 모든 것들이 종합적으로 반영된 결과이기 때문이다. 다만 나와 실무자들, 그리고 많은 도움을 준 분들의 이런 열정과 합심된 노력은 분명히 성공에 중요한 기여를 한 요인이었다고 생각한다.

GCF 유치를 위해 우리나라의 공적개발원조 Official Development Assistance, ODA가 도움으로 작용할 수 있다면 이를 활용하려고 했다. 우리나라의 공적개발원조는 크게 세 가지 경로를 통해서 이루어진다. 하나는 외교부와 그 실무조직인 한국국제협력단 Korea International Cooperation Agency, KOICA에서 담당하는 무상원조다. 대부분 프로젝트의 규모가 크지 않고 주로 교육, 의료 등 사회 분야 중심이다. 또 기획재정부와 그 실무조직인 수출입은행이 담당하는 대외경제협력기금 EDCF을 통한 유상원조가 있다. 프로젝트의 규모가 상대적으로 크고 도로, 공항, 댐 등의 사회간접자본 등 경제 분야 중심이다. 마지막으로 기획재정부에서 주관해서 다른 담당 부처와 함께 수행하는 지식공유사업 Knowledge Sharing Program, KSP이 있다. 우리나라의 개발경험을 개도국과 공유하고자 하는, 즉 물고기가 아니라 물고기 잡는 방법을 가르쳐 주려는 사업으로 수년

전에 늦게 시작했지만 개도국에서 좋은 반응을 얻고 있다. 나는 유치활동 초기부터 과연 GCF 유치를 위해 우리의 ODA를 효과적으로 활용할 수 있을까 하는 의문이 있었다. 독일의 ODA 규모는 엄청나다. 아프리카 지역에 대한 ODA 규모를 따져보니 우리나라의 열 배쯤 되었다. 이런 상황에서 우리가 ODA를 늘린들 과연 그들의 표심을 돌릴 수 있을까 하는 생각이 들었던 것이다. 그러나 득표를 위해 조금이라도 기여할 수 있다면 뭐든 해야 했다. 비록 독일에 비해 압도적 열세이지만 손을 놓고 있을 수는 없는 일이었다. 어차피 규모로 독일과 경쟁한다는 것은 불가능하다. 그러면 우리가 경쟁력을 가질 만한 엣지edge는 무엇일까. 나는 두 가지라고 보았다. 하나는 지식공유다. 우리는 세계에서 유일하게 후진국에서 경제 사회 개발에 성공해 원조 공여국으로 성장한 나라다. 이런 경험을 가진 나라는 세계에서 우리나라 밖에 없다. 이 경제 사회 개발 경험을 공유하려는 우리의 노력은 이미 많은 개발도상국으로부터 환영 받고 있다. 이 KSP는 한국이 확실하게 경쟁력을 가지고 있고 추가로 재원이 더 드는 사업도 아닌 만큼 이를 내세워야 한다는 것이었다. 다른 하나는 개발도상국의 의견을 최대한 존중하고 그들과 함께 ODA의 틀을 짜 나가는 일종의 방법론적인 개혁이다. 선진국들이 원조를 주면서 자신들의 입장에서 사업을 정하고 의무를 부과하는 방식에 대해 개발도상국의 불만이 많다. 한국은 개발도상국 담당자들과 대화하면서 그들이 가장 필요로 하는 사업 위주로 그들의 의견을 존중해 가면서 시행해 나갈 수 있다. 실제로 수출입은행에서 매년 개발도상국 원조사업 담당자들을 초청해 1주일 정도 교육시키는 세미나 프로그램이 있는데, 2012년에는 GCF 이사국 위주로 초청했다. 특히 1시간 정도 할애를 받아서 GCF 유치에 대해 설명하고 지원을 부탁했다. 투표일에 가까워서는 아프리카 이사국 등 국가 재무장관들에게 기획재정부 장관 명의로 KSP나 대외경제협력기금 사업으로 필요한 사업이 있으면 제안해 달라는 편지도 보냈다. 추후 모 이사국은 실제로 자신들이 필요로 하는 사업을 제시해서 대외경제협력기금 사업의 하나로 적극 검토하기도 했다.

유치를 위해 설득하기

왜 한국이어야 하는가

왜 꼭 한국이 GCF의 유치국가가 되어야 하는가? 이 질문은 유치활동 내내 부딪히는 핵심적인 질문이었다. 투표권을 행사하는 국가와 이사의 입장에서는, 여섯 개 유치 신청국가 중에서 왜 한국으로 GCF가 가야 하느냐라는 우리의 설명에 우선 수긍해야 표를 줄 것이기 때문이다. 여기에 "기후변화가 심각하고 중요한 문제이기 때문"이라는 답은 맞지 않다. 그 점에서는 여섯 나라가 다 중요하기 때문이다. 한국을 차별화해서 부각시키는 답이어야 한다. 또 한편으로는 다른 경쟁국을 너무 헐뜯는 인상도 주지 않는 것이 좋다. 왜냐하면 경쟁국들이 독일, 폴란드, 멕시코, 스위스

국제기구 유치하기 **223**

등과 같이 표를 행사하는 이사국 또는 대리이사국인 경우도 있었고, 그렇지 않더라도 국제사회에서 다른 나라를 헐뜯는 모습은 바람직하지 않기 때문이다. 또 설명 논리는 복잡하지 않아야 했다. 메시지를 효과적으로 전달하려면 세 가지 이내로 압축하라는 말이 있다 『나승연의 프레젠테이션』에서는 '3의 법칙'이라고 한다.[33] 아울러 분명한 근거에 설득력도 있어야 한다.

쉬운 과제가 아니었다. 자꾸 각 국 대표들을 만나서 설득하며 그들의 반응을 관찰하고 이를 감안해서 내용을 거듭 수정하면서 논리를 발전시켰다. 최종적으로는 크게 세 가지 논리로 압축되었다.

하나는 한국의 경제발전과정과 관련된 것이었다. 한국은 세계에서 유일하게 unique 경제 사회 발전에 성공한 나라이다. 불과 50년 전인 1962년의 1인당 연간GDP가 얼마였을까? 87달러에 지나지 않았다. 국제적으로 현재 하루 1.25달러 이하를 빈곤국으로 분류하곤 한다. 물론 달러 가치가 당시보다 떨어지긴 했지만, 그렇더라도 한국은 1962년 당시 세계적으로 최빈국 중의 최빈국이었다. 내 개인적으로도 어린 시절, 양말에 구멍이 나면 어머니가 못 쓰는 헝겊으로 기워 주어 다시 신거나 공동 수도에 가서 양동이에 물을 길어 오는 어머니를 따라 다니던 기억이 있다. 개발도상국 대표들을 만나면 이러한 내 경험을 자주 언급하곤 했다.

---

[33] ADB 시절 받았던 미디어 트레이닝 때도 강사는 언론에 메세지를 줄 때는 반드시 세 가지 메세지 이내로 하라고 강조했다. 과학적인 설명을 할 수 없지만 자신의 경험에 비추어 보았을 때 그것이 가장 효과적이라는 것이다.

개발도상국 대표들은 한국을 이미 거의 선진국으로 보며 경외하는 경향이 있는데 이런 얘기를 하다 보면 서로 금방 가까워지는 것을 느낄 수 있었다. 어떻든 한국의 경우 아직 이런 기억을 가진 연령층이 일하고 있기 때문에 개발도상국의 처지나 어려움을 가장 잘 이해할 수 있는 나라이다. 미안한 말이지만 독일이나 스위스는 절대 이해할 수 없는 부분이다. 어느 부잣집의 자녀에게 가난에 대해 작문하라고 했더니 "어느 집이 가난했는데, 운전수도 가난했고, 하녀도 가난했다"고 적었다는 우스개 이야기처럼.

한국은 그런 상황에서 경제 사회 발전을 성공시킨 경험을 가진 유일한 나라이다. 특히 경제발전 과정에서 산림녹화 등 세계적으로 주목받는 환경 관련 성공 사례가 있다. 한국은 이제 성장과 환경보호를 균형 있게 추구한다는 녹색성장을 국가 발전의 새로운 프레임워크Framework로 채택하여 나아가고 있다. 이에 따라 배출가스도 2020년에는 배출전망치Business As Usual, BAU 대비 30%를 자발적으로 감축하기로 국제적으로 약속했고 탄소배출권 거래제도도 국회에서 압도적인 다수의 찬성으로 2012년 5월에 이미 법제화했다.

한국은 "운 좋게" 경제 사회 발전에 성공했지만, 이는 국제사회의 지원에 힘입은 바 크다는 점을 또한 잘 안다. 그래서 이제 국제사회로부터 받은 혜택을 되갚고자 한다. 그 일환으로 큰 자금을 제공해주지는 못하지만 물고기 잡는 법을 가르쳐주려고 하고 있다. 공적개발원조ODA를 늘려 가고 있으며 지식공유프로그램KSP도 확대하고 있다. 특히 녹색 ODA를 확대해 나가고 있다. 2020

년까지 녹색 ODA를 50억 달러 이상 지원하기로 했다. GCF를 유치하고자 하는 것도 이러한 국제사회에 대한 보은, 기여의 한 방편이다. 이런 논리를 구성했다. 이는 주로 개도국을 염두에 둔 설명이었다.

두번째는 이러한 경제 사회 개발의 성공이 선진국처럼 사회제도적 여건이 잘 갖추어진 환경이 아니라 개발도상국의 열악한 사회제도적 여건에서 이룬 것이라는 점이다. 즉, 법적 또는 제도적 기반, 회계나 기업 형태, 지배구조, 투명성 등의 사회 제도적인 여건이 제대로 갖추어지지 않은 상태에서, 이러한 제도적 여건을 한편으로 발전시켜 가면서 이룬 성과인 것이다. 선진국처럼 이미 잘 갖추어진 제도적 여건 이 아닌 척박한 사회여건 아래에서 한국 같은 경제 사회적인 성공을 이룬다는 것은 세계에 유례가 없는 기적 같은 일이다.

한국은 개발도상국 여건에서 경제 사회 발전을 이루었기 때문에 제도적 여건을 어떻게 발전시켜 나가야 하는지를 잘 안다. 그리고 이제 이러한 제도적 기반을 선진국보다는 못하더라도 필요한 만큼은 충분히 갖추었다. 유엔의 전자정부 E-Government 평가에서 2년 연속 2011~12 1위를 차지한 것이 이를 증명한다. 이 부분은 선진국들의 우려를 염두에 둔 설명이었다. 선진국들은 그들이 제공하는 재원이 과연 기후변화 대응이라는 목표에 도달하기 위한 중간 과정에서 누수 없이 효과적으로 쓰일지에 대해 우려와 관심이 많기 때문이다. 이런 면에서 한국은 선진국들의 우려를 불식시킬 수 있는 노하우를 가진 나라이다.

유치를 설득하기 위한 논리의 세번째는, 한국에 GCF를 유치하는 경우 세계적으로 지리적인 형평성을 높일 수 있다는 것이었다. 현재까지 환경과 관련이 있는 국제기구는 유럽에 9개, 북미에 4개, 아프리카에 1개(UNEP) 등이며 아시아 태평양 지역에는 하나도 없다. 아시아는 세계 인구의 절반이 살고, 세계 경제활동의 1/4 정도가 이루어지고 있으며 아울러 ADB 전망에 따르면 그 규모가 20~30년 내로 세계 전체의 절반으로 커질 것으로 예상되고 있다. 따라서 아시아 국가인 한국이 GCF를 유치하면 이 지역의 개발도상국들에게 큰 의미가 있는 시그널이 되고 그들의 참여를 촉진시킬 수 있을 것이다.

기후변화에 대해서는 전 세계적으로 긴밀한 협력이 잘 이루어져야 효과적으로 대응할 수 있다. 즉 글로벌 파트너십(global partnership)이 중요한 것이다. 이런 면에서 본다면, 독일이나 스위스에 GCF를 두는 경우 전 세계에 어떤 의미 있는 시그널을 줄 수 있을까. 결과적으로 이제까지 그래 왔듯이 또 하나의 국제기구를 선진국인 유럽에 둔다는 의미에 지나지 않지 않은가. 하지만 한국에 기구를 설치하면 이는 개도국들에게 중요한 시그널을 주고 개도국들이 적극적으로 참여하도록 유도하는 중요한 도화선 역할을 할 수 있다. 이 부분은 특히 아시아 지역 국가들에게 강력한 설득논리가 되었다. 다른 지역 국가들에게는 혹시 반감이 있을 수 있으므로, 아시아 지역이어야 한다는 얘기보다는 글로벌 파트너십이 중요하고 따라서 지역적으로 형평을 높여야 한다는 부분을 강조해서 설명하곤 했다. 이런 식으로 설명하다 보면 나 스스로 감정이 격앙되어 목소리가 떨리기도 했다. 어떻든 나는 이러한 설명들에 대해 확신을 가지고 있었다. 더 자세한 설득 논리는 별표와 같이 정리했다.

이외에도 송도의 지리적인 이점도 강조했다. 국제기구는 외교공관들에 대한 접근성이 좋아야 하고 또 각 국 대표들이 접근하기 좋도록 국제공항에서도 가까워야 한다. 송도는 서울권역metro-Seoul내에 있어 101개의 외국공관이 1시간 이내의 거리에 있다. 또 최근 7년 간 세계 최고의 공항으로 선정된 인천공항에서 불과 20분내의 거리에 있다.

한국의 IT 인프라 등 우수한 업무 환경도 강조했다. 인터넷이나 전화 신청 후 즉시 회선을 가설할 수 있는 신속함도 외국인들에게는 경이의 대상이다. 우리나라에서는 신청 바로 당일 또는 다음 날 바로 접속되지만, 미국이나 유럽 등지에서는 최소한 한 달은 걸린다. 또 서울 지역에는 영어를 구사하는 우수한 젊은 인력도 풍부하게 구비되어 있다. 한국의 발전 경험에 대한 지식과 경험을 축적하고 있는 분야별 연구소 등 기관들도 많이 활동하고 있다.

여기에 입주할 빌딩이 이미 준비되어 있다는 점도 강조했다. 이는 독일, 스위스와 뚜렷이 대비된다. 독일은 제안서에서 빌딩의 조감도만을 제시한 상태였다. 그러나 다수의 대표들은 냉소적이었다. 왜냐하면 1994년 유엔기후변화협약UNFCCC 본부 유치 때에 독일 정부가 UNFCCC를 위해 회의시설 등 사무실 공간을 새로 건설해 주겠다고 공약했으나 현재까지 지켜지지 않고 있으므로 믿지 못하겠다는 것이다. 스위스의 경우 기존에 세계기상기구$_{WMO}$가 세 들어 살고 있는 건물에서 WMO가 다른 곳으로 옮기고 여기에 GCF 사무실 공간을 마련해 주겠다고 공약했지만 공간이 협소했다. 이러한 배경이 있으므로 우리나라가 이미 새로 입주할 빌딩 건설을 완료해서 준비하고 있다는 점은 큰 장점이었다.

Why Korea to Host the GCF? (Key Messages)

- Help promote global cooperation and involve DCs (a strong signal to DCs).
  - Climate change can be tackled effectively only with (i) a full cooperation at the global level and (ii) an active involvement from DCs. A few countries alone cannot solve the climate change crises.
  - Korea is a unique case in the world. About 50 years ago, Korea was one of the poorest countries in the world-per capita GDP US$ 87 in 1962. Korea has succeeded in economic development and has transitioned to a low carbon green growth pathway. Self reduction target for emissions of 30% lower than BAU. Emission Trading System enacted in 2012. Knowledge sharing programs. Green ODA (US$ 5 billion up to 2020).
  - GCF should not be another developed-country-driven international organization.
- Need to give proper consideration to Asia (geographic balance).
  - Environment-related international organizations: 9 in

Europe, 4 in America, 1 in Africa, none in Asia.
- Asia's population is almost half of the world. Asia's GDP share is about a quarter in 2010 and will be about a half in 2050 (Asian Development Bank). Asia will become the most critical region in addressing climate change.
o Good business environment.
- Ubiquitous and state-of-the-art IT infra. Ranked first among 152 countries in 2011 IDI (index of ICT development by ITU).
- Highly educated English-speaking local workers.
- Productive interactions possible with many knowledge centers (e.g., KDI, KIET), GGGI and GTC-Korea.
o Favorable location for mobilizing financial resources.
- Close to Seoul, HK, Tokyo, Shanghai, Singapore financial centers.
- Financially sound Korean banks. Globally open and active Korean capital/ FX markets. Reliable institutions and systems.
- Experience and knowledge in handling green financing.
o Can launch at an earliest time.
- The building will be ready after October 2012.
- Short period in completing administrative arrangements.
o Korean government and people's strong support.

Selection Criteria related
o Legal framework (legal personality to GCF, immunity and privileges for GCF and its staff).
- Already prepared a draft HQ agreement, finished

inter-ministrial review. A cabinet meeting has already discussed. Only Parliament's approval is left.
- Once decided to host GCF, Korean government will directly start discussing elements with the GCF secretariat.

○ Financial support
- US$ 2 million for start-up. Subsequent to hosting GCF, annually US$ 1 million until 2019.
- As the host country, through new and additional financial resources, Korea will provide US$ 40 million in 2014-17 to support capacity building for DCs in addressing challenges of climate change.

○ Green eco-friendly city, reusing 40% of waste water and 76% of waste. The city has been participating in a reforestation project in Ulaanbaatar, Mongolia since 2007.
- Songdo was designed for a population of 123 thousand, a total area of 169.5 km2 (twice the size of Manhattan).

○ All buildings designed to meet the Leadership in Energy and Environmental Design (LEED) standards.

○ Support for daily operations
- Up to 15 floors of office space. Major maintenance to the facilities free of charge (annually US$ 6 million).
- Initial office equipments (US$1.4 million).
- Dedicated offices for LDCs and SIDs. Venues for cultural and religious activities, including prayer rooms.
- Free access to the convention center for 20 days a year (annually US$ 0.5 million).
- GCF support team. 20 local government staff will be

assigned exclusively to assist GCF and its staff's settlements.
- Connectivity and living environment
    - 101 embassies in Seoul metropolitan area.
    - 20 minutes away from the international airport. Less than 1 hour and easy connection to down town Seoul. Convenient intra·city metro and bus network.
    - International schools/ hospitals/ hotels. Low living cost. Outstanding public security.

국가별로 누가 어떻게 결정하나

이사국이 정해지더라도 실제로 의사결정을 하는 사람이 어떤 과정을 거쳐 지지 국가를 결정하는지가 중요하다. 이 점에서도 불확실성이 많았다. 나라마다 사정이 조금씩 다르고 어느 부처의 누가 핵심 역할을 하는지도 잘 알려져 있지 않았다. 이러한 정보는 인터넷 웹사이트에 공개되어 있지도 않고 해당 국가 관계자들에게 꼬치꼬치 물어 보기도 거북하기 때문이다. 그러나 중요한 정보이므로 최대한 파악해서 대처할 필요가 있었다. 이 메커니즘을 이해하고 알아 가는데 시간이 꽤 걸렸다. 기후변화 협상에 나온 각국 대표들, UN기후변화협상 사무국, WB, ADB등 국제기구 직원들, 이사국의 재무부, 외교부, 환경부 등 관련 정부부처 공무원들을 비롯해 이사국 주재 한국공관과 한국에 나와 있는 이사국의 주한 대사관 대사나 직원들 등 다양한 채널을 통해 파악하려

했지만 만족스럽지 않았다. 가장 직접적으로 도움이 된 것은 기후 변화 협상에서 만나는 각 국 대표들이었다. 이들과 만나는 기회에 솔직하게, 그러나 너무 진지하지 않게 물어보기도 했다. 또 겸손하게 도움을 청하기도 하고, 사람에 따라서 달가워하지 않을 상황이면 슬쩍 지나가듯 물어 보기도 했다. 또는 지레 짐작해서 얘기한 후 반응을 떠 보기도 했다. 처음에는 불확실투성이였지만 반복해서 여기저기 다른 정보원으로부터의 정보를 모아 종합해가면서 각 나라별로 누가 해당 사안을 결정하는지, 또 어떤 과정을 거쳐서 사안을 결정하는지가 점차 뚜렷해져 갔다.

내가 내린 일반적인 결론은 다음과 같다.

- 대부분의 국가에서 재무부, 외교부, 환경부, 에너지부 등의 관련 부처가 협의해서 결정한다. 이 중에서 주무부처는 선진국일수록 재원 부담이 주된 관심사이므로 재무부 쪽, 후진국일수록 프로젝트 시행이 주된 관심사이므로 환경부 쪽이 주무부처인 경우가 많다. 외교부는 외교 국익 차원에서 개입한다-예를 들어 다른 국제기구 의장 선출에서 지지를 부탁하거나 또는 UN 안보리 비상임이사 진출과 유치국가 투표를 연계하는 식으로 한다.
- 여러 부처가 협의하므로 대부분의 나라에서 국가 원수도 결정 과정에 개입할 수 있으며 이 경우 국가 원수의 결정이 가장 중요하다.
- 선진국일수록 실무자가 보고서를 작성하고 이에 따른 보고 협의 절차를 밟으므로 실무자 의견이 중요하다. 후진국일수록 실무자의 분석 보고가 잘 이루어지지 않는 경우가

많고 정치적 고려가 중요하게 작용하므로 장관 등 윗선의 의견이 더 중요하다.
- 이사들 대부분은 투표가 실시되는 2차 이사회에 참석하기 위해 국가에서 떠나오기 전에 훈령 형식의 결정을 받아서 온다. 이 경우 이사가 이사회 현장에서 의견을 바꿀 가능성은 거의 없다 훈령이 수정되어 통보되기 전까지는. 다만 일부 국가 경우 해당 국가의 이익이 첨예하지 않은 사안이므로 이사에게 현장에서 결정하도록 위임하는 경우도 있다.

이런 분석은 중요하다. 왜냐하면 각 나라별로 누구를 어떤 식으로 설득해야 우리에 대한 지지표로 연결할지를 알 수 있기 때문이다. 선진국일수록 실무자를 타당한 논리로 설득할 필요가 있었다. 실무자들의 보고서를 기초로 삼아 그 나라 지지 의사 결정이 이루어지기 때문에 정상이나 장관이더라도 이를 무시하고 어느 국가를 지지하라고 하기는 어려웠다. 실무자가 보고서를 설득력 있게 잘 쓸 수 있도록 강력한 설득 논리를 우리가 만들어서 알려 주는 것이 중요하다. 이러한 논리를 설명해주면 실무자들은 고마워한다. 선진국 대표를 만나서도 이점을 감안하여 그들이 사용하기 좋은 논리를 설명해주기 위해 노력했다. 반면 개도국일수록 관계 부처 장관들끼리의 협의에서 사안을 결정하는 경우가 많기 때문에 고위급 수준의 면담을 통해 관련 국가를 설득하는 데 집중하는 것이 더 효과적이다. 그래서 국제회의에서 어느 나라 대표를 만날지, 어느 나라에 우리 정부 대표단이 어느 직급으로 가서 누구를 만날지 또 만나서 무슨 논리로 설득할지를 꼼꼼히 준비해 나갔다.

개인별 성향을 파악해 두는 것도 중요했다. 한국에 대해 별로 호감을 가지지 않고 있는 사람에게 너무 한국 위주로 떠벌리다가는 오히려 반감만 일으키지 않겠는가. 반면 한국을 좋아하는 사람에게는 한국 음식이나 명소, 한류 드라마, 코리안 팝 등을 주제로 이야기를 풀면 금방 친숙해진다. 결국 한 사람 한 사람 그 성향과 특성을 잘 알고 그에 맞게 접근해야 하는 것이다. 한편 기후변화협상에 참가하는 각 국 대표들은 대부분 오랜 기간 이 협상 관련 회의에 참가해온 사람들이어서 서로 친밀한 경우가 많았다. GCF의 이사나 대리이사를 맡은 사람들도 이런 기후변화협상에서 오랜 기간 일해 왔던 대표들이 많았다. 예를 들어 미국 기후변화협상 부대표인 국무부 조나단 퍼싱Jonathan Pershing은 1992년 기후변화협상 시작부터 한 번도 빠지지 않고 참여했다고 한다. 따라서 오랫동안 기후변화 협상에 참여해온 사람들, 특히 원로들의 네트워크를 이용한 소개와 조언은 큰 도움이 되었다.

또 기후변화 회의는 대개 2주 정도의 기간에 걸쳐 열리는데 복도를 지나면서 또는 커피 브레이크 때나 점심 시간에 오며 가며 사람들과 마주치면 한 번 만났던 사람과는 꼭 인사를 했다. 자기가 좋다고 자꾸 인사하고 접근하는 사람을 싫어하는 사람은 드물다. 얼굴을 자꾸 마주치다 보면 정도 들기 마련이다. 그래서 기후변화 협상 회의장에서 커피 브레이크 때나 점심시간이면 별일 없이도 이리저리 왔다 갔다 하면서 각 국 대표들과 최대한 많이 대화하고자 노력했다.

설득의 결과는 열정과 노력, 배려가 결정한다

최인호의 장편소설 『상도』나중에 TV 드라마로도 방영에서 조선시대 최고의 장사꾼 임상옥은 "장사는 이윤을 남기는 것이 아니라 사람을 남기는 것이다"고 얘기한다. 유치전도 결국 사람의 마음을 얻는 작업이다. 유치전의 최종 목표는 투표에서 우리나라를 지지하는 한 표를 행사하도록 하는 것이다. 이를 위해 긴 기간 동안 여러 가지 설득 활동을 벌인다. 유치전에서 많은 각 국 대표들을 만나면서 설득하는 것이 나의 일이었다. 설득하되 효과적으로 해야 한다. 효과적이라는 것은 최종 투표에서 우리나라 지지로 연결시키는 데 유효해야 한다는 말이다. 어떤 자세로 어떻게 접근해야 할까?

대화할 때 설득의 논리가 중요한 것 같지만 오히려 논리 자체는 큰 결정요인이 아니라고 한다. 내가 유치과정에서 설득과 관련해서 도움을 많이 받은 책 중의 하나가 『나승연의 프레젠테이션』이다. 이 책에 보면, 소통을 하기 위한 세 가지 요소 중에 얼굴과 표정 등 비언어적 요소가 55%, 목소리 톤이 37%, 그리고 말 자체는 7%를 차지한다는 얘기가 나온다. 우리는 흔히 말 자체가 전부인 것처럼 생각하지만 그렇지 않다는 것이다. 나는 설득의 효과를 결정하는 가장 중요한 근본적인 요소는 열정과 집중력이라고 생각한다. 얘기하는 본인 스스로 확신이 없이 하는 얘기에 상대방이 승복할 리 없다. 나는 외국 인사를 만나기 전에, 다음과 같이 마음 자세를 가다듬곤 했다. '이 사람의 마음을 얻느냐가 우리나라의 GCF 유치에 결정적인 요인이 될 수 있다' 예를 들어, 우리나라가 투표에서 한 표 차이로 독일에게 졌고, 지금 만나는 대표의 나라가 표를 주지 않은 것이 그 원인이었을 경우가 생길 수 있지 않은가. 즉 이번 면담의 결과로 유치의 성패가 결정될 수 있다. 따라서 어떻게 보면 이 면담이 유치 활동에서 가장 중요한 면담일 수 있으니 정성을 다해서 잘해 보자. 나는 어설픈 신자이긴 하지만 면담 직전에는 마음속으로 그런 요지의 간단한 기도도 하곤 했다. 간혹 이런 마음가짐을 다잡는 데에 소홀히 하는 경우도 있었는데, 그런 경우에는 나 스스로도 결과가 만족스럽지 않았다.

모든 일에서 준비를 잘 한 사람이 성공하듯 면담에서도 미리 준비하는 노력이 중요하다. 내가 여러 번 수행하면서 배웠지만, 박재완 장관은 면담 이전에 해당 나라나 면담 상대 본인에 대해 칭찬할 거리를 찾곤 했다. 기분 좋은 화제로 대화를 시작하면 면담 전체가 부드러워지고 잘 풀려 나간다.

면담 때에는 사전에 이 면담에서 내가 얻어야 할 바가 무엇인지 또는 상대방이 해주기를 바라는 행동이 무엇인지를 최대한 구체적으로 정한다. 즉 상대방의 단순한 호의 축적이 필요한 것인지, 아니면 상대방이 본국 정부에 보고하도록 만들 것인지 등 구체적인 목표를 명확히 한다. 이 목표에 따라서 설득 논리를 구체적인 예시와 함께 준비한다. 그렇지만 실제 면담에서는 대화가 다른 방향으로 흐를 수도 있으므로 최대한 융통성 있게 상대방과의 논의 흐름을 존중해 가면서 조정해 나간다.

말 자체보다 오히려 다른 나라나 그 대표를 존중하는 태도, 서로 입장이 다르더라도 경청하고 이해하려는 태도 등 기본이 더 중요하다. 아니 이러한 기본을 갖추지도 못하고 인간적인 매력까지 없으면 아무리 좋은 논리나 달변으로 얘기하더라도 상대를 설득할 수 없다. 아직 빈곤국가인 개발도상국의 대표라고 얕잡아 보거나 해서는 절대 안 된다. 비록 우리가 지금은 OECD 국가로 비교적 잘 살고 있지만, 내가 어릴 때만 해도 지금의 웬만한 아프리카 빈곤국보다 더 못살았다. 또 그들이 못나서 못사는 것도 아니다. 일부 지도자를 잘못 만났거나, 과거 개발정책의 방향이 주변 여건과 잘 맞지 않았거나, 내부적으로 피치 못할 전쟁을 겪어서 아직 가난한 경우가 많다. 만나서 얘기해 보면 빈곤국가의 사람들 중에도 똑똑하고 지혜로운 사람들이 많았다. 만약 그들이 미국이나 유럽에서 태어났다면 세계적인 리더가 되었을 수도 있었을 것이다. 나는 항상 진심으로 그들의 처지에 공감하고 그들이 한국의 경우를 알고 싶어 하면 그들에게 가장 도움이 될 만한 조언이 무엇일지 고민해가며 얘기했다. 그러면서 한국도 얼마 전까지만 해도 비슷한 상황의 나라였으며 현재 개발도상국도 노력하면 얼마든지 한국처럼 될 수 있다고 격려했다. 또 한국이 이제 그런 도움을 주고자 하고 있고 한국국제협력단 KOICA, 대외경제협력기금 EDCF, 지식공유사업 KSP 등의 프로그램도 활용 가능하다고 소개해 주곤 했다.

면담에서는 맨 처음 바쁜 시간을 할애해서 만나준 데 대해 진심으로 감사를 표하는 것이 내 원칙이었다. 국제회의에 참가해 보면 회의 자료를 읽으랴, 결과 정리하랴, 다른 대표를 만나서 협의하랴 매우 바쁘다. 이런 중에 시간을 내주고 면담을 허락해주고 하는 것에 대해 우선 감사해야 하는 것이다. 우리는 아직 이러한 습관에 익숙하지 않지만 서양인들은 감사 인사가 없으면 다소 예의가 없다고 느낀다. 감사를 표할 때에는 구체적인 이유를 들면서 감사해야 진심이 전달된다.

또 늘 개방적인 자세로 같이 상의해 가는 자세가 소통의 기본이다. 일은 사람이 하는 것이다. 마음에서 우러난 호의로 한마디 해주는 조언이 결정적인 도움이 되거나 나중에 투표과정에서 결정적인 역할을 하는 경우도 많다. 또 국제회의 석상에서는 다른 나라 누군가가 우호적인 발언을 해주면 큰 도움이 된다. 따라서 늘 그들과 진심으로, 개방적인 자세로 대화하며 좋은 관계를 유지하는 것이 중요하다. 조언을 구하고 경청하는 자세도 필요하다. 많은 사람들이 의사결정에 개입해 늘 불확실성에 시달리는 유치 업무의 특성상 항상 가변적인 여건 변화, 추가적인 정보에도 마음과 귀를 열고 있어야 큰 실수를 하지 않는다. 이를 위해서도 개방적인 자세가 중요한 것이다. 유치 기간 내내 가능한 한 외부 전문가나 경험자의 조언을 들어가면서 전략을 짜고 유치활동을 추진했다. 그 결과 내가 미리 준비했던 것보다 더 짜임새 있게 유치활동을 추진해 나갈 수 있었다. 또한 주변에서 말들이 많을 수 있는 과정이었지만, 늘 조언을 구하고 상의하면서 결정하는 모습 때문에 다른 부처나 전문가의 협조도 더 잘 받지 않았나 생각한다.

문화적인 다양성에 대해 열린 자세를 가지는 것도 중요하다. 예를 들어 대부분의 인도 사람들은 채식을 하든지 소고기는 먹지 않는다. 이슬람교도들은 돼지고기는 먹지 않고, 그 외의 고기도 이슬람식으로 도축한 것만(허용할 수 있는 것, 할랄(halal)이라고 함) 먹는다. 이런 다른 문화를 진정으로 존중하는 마음가짐을 가져야 한다. 우리가 먹는 김치나 된장이 다른 나라 사람의 입장에서는 냄새가 고약한 우스꽝스러운 식품으로 생각될 수 있을 텐데, 만약 외국인이 그런 태도를 취한다면 우리가 유쾌할 리 없지 않은가. 특히 종교적인 문제에 대해서는 더욱 열린 자세가 중요하다. 이슬람교도들은 하루에 다섯 번씩 메카를 향해 기도한다. 웬만한 국제회의에 가보면 이들을 위한 기도실이 별도로 설치되어 있다. 내 종교가 중요한 만큼 다른 종교에 대해서도 진정으로 존중해 주는 자세가 필요하다.[34]

마지막으로 꾸준한 노력이 필요하다는 점을 강조하고 싶다. 개인 간의 관계에서 꾸준히 오래 쌓아 온 인간관계가 결정적일 때 빛을 발하듯, 국가 간의 관계에서도 마찬가지이다. 자기가 필요할 때에만 뭐든 다 해줄 듯이 접근하다가 끝나고 나서는 언제 그랬냐는 듯이 하기 쉽지만 그래서는 안 된다. 또 국제사회에서 한번 한 약속은 가능하면 최대한 지키려 노력해야 한다. 그리고 꾸준히 지속적으로 상대를 배려하고 관리해 나가는 노력도 중요하다.

---

[34] 우리나라는 유치과정에서 GCF가 한국에 유치되면 사무국내에 기도실 같은 문화공간도 설치하겠다고 약속한 바 있다. 이슬람교도들에 대해 그들의 종교를 우리가 존중하고 있음을 보이려 했던 것이다.

해외 언론을 통해서 이사국 결정자들에게 압력을

유치전이 중반에 접어들면서 정부 관련 부처에서 직접 결정에 관여하는 사람들을 설득하는 데 주력해야 했지만, 해외 언론이나 해당 국가내의 관련 전문가 등 자기나라 정부의 의사결정에 영향을 미칠 수 있는 관계자들에게 한국을 지지하도록 유도하는 것도 필요하다고 생각했다. 이사국 정부에서 의사결정을 내리는 사람들도 언론이나 여론 주도층의 압력으로부터 영향을 받을 것이기 때문이다. 이리저리 파악해보니 문화관광부에서 해마다 수차례 해외 언론인들을 초청해서 한국을 알리는 프로그램이 있었다. 문화관광부의 협조를 얻어 이들을 오찬에 초대하고 한국이 GCF를 유치하는 것이 왜 이들 개발도상국들에게도 도움이 되는지를 설명하고 GCF 유치 브로슈어도 나누어 주었다. 멕시코, 콜롬비아, 이집트 등 이사국 출신의 기자들이 포함되어 있었다. 한편 주요 이사국에서 영향력이 있는 전문가들에게는 국내 전문가들, 민간유치위원들이 전화나 이메일을 통해서 접촉해 달라고 부탁했다. 실제로 얼마나 이러한 접촉이 있었는지는 모르겠다. 어떻든 조금이라도 유치에 도움이 된다면 할 수 있는 노력은 다 하자는 것이 당시 생각이었다.

아쉬운 부분도 있다. 특히 'Economist'나 'Financial Times', 'Wall street Journal' 같은 세계적인 신문에 한국의 GCF 유치 관련 기사가 나오면 엄청난 효과가 있을 것 같았다. 그러나 한국이

GCF 유치를 위해서 열심히 노력한다는 자체는 도저히 기삿거리가 될 것 같지 않았다. 독자들에게 관심이 있거나 흥미가 있어야 실어 줄 것이기 때문이다. 그러나 꼭 GCF 유치 관련 기사가 아니더라도 한국의 환경 관련 노력을 소개하는 기사라면 GCF 유치에 도움이 될 것이다. 생각 끝에 두 가지 주제가 기삿거리로 실릴 만하다고 보았다. 하나는 우리나라의 산림녹화 경험이다. 우리나라의 산림녹화는 세계적인 성공 케이스다. 국제전문가 중에서 제대로 아는 사람들은 우리의 산림녹화가 얼마나 대단한 성과였는지 안다. 오래 전에 있었던 일이므로 시의성이 없긴 하지만 자연재해나 몽고의 황사 등과 연결해서 쓴다면 흥미있는 기삿거리가 될 수도 있을 것 같았다.

　다른 하나는 우리나라가 2011년부터 도입한 '그린카드 제도'이다. 그린카드는 녹색 노력, 예를 들어 대중교통수단을 이용한다든지 에너지를 절약한다든지 또는 녹색기업의 물품을 구매한다든지 하는 노력에 대해 신용카드 사용시 포인트를 부여해 주는 제도이다. 이는 국민의 환경보호 노력을 촉진하기 위해 규제 일변도의 틀을 벗어나 국민들이 일상생활에서 쉽게 환경보호에 관심을 기울일 수 있도록 작은 유인을 제공하면서 그를 촉진하는 재미있는 제도이다. 일종의 넛지 효과_{옆구리를 쓸쩍 찌른다는 뜻으로 강요에 의하지 않고 유연하게 선택을 유도하는 방법}라고 할까. 외국에서는 아직 이런 제도가 없는 것으로 알고 있다. 생각할수록 재미있는 제도이고 한국인의 상상력과 창의성이 돋보이는 제도이다. 가입자 수도 이미 145만 명 정도를 돌파했다. 재미있는 기삿거리가 될 것 같았다. 하지만 결국 머릿속에서만 맴돌다가 실행은 하지 못했다. 한번 한국 주재원을 만나서 얘기해보고자 했지만 외신은 대변인실에서 연결해주기도 쉽지 않았고, 나로서도 다른 일정으로 바쁘게 뛰어다니다 보니 시기를 놓치고 말았다.

불발에 그친 세계 어린이 그림 공모전과 인천대교 걷기대회

이렇게 불발에 그친 아이디어들은 그 밖에도 더 있다. 인천 송도에서 이사회가 열릴 때 세계 어린이 환경 관련 그림 공모전을 하면 좋을 것 같았다. GCF 이사가 이사회 회의장에서 자기 나라 어린이가 그린 그림을 만난다면 가슴이 뭉클하지 않겠는가. 주제는 환경 보호 또는 기후변화 관련으로 해서 응모하게 한 다음 심사해서 시상하고 이사회 회의장 밖에 전시한다는 계획이었다. 유엔 환경계획UNEP과 구체적인 이야기까지 오갔다. 하지만 인천시 쪽의 예산 부담 곤란 등 추진 상의 어려움이 있어서 결국 중단되었다.

   이사회 직전 주말에 인천시민의 'GCF 유치를 위한 걷기대회'를 인천대교에서 하자는 아이디어도 있었다. 인천대교는 총 길이 18.4km로 규모 면에서 볼거리도 되기 때문에 많은 시민이 참가하면 하나의 이벤트로 세계적인 주목을 받을 수도 있을 것 같았다. 그러나 이 아이디어 역시 불발되고 말았다. 주된 이유는 시민의 안전 문제였다. 인천대교는 불명예스럽게도 자살이 많이 일어나는 곳이다. 또 바람이 센 곳이어서 교통 통제를 하더라도 안전사고가 나기 쉬운 곳이었다. 혹시라도 누가 다치기라도 한다면 오히려 우리나라의 득표에 오히려 악영향을 줄 수도 있다는 점 때문에 결국 이 아이디어도 접고 말았다.

경기 규칙을 잘 정하는 것이 열심히 뛰는 것만큼이나 중요하다

1차 이사회에 앞서서 임시사무국 쪽에서 유치신청 6개 국가에게 임시사무국의 이사회에서 토의할 자료, 즉 자기들이 만든 유치국가를 선정하는 절차와 방식에 대한 논의 자료에 의견을 달라는 연락이 왔다. 우리는 흔히 경기 룰은 으레 이미 주어진 것으로 생각하기 쉽다. 예를 들어서 축구나 농구 같은 스포츠 게임에서는 사전에 명확하게 정해진 룰이 있고 이에 따라서 얼마나 잘 경기하느냐에 따라 결과가 좌우된다. 하지만 유치국가 선정과정은 룰도 정해져 있지 않은 상태였다. 오히려 룰을 어떻게 정하느냐rule·setting하는 것이 경기의 승패를 좌우하는 결정적인 요인이 될 수 있었다. 한국개발연구원KDI 국제대학원 김동영, 오병호 교수 측과 논의한 결과 우리 입장을 분명히 밝혀 대응하기로 결정했다. 왜냐하면 소극적으로 대응하는 경우 독일이나 스위스가 자기들에게 유리한 방향으로 정해 버리기 십상이기 때문이다. 그렇게 되면 나중에 아무리 발버둥 쳐도 룰이 우리에게 불리하게 정해진 이상, 결국 유치에 실패할 가능성이 큰 것이다.

그래서 임시사무국 방안을 두고 우리에게 불리할 수 있는 부분은 조목조목 반박하고 아울러 그 수정까지 요구했다. 우선 평가위원회가 서열을 정해서 이사회에 보고하는 것은 바람직하지 않다고 했다. 평가위원회가 서열을 매겨서 이사회에 보고하면 뚜렷한 사유가 없는 한 이사회에서 이를 번복하기는 어렵다. 따라서 사실상 평가위원회가 결정하는 서열이 그대로 이사회 결정으로 될 가능성이 높다. 그런데 독일이나 스위스가 평가위원회를 구성하면서 자기들에게 유리하도록 위원들을 선임할 가능성이 크므로 우리로서는 평가위원회보다 이사회에서 결정이 이루어지도록 해야 했다. 이사회는 선진국, 개도국 동(同)수로 구성되어 어느 정도 견제가 가능하기 때문이다. 그래서 우리는 평가위원회를 구성한다는 것은 이사회의 고유 권한을 이 평가위원회가 대체하는 결과가 되므로 반대한다는 입장을 밝혔다. 어쩔 수 없이 평가위원회를 구성하게 된다면 결과 보고서에 서열을 매기지 말고 적합 여부만 보고해야 한다고 했다.

또 평가 기준 중에서 '국제기구의 존재 여부'라는 항목이 있었는데 이는 명백히 우리에게 불리한 항목이었으므로 삭제를 요구했다. 만약 이 기준대로 한다면 이미 국제기구를 많이 유치한 나라만 국제기구를 더 유치할 수 있다. 이는 형평을 중시하는 국제사회의 가치에 명백히 부합하지 않는다는 이유를 들어서 반대했다.

상당 부분은 당초 안대로 결론이 났지만 우리 의견을 반영해 수정된 부분도 있었다. 어떻든 추후 선정 기준, 절차, 방식에 대한 논의 과정이 더 신중하게 진행되도록 했다는 점은 소득이었다.

만약 우리가 무심코 소극적으로 대응했더라면 독일이나 스위스에 일방적으로 유리한 방향으로 흘러갔을 가능성이 많았다고 본다. 실제로 멕시코, 폴란드, 나미비아 등 다른 나라들은 우리처럼 심각하게 검토 의견을 제시하지 않았다.

1차 이사회와 방콕 기후변화회의에서의 설득

1차 이사회가 8월 22일부터 25일까지 스위스 제네바에서 열리는 것으로 확정되자 촉박한 시간 동안 유치국가 선정 절차 논의에 어떻게 대응해 나갈지를 고민해야 했다. 아울러 각 유치신청국가별로 주어지는 15분 정도의 프레젠테이션을 잘 준비해야 했다. 신경 써서 브로슈어를 준비했었지만 이미 5월 본 기후변화회의에서 각 국 대표들에게 이를 보여주며 설명했다는 점이 마음에 걸렸다. 그래서 내친 김에 우리의 열의를 보여주기 위해 별도의 브로슈어를 하나 더 만들기로 결정했다. 이름은 'Korea Invites the GCF-Q&A'로 했다. 이미 만들어 사용한 브로슈어의 연장선상에서 중요한 이슈에 대해 자세한 설명을 제공한다는 의미였다. 각 국 대표들 입장에서 관심 있게 물어볼 만한 이슈를 10개 선정했다.

프레젠테이션에서는 주된 경쟁 상대인 독일과 스위스를 염두에 두고 우리의 경쟁 우위를 보일 수 있는 이슈들을 강조했다. 예를 들어서 본부 빌딩이 이미 거의 완공단계그 당시 실제 완공은 10월로 예정되어 있었다에 있었고 충분한 공간을 제공하기로 했으므로, 아직 설계도도 없는 독일이나 WMO가 사용 중인 기존 건물을 이어 받아 쓰도록 계획하고 있는 스위스에 비하면 확실히 우위에 있었다. 이 부분을 부각시키기 위해 건물이 올라가는 모습을 1~2개월 단위로 계속 슬라이드로 보여 주었다. 또 우리나라가 스위스, 독일에

1차 이사회에서 한국 프레젠테이션은 좋은 반응을 얻었다.

비해 생활비가 싸다는 점도 부각시키기로 했다. 그냥 말로만 싸다고 하면 설득력이 떨어지므로 구체적인 수치를 조사해서 비교표를 만들었다. 이 부분은 KB 금융팀이 도와주었다. 예를 들어서 아파트 임대료rent는 스위스 제네바가 우리의 6배쯤 된다는 점을 구체적인 숫자로 보여 주었다. 빅맥지수처럼 사람들의 관심을 끌만한 지수도 포함시켰다. 프레젠테이션에서는 독일, 스위스를 직접 거명하지 않고 후보국 1, 후보국 2로 표시했지만 누구나 쉽게 어느 나라들을 지칭하는지 알 수 있었다. 구체적인 수치로 보여준 물가 비교는 매우 효과적이었다.

Benchmarks of cost of living

Index	Songdo	Candidate 1	Candidate 2	Source
Big Mac Index	USD 3.19	USD 4.43	USD 6.81	Economist (2012)
Price Index ranking (In order of highest price)	27th	10th	3rd	Same as above
Apartment Rent (per month, 150m²)	€1,000	€2,300	€5,800~6,600	IMD* (2012)
Public Transportation fare (basic price)	Bus €0.8 Taxi €1.75	Bus €2.4 Taxi €2.75	Bus €2.1 Taxi €5.5	KOTRA** (2011)
Tuition Fees	Elementary €13,950 Middle €14,310 High €15,170	Elementary €16,075 Middle €18,100 High €19,075	Elementary €18,370 Middle €21,570 High €22,470	KOTRA (2011)
Hotel Accommodation Fees (5-star, single, per night)	€228 Hyatt Regency Incheon	€275 Grand Hyatt Berlin	€489 Park Hyatt Zurich	Hyatt www.hyatt.com

*IMD: International Institute for Management Development Global Competitiveness Raking
**KOTRA: Korea Trade·Investment Promotion Agency

　　최종구 국제경제관리관이 대리이사로 이사회에 참여하고 내가 자문역advisor 자격으로 뒤에 앉아서 지원했다. 최 관리관의 G20 경험이 돋보였다. 어려운 논의에서 우리의 입장을 논리 정연하게 설명해서 효과적으로 관철시켰고 인도, 중국 등 중요한 국가들의 우리 입장에 대한 지지발언도 이어졌다. 유치국가 선정 기준과 방식, 절차와 관련해서는 지지 국가 별로 가중치를 주어 최고 득표국을 선정하자는 안과 순차적으로 최하 득표국을 탈락

워싱턴에서 열린 평가위원회에서 필자가 설명하고 있는 모습.
여기에서 좋은 반응을 얻고 나중에 모든 조건 충족이라는 평가보고서를 받았다.

시켜 나가자는 안을 두고 논의가 있었다. 어떤 안이 우리에게 더 유리할지는 앞으로의 진행상황에 좌우될 면이 많아서 사실 불확실했다. 우리는 다소 혼란이 있었지만 순차 투표 방식이 더 유리하다고 입장을 정하고 이를 중국 이사를 통해 주장했고 결국 그 방안으로 결론이 났다. 결과적으로 잘된 결정이었다. 개발도상국 이사들의 표가 최종적으로 우리 지지로 돌아선 점을 생각하면 순차투표가 우리에게 더 유리했던 것이다. 프레젠테이션도 대성공이었다. 특히 빌딩이 올라가는 모습이나 빅맥지수 등을 활용한 물가 비교가 강력한 인상을 남겨서 회의가 끝난 후 영국 대표는 "한국이 가장 효과적으로 잘 준비했다 most professional"고 칭찬하기도 했다.

나는 1차 이사회가 끝난 후 바로 태국 방콕에서 있었던 기후변화회의에 참가했다. 기후변화회의는 UN기후변화협상 당사국 195개 대부분의 대표들이 참여하고 1주일 동안 열리는, 연말 당사국총회의 준비 회의 성격의 회의이다. 이사국과 대리이사국 대표들 중

국제기구 유치하기 **249**

상당수와 기후변화 관련 정부 담당자들이 참석하므로 GCF 유치를 홍보하기에는 더 없이 중요한 회의였다. 기후변화회의에서는 전체 회의가 진행되면서 한편에서는 아시아, 아프리카, 중남미 등 권역별로 소그룹회의가 열린다. 또 개도국그룹회의 G77+China, 저개발국가회의 LDC, 도서국가회의 SIDS 등 별도의 그룹별 회의가 진행된다. 이들 그룹별 회의에서 우리는 GCF 유치를 홍보하기로 했다. 일단 예전의 독일 본 회의에서 만나서 이미 안면이 있고 호의적이었던 아프리카 그룹 의장을 접촉해 한국의 프레젠테이션 허용을 부탁했는데, 그는 선뜻 협조해주었다. 1차 이사회에서 사용했던 슬라이드와 브로슈어 등을 활용해서 프레젠테이션하고 질의도 받았다. 반응이 좋았다. 그 다음부터는 다른 그룹에서도 의장을 만나서 부탁하고 프레젠테이션했는데, 일단 아프리카그룹에서 한 번 했으므로 의장들 입장에서도 큰 부담이 없어 별 어려움 없이 협조를 받을 수 있었다. 도서국가 그룹에 대해서는 별도로 만찬을 열고 이 자리에서 프레젠테이션과 함께 질의응답 시간도 가졌다.

워싱턴 평가위원회에서 만점 full greenlight 을 받다

유치국가별 프레젠테이션이 있었던 1차 이사회와 투표를 진행할 2차 이사회 사이에 평가위원회 Evaluation committee 가 각 유치신청국가별로 간단한 설명을 듣고 Q&A 세션을 벌이는 회의가 9월 중순에 미국 워싱턴에서 열렸다. 우리 팀, 법제연구원, 인천시와 함께 예상 질의 답변을 만들어서 대비했다. 6개국이지만 실질적인 경쟁 상대는 독일과 스위스였다. 1차 이사회 이후 전반적인 여론도 독일, 스위스, 한국이 강력하다는 식으로 형성되어 가고 있었다.

내가 수석대표로 설명하고 질의에 답해야 했으므로 중압감이 컸다. 하지만 ADB에서 거의 분기별로 한 번씩 열리는 감사위원회에 출석해서 분기별 재무보고서를 앞에 놓고 위원들과 즉문즉답했던 경험이 있기 때문에 이러한 상황에 익숙한 편이었다. 또 국제기구의 회의가 어떻게 돌아가는지 나름대로 충분한 경험을 쌓은 게 커다란 힘으로 작용했다. 그러나 ADB의 경우 만약 잘못 대답하더라도 그 결과는 개인 차원에서 그치지만, 이 평가위원회에서 잘못 대응해 우리나라가 유치에 실패한다면 어떻게 할 것인가? 평생 아쉬움과 후회로 남을 것 같았다.[35]

전날 밤잠을 거의 설쳐서 내심 걱정했지만 결과는 아주 성공적이었다. 신청국가별로 15분 정도 제안서의 중요한 내용을 설명한 다음 질의응답을 각 나라별로 두 시간 정도씩 했다. 위원들에게 왜 한국이어야 하는지를 진심을 담아 설명했다. 한국이 불과 50년 전만 해도 세계 최빈국이었고 그래서 개도국의 처지와 어려움을 누구보다 잘 안다는 점, 경제발전 과정에서 사회적인 투명

[35] 그 즈음, 주변에서 GCF 유치가 한국에 천재일우의 기회라고 얘기하는 사람들이 있었다. 중국이 갈수록 더 강력하게 부상할 텐데 앞으로 새로운 국제기구가 생기면 중국이 차지하지 한국이 이런 큰 국제기구를 유치하도록 내버려 두겠느냐는 것이다. 따라서 이번이 이런 중량감 있는 국제기구를 한국이 유치할 수 있는 마지막 기회가 될지도 모른다는 것이다. 이런 의견이 꽤 타당하다고 생각했고 만약 내가 잘못 대응한다면 내가 우리나라에 다시 못 올 기회를 날려 버리는 결과가 될 수도 있다는 생각에 나의 중압감은 더욱 커졌다.

성 제고와 관리제도 개선 등에도 힘을 쏟았기 때문에 어떤 식으로 집행하면 성공하는지를 체득하고 있다는 점, 이제는 선진국에 버금가는 사회적인 관리 제도를 구축해 놓았고 이를 GCF가 충분히 활용할 수 있으리라는 점 등을 강조했다. 위원들은 GCF와 그 직원에게 부여할 법인격을 법적으로 어떻게 부여할 것인지, 특권과 면제를 어느 범위까지 부여할 것인지, 금융 인프라는 잘 구비되어 있는지 등 매우 구체적이고 실무적인 질문을 했다. 무사히 잘 마쳤고, 좋은 평가를 받았다.[36]

나는 워싱턴 평가위원회가 끝나자 바로 아프리카의 DR콩고와 에티오피아를 방문했다. 이들 두 나라는 각각 이사국인 베냉과 이집트의 대리이사국들이다. 만약 이사가 특별한 사유로 불참하면 그 나라의 다른 사람이 대신 이사직을 수행하는 것이 아니라 대리이사가 투표권을 행사한다. 또한 이사/대리이사는 임기의 절반씩 역할을 바꾸는 경우도 많기 때문에 이사들은 대리이사들과 중요한 의사결정시 상의해서 결정하는 것이 일반적이었다. 따라서 대리이사국들도 중요했던 것이다. 이 방문은 나중의 결과로 볼 때 매우 잘 한 일이었다. 베냉 이사가 2차 이사회 직전에 있었던 개각 때문에 이사회에 불참하고 DR콩고 대리이사가 투표권을 행사했기 때문이다. 특히 DR콩고 대리이사는 내가 방콕 기후변화협상에서 한국 대표가 DR콩고를 방문할 것이라고 했던 약속

---

[36] 평가위원회에서의 설명에 대한 위원들의 반응은 매우 긍정적이었다. 몇몇 위원들은 설명이 끝난 후 내게 직접 다가와서 한국이 자기들에게 설명했던 대로만 이사회에서도 설명하면 유치에 성공할 수 있을 것이라고 얘기해주기도 했다.

을 지켰다는 점에서 매우 고마워했다. 그는 돈보다 약속을 지키는 신용이 더 중요하다고 얘기했다.

DR콩고를 떠나 에티오피아에 갔을 때 조그만 사건이 있었다. DR콩고 공항에서 짐으로 부친 트렁크가 도착하지 않은 것이었다. 바로 다음날 에티오피아 대

케냐 나이로비에 있는 『Out of Africa』의 저자 Isac Dinesen이 살던 집. 이 집은 책과 같은 이름의 영화의 배경이 되었다.

리이사인 경제수석을 만나야 하는데 양복은 트렁크에 있었고 비행기를 탈 때의 복장은 간편한 점퍼였다. 큰 결례가 될지도 몰랐다. 난감했지만 어쩔 수 없었다. 고민 끝에 비록 점퍼이지만 지퍼를 다 채우고 최대한 단정하게 가서 자리에 앉자마자 사정을 설명하고 정중하게 사과부터 했다. 비행기 짐이 도착하지 않았다는 것, 정말 예의가 아니라는 것, 심지어 약속을 취소토록 요청할 것까지 생각했다는 것, 그러나 한국으로서는 유치 캠페인이 너무나 중요한 과제이므로 미안함을 무릅쓰고 이렇게 면담을 요청하게 되었다는 것 등을 설명했다. 그러자 그는 전혀 신경 쓰지 말라고 하면서 유익한 그리고 진심어린 조언을 해주고 격려를 해 주었다. 옷차림 때문에 어려워진 것은 전혀 없었다. 그 분의 차분하면서도 진실된 모습이 인상 깊었고 또 항상 진심은 통한다는 점을 새삼 느꼈다.

국제기구 유치하기 **253**

마침내 유치에 성공하다

인류애, 환경 보호에서 모범인 북구 나라들

투표일이 점점 다가오면서 우리 정부 대표들이 직접 이사국과 주요 대리이사국을 방문해서 설득하는 노력을 계속하는 한편, 국내에서는 장관 또는 차관이 시간을 내서 주요 이사국 대사들을 개별적으로 오찬 또는 만찬으로 만나서 동향을 파악하고 다시금 설득하고 했다.

　우리나라는 아직은 스웨덴, 노르웨이, 덴마크 등 북구 국가들과 교류가 활발한 편이 아니다. 하지만 이들 북구 국가 대사들과 만나면서 배울 바가 참 많은 국가들이라는 생각이 여러 차례 들었다. 우선 정치적인 고려를 앞세우지 않고 원칙에 충실하려는 그들의 모습이 인상적이었다. 그들은 현실적인 이해타산보다는 GCF가 제대로 역할을 할 수 있으려면 어느 나라가 바람직한가를 놓고 합리적으로 접근하려 했다. 물론 그들도 EU국가의 일원으로서의 배려 등은 없을 수 없겠지만 다른 나라에 비해 훨씬 원칙에 충실하려는 자세가 돋보였고, 이런 점이 존경스러웠다. 노르웨이 대사의 경우 북한 대사도 겸임하고 있었는데 본인의 북한 방문 경험과 북한 주민들의 딱한 처지에 대한 안타까움을 얘기할 때에는 같은 민족으로서 무관심하게 지내고 있는 나 스스로가 부끄럽기도 했다. 정치적인 측면을 배제하고 합리적으로 접근하는 태도, 높은 진실성integrity 등은 우리가 배울 점이었다.

대선 정국과 맞물려서 복지논쟁이 뜨겁던 시기였으므로 복지 얘기도 있었는데, 북구 국가들에서는 세금을 더 올린다고 국민들이 싫어하지 않는다고 했다. 실제로 세금을 올리는 공약을 내세우고서도 선거에서 성공한 사례도 있다고 한다. 지출이 투명하게 공개되고 견제 체제가 잘 작동하고 있어서 국민들이 정부가 예산을 낭비하지 않는다는 것을 알기 때문에 오히려 필요한 서비스를 제대로 하지 않을 때 불만이 있으며, 세금을 올려서 필요한 서비스를 더 제공하는 경우는 오히려 긍정적으로 생각하기도 한다는 것이다. 또 여성 평등에 대한 관심과 노력도 높았다. 그는 한국도 여성 인력이 더 활용될 수 있도록 해야 할 것이라고 조언했다.

덴마크 대사의 경우에는 한국이 아직도 에너지 절약 면에서 더 노력할 소지가 많다고 강조했다. 실제로 대사가 주도해 주한 덴마크 대사관에서 사용하는 에너지 소비를 70% 줄이는 데 성공했다고 한다. 에너지 소비를 70%나 줄일 수 있었다는 것은, 우리나라가 일상생활에서 얼마나 에너지 절약에 무관심한지도 보여주는 것이지만, 한편으로는 주한 덴마크 대사관 직원들이 환경보호를 위해 사소한 불편은 기꺼이 감수하려는 자세가 있었기에 가능했을 것이고 이러한 점은 우리가 본받아야 한다고 생각한다.

　한번은 박재완 기획재정부장관을 수행해서 스웨덴 대사와 만찬을 했다. 만찬 당시에 한국이 금융인프라가 제대로 되어 있느냐는 질문이 있었다. 그 자리에서 설명을 했지만 설득력 있게 못한 것 같아서 마음이 불편했다. 혹시 제대로 설명되지 않은 이 부분 때문에 스웨덴의 한국에 대한 평가가 부정적으로 굳어져 버리고 그렇지 않았다면 지지 가능성도 있는데 이 때문에 우리가 유치에 실패한다면 어쩌나 하는 불안감을 떨치기 어려웠다. 그래서 밤새 생각을 정리해서 그 다음날 오전에 바로 이메일로 추가 설명을 써서 보냈다. 이 이메일은 박재완 장관이 후에 나의 열정을 보여주는 예로 언급하기도 했다.

Dear Ambassador,

Regarding your questions on the financial infrastructure and the recruitability of top-level staff, I feel my answers last evening were not well organized. Hence I want to brief you again for your information.

Regarding financial infrastructure, I think we could consider three main aspects: (i) the regulations. whether the government has unnecessary blocks or hindering for foreign investors in investing in and getting back or exchanging currencies; (ii) IT systems. whether the systems which support financial transactions are reliable and efficient; (iii) capacity of financial companies and their workers. whether they have sufficient skills and knowledge in servicing financial transactions.

First, the regulations, the point (i). It is well understood among foreign investors that Korean capital and foreign exchange markets are well globalized and sufficiently liberalized. The markets are highly efficient and liquid. Foreign investors feel comfortable about investing in Korean markets. About one third of investments in Korean capital market is foreigners'. Second, IT systems, the point (ii). As you know, most money transfers are nowadays performed on SWIFT internationally. Hence, the issue will be whether domestically linked systems are stable and efficient. In IT infrastructure, Korea is ranked at the top internationally. GCF can develop and maintain its IT systems very efficiently. Third, the capacity, the point (iii). The financial sector in Korea has improved its competitiveness. More than 150 foreign financial companies are now in Korea. Domestic banks have improved their capacity through tough competition with these foreign financial companies.

I thought about the operations of future GCF. As climate change financing includes too high risk (politically stable? or too long maturity?)

or too low return rate, the market will not supply sufficient financing. GCF needs to compensate market with either extending fund availability or lowering price. Korea, in its development stage, has been providing widely policy financing (e.g., industrial purpose or supporting small and medium enterprises, etc). In some cases the government provided seed money to banks so that banks supply such policy loans. In some cases the government provided subsidy to lower interest rates for some policy loans. In some cases the government established guarantee agencies to identify companies of bright future or with promising technologies and to provide guarantees to them (to reduce risks). Developed countries would have similar experience. However, I want to ask you to note that Korean experience is unique because it was in a developing country context⋯ when Korea was still a poor country. That is, Korea has provided such policy financing on one hand, and on the other hand, Korea has made significant efforts to improve its governance structures or transparencies simultaneously. These improvements in such social infrastructure (e.g., governance, transparency, accountability) actually strengthened the effects of policy financing. I believe this was a key factor in Korea's success and this will be very useful for GCF to make its operation effective. GCF operation will not be in developed but in developing countries.

Regarding the next issue of recruitability of top-level staff, I believe that the living condition of Songdo (a part of Seoul metropolitan area) is almost at a similar level to Bonn or Geneva but at a much lower cost. If a staff works in Geneva, he or she will not be able to save enough, however, if located in Songdo, can save or enjoy a higher level of life or children's education. If staff feel Songdo is still remote, he or she can live in Gwacheon or Pangyo, which have excellent living conditions and it is only about 40 minutes drive away from Songdo.

I think GCF will need high quality staff of financial background and development background. Regarding financial experts, as Seoul financial center is already globalized, and Songdo is actually one part of Seoul, GCF will not have difficulty in recruiting high-quality financial experts. Those in Tokyo, HongKong, Shanghai or SIngapore would also consider to join. Regarding development experts, if GCF needs those who really understands developing country context and how to implement effectively policies or projects under limited social infra or governance system, GCF can find them easily either in Korea or in neighboring countries.

If you need further clarifications or information, please let me know. As Sweden's support is very critical for us, we are ready to assist. With best regards,

Hong-Sang Jung
Director General for International Economic Cooperation, Ministry of Strategy and Finance

청와대도 적극 나서다

구체적인 유치활동 전반을 총괄한 실무 책임자 입장에서 보면, GCF의 유치에 대한 이 대통령의 역할에 대해 언론이 제대로 보도하고 평가해주지 못한 것 같아 안타깝다. 사실 이 대통령은 유치 전 과정에서 줄곧 높은 관심을 가지고 챙겼으며, 특히 투표일에 임박해 정상간 전화 통화 등으로 펼쳤던 이 대통령의 지원은 유치 성공에 결정적이었다.

우선 이 대통령이 세계에서 처음으로 주창한 녹색성장green growth은 세계적인 어젠다가 되었다. 경제성장과 환경보호를 조화롭게 추구할 수 있고, 또 마땅히 그래야 한다는 아이디어는 신선했다. GCF의 유치가 성공할 수 있었던 데에는 한국의 녹색성장 이니셔티브initiative에 대한 세계적인 좋은 평가가 바탕으로 작용했다. 녹색성장을 세계적인 어젠다로 만들어낸 데에는 이 대통령의 리더십이 중요한 작용을 한 셈이다. 또 이 대통령이 쌓아 놓은 정상외교의 혜택을 톡톡히 보았다. 유치과정에서 각 국 대표들을 만나 설득하다 보면, "이 대통령과 우리 정상이 서로 친한 사이"라고 하면서 한국에 우호적으로 대하는 나라들이 꽤 있었다.

투표일을 한 달 정도 남겨 두고 기획재정부 내부에서 과연 얼마나 대통령에게 역할을 부탁할 것인가를 두고 고민했던 적이 있다. 실패할 가능성도 많은 상황에서 대통령이 전면에 나서도록 하는 것은 정치적인 부담이 될 수도 있었다. 그러나 우리보다 훨씬 더 강한 상대인 독일, 스위스와 경쟁해야 하는 상황이었다. 독일이나 스위스가 실제로 어떻게 추가 유치활동을 펼칠지는 알 수 없었지만 우리로서는 최악의 경우, 즉 총리가 투표에 임박해서 개도국 정상들에게 직접 전화로 지지를 부탁한다든지 하는 경우까지를 상정하고 전력을 다해서 노력해야 유치에 성공할 가능성이 있다고 보았다.[37] 다시 말해 대통령까지 개입해서 전력을 다해서 뛰든지, 아니면 아예 포기하든지 해야 한다고 보았다. 이렇게 실무안을 정리해서 보고 하자 이 대통령은 흔쾌히 이를 받아 들였다.

우선 각 이사국 정상들에게 대통령 서한을 보내기로 했다. 시기timing는 각 이사국에서 지지국가를 결정하기 위해 내부 보고서를 작성 중일 때가 좋을 것 같았다. GCF 유치국가 평가위원회의 평가 최종보고서가 10월 초에 각 이사들에게 통보될 예정이었고 10월 18일부터 투표가 있을 인천 송도에서 2차 이사회가 열릴 예정이었으므로 이사들의 여행기간, 실무자의 내부보고와 협의에 걸리는 시간을 감안하면 10월 첫 주에 실무자의 보고서 작성이 마무리된다고 봐야 할 것 같았다. 따라서 관련 국가들이 10월 초에 대통령 서한을 받을 수 있도록 하는 것이 좋다고 판단했다.

마침 당시 우리는 추석 연휴가 9월 29일부터 10월 1일까지 있었다. 이 기간 동안 대통령 서한의 초안을 작성하고 또 평가위원회의 최종보고서에 대한 우리나라의 코멘트도 마무리해서 바로

---

[37] 실제로 독일 메르켈총리가 투표 직전에 이사국 정상들에게 전화나 대화를 통해서 부탁했는지는 모르겠다. 투표일 전후에 유로 위기에 대처하기 위해 EU정상간 협의가 브뤼셀에서 열리고 있었으므로 마음의 여유는 없었겠지만 그럼에도 중요도에 비추어 틈틈이 전화했을지 모른다.

보내야 했다. 연휴 기간 사흘 내내 과천 청사 사무실에 나와서 초안 작성과 코멘트 정리에 몰두했다. 연휴 기간이어서 필요한 자료를 요청하기도 어려워 꽤 힘들었다. 이것도 유치과정에서의 고비라면 고비였다. 하지만 주변의 도움으로 마침내 무사히 마무리했다. 대통령 서한은 이사국의 의사결정 과정의 정점에 있는 가장 중요한 인물인 상대국 정상에게 우리나라 정상이 보내는 서한이므로 어떻게 작성해야 그분들의 마음을 움직일 수 있을까 고심에 고심을 거듭했다. 결국 최대한 진실을 담고, 차분히 우리의 설득 논리를 설명하자고 생각했다. 기후변화의 문제에 대한 우려를 간략히 언급하고, 기후변화 대응을 위해서는 세계가 힘을 합쳐야 한다는 점, 우리 스스로 불과 50년 전만 해도 세계 최빈국이었다는 점, 우리는 국제사회의 도움에 힘입어 경제발전에 성공했고 이에 대해 진심으로 감사하고 있으며 이제 기후변화 부분에서 기여하고자 한다는 점, 선진국과 개도국 간의 가교역할 bridging role을 잘할 수 있으리라는 점, 그리고 아직까지 중요하지만 무시되어 왔던 아시아 지역을 이제 배려할 필요가 있다는 점 등을 찬찬히 설명했다.

특히 미국에 대해서는 박재완장관이 좀 더 살가운 표현을 덧붙여 보자고 해서 고심 끝에 다음과 같이 한 문단을 추가했다. 즉, 미국이 맹방으로서 한국에 베풀어 준 각종 원조와 국제사회에서의 지원은 한국의 발전에 절대적이었으며, 미국은 한국전쟁 당시 5만명 이상의 젊은이들이 참전하여 희생함으로써 대한민국을 지켜준 나라이기도 하다는 점, 한국 국민은 이러한 고마움을 결코 잊지 않는다는 점, GCF를 유치하고자 하는 도시, 인천 송도는 바로 맥아더 장군이 한국전쟁 당시 상륙작전을 통해 전쟁 상황을 역전시키는 계기가 된 도시이기도 하다는 점, 그리고 전쟁의 폐허이던 이 도시가 이제 친환경도시로 다시 태어나서 미래를 향한 기후변화 관련 국제금융기구를 유치하려 한다는 점, 그래서 만약 송도가 이를 유치한다면 미국 국민과 한국 국민에게 특별한 의미가 있을 것이라는 점 등을 설명했다.

> United States has provided generous assistance and supports for Korea in its development process. During the Korean war, United States has sacrificed more than fifty thousand young soldiers to protect the Republic of Korea. Korean people will never forget the helps US provided. The Incheon city, which includes Songdo or the candidate host city for the GCF, was the place where General MacArthur bravely carried out a landing operation directly from the sea, which ultimately reversed the war to victory. The city which had been almost completely destroyed by the war now became a leading eco-friendly city in Korea and wants to host the GCF. If the city succeeds in hosting the GCF, that will have a special meaning not only to the US and Korean people but to the global community.

이 서한이 미국이 우리를 지지하는 데 실제로 얼마나 영향을 주었는지는 모른다. 그러나 의사결정자들이 다른 나라와 한국을

국제기구 유치하기　**263**

비슷하게 놓고 저울질하는 상황이었다면 그들의 마음을 움직이는 데 결정적인 영향을 주었을 수도 있었으리라고 짐작해 본다.

서한 발송을 마무리하고 나서는 대통령의 주요국 정상과의 전화 통화를 추진했다. 대상 국가는 이사국 중에서 그때까지 우리나라를 지지하지 않거나 지지여부가 불확실한 나라들 중 정상 간의 통화로 마음을 바꾸거나 지지로 돌아설 가능성이 있다고 여겨지는 나라들이었다. 실무자 입장에서는 솔직히 다다익선多多益善이었다. 하지만 대통령에게 지나친 부담을 드릴 수는 없는 일이었다. 그래서 5~7개국 정도로 압축해서 청와대 비서실 측과 협의했다. 사실 정상간 통화는 절차가 복잡해 엮어 내기가 쉽지 않다. 우선 양쪽 정상의 일정이 늘 바쁘다. 시차가 있으므로 바쁜 일정 중에 서로 통화 시간을 맞추기도 쉽지 않다. 정상 간 대화이므로 내용도 어느 정도 사전 조율이 필요하고 통역도 준비해 두어야 한다. 그래서 비서실은 4개국 정도로 대통령에게 건의했다고 한다. 그러나 대통령 스스로 유치를 위해 필요하면 더 많은 나라 정상들과도 통화하겠다고 했다고 한다. 실제로 이러한 정상간 통화를 통해 투표 때 몇 나라가 우리를 지지하는 쪽으로 입장을 선회하기도 했다. 국가적으로 중요한 이슈에 대해서는

미국 워싱턴 몰 내에 있는 한국전참전기념공원. 묘석에는 "Our nation honors her sons and daughters who answered the call to defend a country they never knew and a people they never met." 라는 감동적인 문구가 새겨져 있다.

정상간 직접적인 대화 없이는 신속한 결정이 사실상 불가능하다. 이런 점에서 이 대통령의 전화 통화를 통한 설득은 우리나라가 GCF 유치에 성공하는 데 결정적인 요인으로 작용한 것이다.

10월 18일부터 20일까지 인천 송도에서 2차 이사회가 열렸는데, 17일 저녁에 기획재정부 장관 주관으로 환영 리셉션이 있었다. 장소는 우리가 GCF 측에 사무실 공간으로 제공하겠다고 약속한 빌딩, I-Tower 였다. 이미 빌딩이 준비되어 있다는 점을 자연스럽게 보이기 위한 계산이었다.[38] 리셉션이 시작되고 한 시간쯤 지난 후에 대통령의 깜짝 방문이 있었다. 정상이 직접 방문한다는 것은 대단한 사건이고 그 정부의 적극적인 지지를 상징하는 큰 의미가 있다. 극적 효과를 최대한 높이기 위해 사전 통보를 하지 않고 이사회 의장 두 사람에게만 2시간쯤 전에 귀띔해주었다.

이 대통령은 연설에서 본인이 어린 시절 미국 여자 선교사가 나누어주는 헌옷을 받으러 다른 아이들과 줄서 있던 경험을 얘기했다. "그런 소년이 이제 원조를 주는 나라의 대통령이 된 것이다. 이제 한국은 이러한 고마움을 되갚으려 하고 있다. 여러분의 도움이 절실히 필요하다…" 뜨거운 박수가 길게 이어졌다.[39] 특히

---

[38] 이는 독일과 명확하게 대비되었다. 독일은 빌딩의 조감도만 제시해 놓은 상태였다. 한편 독일이 1994년 유엔기후변화협약(UNFCCC)을 유치하면서 회의시설 신설을 약속해놓고도 아직 지키지 않고 있으므로 과연 약속을 지킬지 의문을 품는 대표들이 많았다. 이를 감안하면 빌딩이 이미 준비되어 있는 우리나라는 분명한 우위를 가지고 있었고 이를 적극 부각시키는 것이 우리의 전략이었다.

[39] 유치 이후 어느 날 청와대 오찬에서 이 대통령의 보다 자세한 이야기를 들을 기회가 있었다. 소년은 줄의 끝부분쯤에 서 있었고, 몇 사람 앞에서 나눠 주던 옷이 동이 나는 바람에 결국 옷을 받지 못했다. 늘 기운 헌옷만 입다가 새옷(?) 한번 얻어 입어 보려던 소년으로서는 실망

개도국 대표들의 반응은 매우 좋았다. 이를 계기로 독일과 우리나라 사이를 왔다 갔다 하던 느낌의 분위기가 우리나라 쪽으로 확실히 기운 듯했다. 그날 호텔로 복귀하자 독일과 스위스 대표단이 각각 심각한 얼굴로 호텔 로비에 모여 앉아 대책회의를 하고 있는

리셉션에서 이 대통령은 감동적인 연설로 이사들의 표심을 사로잡았다.

것을 보았다.[40] 그만큼 분위기가 우리나라 쪽으로 반전된 것이 그들에게도 느껴졌기 때문일 것이다.

인천 송도 2차 이사회에서 감동을

2차 이사회는 10월 18일~20일 인천 송도의 컨벤시아에서 열렸다. 이 이사회는 우리나라가 주관host하는 이사회이니만큼 성공리에 마쳐야 했다. 특히 유치국가 선정을 위한 투표가 있지 않은가. 이사회 직전 하루 동안은 GCF의 정책 방향과 관련한 국제포럼이 역시 우리 주최로 있었다. 만약 행사 준비와 진행에 있어서 매끄럽지 못하거나 중요한 실수라도 있다면 투표에 치명적인 악영향을

컸다. 이 대통령은 오바마 대통령과의 식사 때 이 개인적 경험을 빗대어, 자신이 개인적으로는 미국에 빚진 것이 하나도 없다고 조크했다고 한다. 그렇지만 나라로서는 미국 젊은이의 한국전 파병과 수만 명의 고귀한 희생으로 큰 빚을 졌다고 얘기했다고 한다.

[40] 이사회 기간 동안 실무자들은 준비와 이사회 대처를 위해 송도의 호텔에 투숙하고 있었다. 박재완 장관도 투표 전날 투숙했다.

줄 수도 있었다. 반면에 최대한 정성을 다해서 잘 치르면 분명히 투표에 좋은 영향을 끼칠 것이다. 따라서 실무자로서는 조그만 착오도 없도록 치밀하게 준비해서 잘 진행하고 또 이사들을 흡족하게 대접해 감동을 받도록 하는 것이 행사 준비의 목표였다.

포럼은 한국개발연구원KDI이 맡았다. 그 외 이사들의 입국, 호텔 투숙, 차량 이동, 행사장 준비 등은 수출입은행이 주관하되 전문 PCO회의전문업체인 인터컴과 함께 준비하도록 했다. 결과적으로 두 행사는 성황리에 끝났다. 그 이면에는 담당했던 많은 직원들의 정성과 노력이 숨어 있다. 중요한 이사들이 공항에 들어 올 때는 내가 직접 공항에 나가서 영접하기도 하고 며칠 앞서 입국한 사람들은 본인이 원하면 국내 관광을 주선해 주기도 했다.

여러 외국 인사들에게 조언을 구하러 다니는 과정에서 나는 "투표에서 이기려면 각 국 대표들을 VIP로 깍듯이 잘 대접하라"는 조언을 꽤 많이 들었다. 합리적인 사고와 생활태도를 가진 서양사람 중에도 이런 조언을 하는 사람이 있었다. 과공비례過恭非禮 지나친 친절은 예의가 아니다라는 말도 있긴 하지만 성의껏 손님을 대해야 함은 세계 공통의 가치인 것이다. 아프리카나 아시아지역 출신 대표 중에서는 유럽 국가에서 인종차별을 겪어본 이들도 있다. 이런 대표들에게 특히 깍듯한 손님 접대가 중요할 것 같았다. 수출입은행팀에서 인터컴과 함께 각 국 대표들의 비자발급부터 귀국 비행기 탑승까지 전 과정을 세심하게 챙겼다. 공항에서부터 영접하고 별도의 승용차를 미리 준비했다. 또 경찰의 협조를 얻어 호텔까지 경찰이 에스코트 서비스를 하도록 했다.

제프리 삭스Jeffrey Sachs 교수는 원래 포럼의 기조연설자Key note speaker로 섭외했지만, 포럼 일정이 바뀌면서 무산되었다. 그러나 어떻든 다른 일정 때문에 한국을 방문한다는 것을 알게 되었다. 결국 외교부, 삭스 교수와 친밀한 도영심 이사장의 도움을 얻어 포럼 날에는 불가능하지만 이사회 첫날 오전에 그가 인도로 출국하기 직전 이사회의장을 방문해서 15분 정도 강연하는 일정을 잡을 수 있었다. 삭스 교수의 강연도 한국의 GCF 유치를 위한 분위기 조성에 기여했다. 삭스 교수는 기후변화 문제가 얼마나 심각한지, 왜 국제사회의 공동대응이 절실히 필요한지 등을 설명하면서 한국이 보인 녹색성장에서의 리더십과 한국 유치가 가져올 국제사회에 대한 긍정적인 효과에 대해 언급했다. 너무 한국을 두둔하지 않으면서도 적당한 수준에서 한국 지지를 지원하는 내용이었다. 삭스 교수가 특히 개발도상국 사람들에게 높은 신망을 얻고 있었고 많은 기후변화 대표들이 그를 존경하기 때문에 효과가 컸다고 생각한다.

어느 민간단체의 실패한 태클

한국에서의 포럼과 2차 이사회 준비로 바쁜 시기에 우리는 국제적으로 지명도가 있는 어느 민간단체NGO로부터 한 통의 서한을 받았다. 우리는 포럼의 발표자나 토론자에게 2,000달러씩의 사례비honorarium를 지급하기로 했었는데, 이 사례비가 유치국가 선정을 위한 투표 직전에 주어지고 일부 이사도 포럼에 참여하므로 투표에 영향을 줄 가능성은 없느냐면서 해명을 요구했다.[41] 즉각 답을 보냈다. 사례비를 주는 것은 국제적인 관례이고 그 수준은 포럼을 개최하는 KDI의 이전 관례를 참고해서 정했다는 점, 그리고 이는 발표 자료를 준비하는 데 들어가는 전문가의 전문지식과 시간 및 노력에 대한 보상이라는 점, 또 이사들이라고 사례비를 주지 않는다면 이사 아닌 전문가들과의 형평에 어긋난다는 점, 투표는 이사들이 양식에 의해 결정하는 것이지 사례비에 의해 좌우되지는 않는다는 점, 실제로 대부분의 경우 본국에서 이미 훈령을 받아와서 이에 따라 투표한다는 점 등의 논리로 반박했다.

이 민간단체는 이에 대해 수긍한다는 답을 보내 왔다. 어떻든 이 사건은 우리에게 경각심을 일깨우는 좋은 계기로 작용했다. 만약 이사회에서 독일이나 스위스 같은 경쟁국이 "한국이 공정한 경쟁fair play을 하지 않는다"고 떠들어 대기라도 하면 이제까지 쌓아 왔던 노력이 물거품이 될 수도 있었기 때문이었다. 조금이라도 비난의 소지가 있게 되면 사실 여부를 떠나서 치명적일 수 있다. 따라서 불필요한 오해를 방지하기 위해서 사례비를 절반으로 낮추었다. 또 문제를 제기하는 경우에 대비해서 당초 정부기획재정부를 포럼의 공동 주최자 중의 하나로 하려 했지만, 정부는 후원으로 하고 주최는 수출입은행과 KDI 공동으로 바꾸었다. 포럼과 이

---

[41] 실제 GCF 이사 중에서 포럼 참여자는 세 명에 불과했고 이들 중 일부는 사례비를 스스로 받지 않겠다고 했었다.

사회 참석자에게 주기 위해 준비하는 선물의 가격대도 낮추고 선물을 주는 시점도 투표 이후로 돌렸다.

후일담이지만 우리로서는 일단락된 것으로 생각하고 있었지만, 나중에 그 단체가 첫 편지와 유사한 내용의 이메일을 투표일 며칠 전에 이사들에게만 보냈음을 알게 되었다. 이사들에게는 투표일 직전에 보냈지만 우리에게는 투표 이후에 사후 통보 식으로 보냈던 것이다. 이 민간단체의 의도를 의심하지 않을 수 없었다. 참고로 이 민간단체는 독일 베를린에 본부가 있다.

인천시의 남다른 노력

인천시가 유치를 위해 쏟은 열정과 노력도 뜨거웠다. 우선 송영길 시장부터 적극적으로 뛰었다. 유치도시 선정 과정의 입지선정위원회 회의에 서울시 측은 본부장이 와서 설명했지만, 인천은 송 시장이 직접 프레젠테이션장에 와서 인사하고 지지를 부탁했다. 이는 입지선정위원들이 인천을 정하는 데 중요한 고려 요인으로 작용했다. 본인의 해외 네트워크를 활용해서 유치 활동을 하기도 하고 송도 이사회 때에는 주요 이사들과 개별적으로 면담을 하면서 설득하기도 했다.

송도는 아직까지 주민들이 충분히 들어와 있지 않다. 이 점이 GCF 유치에 불리하게 작용할지 몰라서 이사회 기간 직전에 인천시 공무원들이 보도블록에 나 있는 잡초를 제거하기도 했다. 송도 거리 곳곳에는 GCF 환영 깃발과 이사국들의 국기가 나붙었다. 리셉션이 열리는 빌딩 주변에는 환경 친화적인 사이클링을 하는 시민들도 있었다. 이분들은 이사들에게 조금이라도 송도의 인상을 좋게 하기 위해 자발적으로 참여해서 계속 그 건물 주변을 맴돌던 시민들이었다. 찬바람이 부는 쌀쌀한 날씨에도 불구하고 이사들에게 송도 중앙공원이 너무 황량하게 보이지 않도록 몇몇 인천시 공무원이 보트놀이를 하기도 했다.

I-Tower 빌딩 자체를 리셉션 날짜까지 맞추어 마무리한 것도 한국인 특유의 효율 빨리 빨리이 있었기에 가능했다. 나는 1주일 정도 전에 이곳을 점검 차 방문했었는데, 주변 정리가 제대로 되어 있지 않고 흙무더기가 군데군데 쌓여 있을 정도였다. 사실 그 정도도 일정을 맞추느라 야근하면서까지 공사를 진행한 결과였다. 인천시 측은 이사들이 건물로 들어오는 진입로는 리셉션 날까지 정리하고 다른 부분은 보이지 않게 할 예정이라고 했다. 그런데 리셉션 당일 날 가보니 불과 1주일 만에 진입로는 물론이고 주변 주차장의 포장까지 깨끗하게 마무리해 놓은 것이었다. 인천시 측과 건설사가 밤낮없이 매달려서 노력했기에 가능했던 일이었다. 내게는 눈물이 날 만큼 감동적이었다.

긴박했던 투표 전 며칠

수험생은 긴 기간 동안 시험을 준비하지만 당락에 가장 중요한 기간은 시험 직전의 며칠이다. 이 며칠을 얼마나 잘 활용하느냐가 당락을 좌우한다는 것이 나의 지론이다. 예컨대 이 기간에 한 시간 공부하는 것은 시험장에서 기억되고 활용되는 면에서 몇 달 전의 하루분 공부와 맞먹는다고 할까. 유치전에서도 비슷하다고 할 수 있다. 표를 얻기 위해 열심히 잘 다져 왔어도 그 사이 상황이 바뀌어 있을 수도 있고 새로운 고려 요인이 생겼을 수 있다. 그렇기 때문에 직전 며칠 동안 설득해서 지지를 얻으면 바로 표로 연결된다.

투표일에 임박해서는 박재완 장관의 지시로 각 이사국을 한국 지지, 불투명, 다른나라 지지 세 그룹으로 구분해서 정리해 나갔다. 상당수 국가들의 입장은 추측은 하면서도 명확하게 알기는 어려웠다. 대부분 국가는 입장이 확정될 때까지는 알려 주기를 꺼린다. 그러나 투표일이 다가오고 이사들이 한국에 속속 입국하자 그들에게 은근히 물어 보기도 하면서 분위기를 점점 명확하게 알아갔다. 우리의 과제는 어떻게 다른나라 지지를 우리나라 지지로 돌릴 수 있느냐였다.

국가별로 대개는 이사회 참석 이전에 본국을 떠나면서 지지국가에 관한 최종 답안을 훈령으로 받아서 온다. 이런 경우 본부로부터 훈령이 다시 오지 않는 한 이사가 개인적으로 입장을 바

GCF 유치를 위해 인천시에서 열었던 인천시민 자전거대회. 인천시민들의 뜨거운 열의를 보여 주었다.

꿀 수는 없다. 이런 나라들을 우리나라 지지로 바꾸려면 유일하게 남아 있는 방법은 대통령이 정상간 통화로 설득해서 훈령 자체를 바꾸는 것이었다. 한편 일부 국가들은 이사에게 현장에서 판단해서 지지국가를 정하라고 위임하는 경우도 있었다. 이런 나라들의 경우에는 현장에서의 설득을 통해서 우리나라 지지로 바꿀 수 있다. 이 대통령의 정상간 통화가 큰 작용을 했다. 실제로 정상간의 통화 이후 우리나라 지지로 입장을 바꾼 나라들이 있었다.[42] 박재완 장관은 투표 당일 아침까지 유럽 어느 나라 이사와 조찬하면서 지지를 부탁하였고, 그 이사는 그런 설득 끝에 우리나라 지지를 굳히기도 했다. 우리나라를 지지하는 주요 국가들과 수시로 협의해 가면서 다른 나라들에 대해 영향력을 행사해

---

[42] 해당 국가의 입장이 바뀌었다는 사실이 이사에게 전달이 제대로 안 될 수 있으므로 우리 측에서 해당 이사에게 별도로 알려 주고 그가 본국에 연락해서 확인하기도 했다.

국제기구 유치하기 **273**

주도록 요청하기도 했다. 또 개별적으로 저녁모임을 가지기도 했다. 투표 전날 밤에 마지막 점검을 해보니 그때까지 지지 여부가 불확실해서 추가적인 설득 노력을 통해 지지로 돌아설 가능성이 조금이라도 있는 나라가 여섯 나라였다. 나는 최종구 국제경제관리관, 손성환 기후변화대사와 함께 투표 당일 아침 두 나라씩 분담해서 마지막까지 해당 이사들을 설득했다.

한편 투표방식은 투표일 전날까지 결론을 내리지 못하다가 투표일 전날 밤늦게 합의되었다. 나미비아가 강하게 투표 결과 공개를 주장하고, 스위스와 폴란드는 비공개를 주장하면서 결론이 나지 않았었다. 나미비아 입장에서는 아프리카 이사국들은 아프리카연합에서 정상간 논의가 있었고 일단은 아프리카 지역인 나미비아를 지지하기로 했으므로 이를 분명히 자기들 표로 다지기 위해 공개가 필요했을 것이다. 한편 스위스와 폴란드 입장에서는 기대에 못 미치는 결과가 나오는 경우 자국에 돌아가서 대표의 입장이 어려워지므로 공개를 반대하는 듯 했다. 결국 중재안으로 투표를 순차적으로 해서 최하 득표 국가 하나씩 떨어뜨리는 과정에서 탈락국가에게만 득표수를 봉투에 봉해서 알려 주기로 합의되었다.

마침내 투표에서 유치국가로 선정되다

투표는 회의장 문을 걸어 잠그고 끝날 때까지 출입을 통제한 뒤 모든 비디오, 휴대폰 등 전자기기의 사용도 금지한 상태에서 이루어졌다. 투표권을 가진 이사들과 여기에 포함되지 않은 한국, 스위스, 나미비아 대표 한 사람씩의 참관인observer만 들어갔다. 투표의 행정 사무는 UNFCCC와 지구환경기금GEF 대표들이 맡았다. 2012년 10월 20일 토요일 오전 10시경 투표가 시작되었고 2시간이 넘게 걸렸다. 나중에 알고 보니 투표 자체는 일찍 끝났지만, 발표 문안 정리에 시간이 많이 걸렸다고 한다. 이사회는 비록 표결 절차를 거치기는 했지만 사전에 이사회에서 결정한대로 공식적으로는 컨센서스Consensus를 통해 한국을 유치국가로 선정했다고 발표했다. 이사회는 또 표결과정에서 어느 국가가 먼저 탈락했는지 등의 중간 절차는 공개하지 않기로 했다. 투표 결과에서 우리나라는 당초 예상보다 더, 상당히 큰 지지를 받았다. 개발도상국들은 물론이고 별로 기대를 하지 않았던 선진국 상당수도 우리나라를 지지했던 것이다.

"해냈다!" 마침내 GCF 유치가 확정되던 순간, 크게 함성이라도 지르고 싶었다. 지난 2월 초부터 숨 돌릴 틈도 없이 달려왔던 노력이 결실을 맺는 순간이었다. 감정이 격해져서 눈물이 날 것 같기도 하고, 날아갈 듯한 쾌감이 교차하기도 하는 복잡한 심경이었다. 혼자서 주먹을 불끈 쥐어 보았다. 나는 우리 팀과 함께 기어코 GCF 유치를 해낸 것이다. 직원들에게 늘 강조하곤 했지만, 분명 우리는 우리나라가 한 단계 더 도약하는 계기를 만든 것이었다.

사방에서 "고생했다" "축하한다"라는 격려의 말과 악수가 이어졌다. 우리 팀원, 수출입은행, 인터컴, 인천시 담당자들이 서로 포옹하기도 했다. 인천일보에서 소감을 잠시 인터뷰하자고 했다. 기자의 질문에 답하면서 눈물이 나오려는 것을 몇 번이나 참았다. 그때 기자가 찍은 사진을 보면 무척 지친 상태의, 만감이 교차하는 듯한 내 모습이 담겨 있다.

바로 기자회견 자료, 인터뷰 자료 준비 등이 이어졌다. 나와 우리 직원들은 쉴 틈도 없이 후속 조치를 위해 또 일해야 했다. 유치를 위해 노력하던 기간은 줄곧 입시를 앞둔 수험생처럼 마음 한쪽에 늘 긴장감과 또 혹시 유치에 실패하면 어쩌나 하는 불안감이 자리 잡고 있었다. 그러나 이제는 한결 가벼운 마음으로 일할 수 있었다. 유치가 확정되던 당일 어떻게 축하했느냐고 물어 오는 사람들이 많았다. 아마 성대한 파티가 있었으리라 상상했을지 모르겠다. 사실 당일은 다들 너무나 피곤하고 지쳐서 늦은 저녁 식사를 이사회 회의장이던 송도 컨벤시아 길 건너 중국집에서 짬뽕으로 때우고 각자 오랜만에 집으로 돌아가서 쓰러져 잤다. 자축연은 그 한참 후에 여러 차례에 걸쳐 있었다. 고생이 컸던 만큼 그 열매도 달았다.

GCF의 유치에 성공한 요인

GCF 유치에 성공하고 나자 일부 언론에서는 다윗과 골리앗의 싸움에서 다윗이 이겼다고 표현하기도 했다. 독일, 스위스와 비교하면 엄청나게 불리한 여건이었던 것이 사실이다. 우선 외교적인 네트워크 면에서 독일, 스위스는 수십 년간 그를 꾸준히 관리하고 쌓아 온 외교대국들이지만 우리의 네트워크는 이들에 비하면 턱없이 모자란다. 개발도상국들에게 주는 공적개발원조 ODA 규모 면에서도 단연 열세다. 아프리카 지역에 대한 ODA 규모는 독일이 한국의 열 배쯤 되었다. 또 독일과 스위스는 이미 국제기구를 유치해 본 경험이 있고 우리나라는 아직 없었다. 그래서 객관적으로 보면 우리나라의 유치 가능성은 희박하다고 봐야 했다. 그러나 결국 유치에 성공했다. 그 요인은 무엇일까를 생각해본다.

기본적으로 우리나라의 높아진 국격이 바탕이 되었다고 생각한다. 유치를 위해 많은 각 국 대표들을 만나면서 우리나라의 높아진 위상을 실감하곤 했다. 불과 십여 년 전과도 상당히 다르다는 점을 느낄 수 있었다. 특히 OECD국가이면서 또 G20국가에 들어가 있는 선진국 중의 하나, 게다가 더욱 발전할 가능성이 큰 전망 밝은 나라라는 것이 우리나라에 대해 가지는 일반적인 인식이었다. 우리는 이미 경제규모 세계 13위의 국가이고, 삼성이나 LG의 핸드폰, 현대차는 세계적인 명품이 되어 있다. 런던 올림픽에서 세계 5위를 했고, 피겨 스케이팅으로 세계를 감동시킨 한국인 김연아가 있다. 또 한류 드라마, KPOP이 세계를 휩쓸고 있었고, 마침 싸이의 강남 스타일도 투표 직전에 세계적인 열풍을 일으켰다.[43] 이제 한국은 누구도 무시하지 못하는 나라가 된 것이다.

여기에 한국이 주도한 녹색성장 green growth이 세계적인 어젠다가 되었고, 이 과정에서 한국이 중요한 선도적 역할을 한 데 대해 세계가 높이 평가하고 있다는 점이 중요한 역할을 했다. 녹색성장은 이 대통령이 2008년 8·15 경축사에서 새로운 국가적인 비전으로 선포한 이후 OECD에서 정식 의제로 채택되는 등 세계적인 어젠다가 되었다. 2012년 6월 브라질 리우데자네이루에서 열린 리우+20 정상회의에서 GGGI 서명식에 참가했던 덴마크, 노르웨이, 호주 등의 정상들이 하나같이 한국의 녹색성장 관련 리더십을 칭찬하기도 했다.

우리의 유치 논리도 적절하고 효과적이었다. 한국은 불과 50년 전만 해도 세계 최빈국이었다. 그런 나라가 OECD에 가입하고 원조를 주는 나라로 발전한 것은 세계적으로 유일하다. 때문에 한국은 개발도상국의 처지와 어려움을 누구보다도 잘 안다. 또 어떤 정책수단을 어떻게 집행해 나가야 효과적인지에 대한 경험과 지식이 있다. 그래서 선진국과 개발도상국 간에 가교역할 bridging role을 누구보다도 잘 할 수 있다. 또 기후변화 대응을 위해 범세계적인 협력이 필요하고 특히 아시아가 중요한데, 이들 국가의 적

---

[43] 아시아 태평양 지역 이사 선출을 위해 서울에서 7개국 대표 회의를 열었을 때, 모 국가 대표는 첫날부터 슈퍼 주니어 팬인 딸에게 줄 슈퍼 주니어 기념품을 사야 한다고 했다. 그는 결국 바쁜 일정에도 어렵게 짬을 내어 슈퍼 주니어 기념품을 살 수 있었다.

극적인 참여를 위해서도 한국에 GCF를 유치하는 것이 필요하다. 이러한 유치 논리는 선진국과 특히 개발도상국의 광범위한 지지를 받았다.

도하 2012년 당사국총회 회의장. 여기에서 한국이 GCF 유치국가로 정식 인준을 받았다.

성공 요인 중에서 무엇보다 중요한 것은 정부 안팎의 도움과 우리 한국인들의 우수한 역량, 뜨거운 열의와 지혜였다고 생각한다. 그동안 도움을 주신 분들이 너무도 많다. 이런 점에서 GCF 유치 성공은 누구 몇 사람의 노력이라기보다 국가적인 노력의 결정체라고 하고 싶다. 정부 내에서는 기획재정부가 주축을 이뤄 외교부, 환경부 등 부처가 적극 나섰다. 또 인천시도 함께 정부추진단에 참여해서 팀워크를 맞추었다. 정부 밖에서는 민간 전문가, 학계, 업계, 언론 등을 중심으로 민간추진위원회를 구성해서 조언을 받았다. 이외에 원로 여러분의 조언도 큰 도움이 되었다. 해외 전문가들의 조언도 구했다. 국제기구에 나가서 근무하는 한국 직원들도 유치를 위한 홍보활동에 적극 나서 주고 유용한 정보를 제공해주기도 했다. 유치제안 내용 결정과 프레젠테이션 준비, 유치전략 협의 등 중요한 의사결정 단계마다 이러한 전문가들과 원로들의 의견을 최대한 경청하고자 했다.

소위 말하는 국운인지도 모르겠지만, 여러 가지로 행운도 따랐다. 우선 당초 세 번으로 계획되어 있던 이사회가 두 번 밖에 열릴 수 없는 상황으로 변했고 따라서 투표가 독일 베를린이 아닌 우리나라 인천 송도에서 이루어짐에 따라 우리나라가 홈그라운드의 이점을 살릴 수 있었다는 점이다. 또한 그 시점이 공교롭게도 아프리카 주요국가의 재무장관, 외교장관들이 한국·아프리카 협력회의 참석 차 방한한 일정과 겹침에 따라 아프리카 지역 국가들을 설득하는 데 매우 효과적이었다. 이는 의도적으로 우리가 노력한 것도 아니고 여러 상황이 얽혀서 여건이 그렇게 만들어져 갔다는 점에서 국운이라고 할 수 있겠다.

독일이 UNFCCC 본부가 있는 본을 유치 후보도시로 결정할 수밖에 없었던 점도 우리에게 유리하게 작용했다. 미국 등 몇몇 국가는 GCF가 UNFCCC와 어느 정도 독립적으로 운영되어야 하며 이를 위해 UNFCCC가 위치한 본에 대해서는 반대하는 입장이었다.

유엔 생물다양성과학기구IPBES의 유치 경쟁에서 우리나라가 실패한 것도 솔직히 얘기하면 GCF 유치에 도움이 되었다. IPBES는 환경부가 유치하고자 꽤 노력을 기울였고 유치성공 직전까지 갔던 환경관련 국제기구이다. 2012년 5월 유치국가 선정을 위한 투표에서 우리나라는 독일과 경쟁하여 마지막 결선투표까지 갔었지만 결국 아쉽게 지고 말았다. 투표 현장에서 독일이 아프리카 국가들의 표를 몰아오는 바람에 한국이 졌던 것이다. 독일의 아프리카에 대한 공적개발원조는 우리나라의 열 배쯤 되므로 이를 무기로 아프리카 국가들을 설득하면 한국이 사실상 어렵다. 그러나 만약 우리가 독일을 따돌리고 IPBES 유치에 성공했더라면 한국이 그 몇 달 후에 이어서 또 다른 환경 관련 기구인 GCF를 유치하도록 국제사회가 지지해주지는 않았을 것이다.

　인천시가 선정된 것도 다행이었다. 여당인 새누리당의 원내 대표인 황우여 의원의 지역구가 바로 송도다. 또 송영길 인천시장은 민주통합당에서 영향력이 있는 중진의원 출신이다. 이러한 구도는 나중에 결정적인 힘으로 작용했다. 즉, 10월 초 우리나라의 글로벌녹색성장기구GGGI 협약 가입에 대한 국회 동의가 계속 지연되자 독일이 "GCF를 한국이 유치하더라도 과연 제 때에 법적인 정비를 마무리할 수 있겠는가"라는 비판을 흘리기 시작했다. 이 때 큰 힘이 되었던 것이 국회가 만장일치로 통과시켜준 GCF 유치 지지 결의안이었다. 이 결의안으로 독일의 비판을 일거에 잠재울 수 있었고 추후 정치적인 뒷받침을 설명하는 데에도 강력한 근거가 되었다. 인천시가 GCF 유치를 위해 제공하기로 한 사무실 공간이 들어 있는 빌딩, I-Tower가 이미 건설되어 완공단계에 있었던 것도 다행이었다.[44] 인천시가 이 빌딩을 기획하고 건설하기 시작할 때는 인천이 GCF 유치에 나서게 되리라고는 생각도 하지 않았었다. 단지 앞으로 있을 국제기구들이 입주할 수 있도록 여유 있는 빌딩을 건설하려고 한 것이었다. 하지만 GCF 유치를 위한 후보 도시로 인천이 선정되고 공교롭게 투표일에 거의 맞추어 건물이 완공되면서, 이사들이 그 빌딩에 들어가서 직접 눈으로 확인해 볼 수 있었던 것이다.

[44] I-Tower는 최근 이름을 G-Tower로 바꾸었다.

인화人和, 함께 성과를 만들어 내다

우리 속담에 "선무당이 사람 잡는다"는 말이 있다. 어설프게 아는 사람이 자만에 빠져 일을 그르치는 경우를 일컫는다. 아예 모르는 사람은 자기가 모른다는 것을 알기 때문에 겸손하게 다른 사람의 의견을 경청하고 더 깊이 고민한다. 반면 좀 아는 사람은 자칫하면 자기가 아는 범위에 고착되면서 자만에 빠져서 중요한 의사결정을 깊은 고민 없이 그릇되게 내리는 경우가 있는 것이다. 결국 성공을 좌우하는 요체는 얼마나 겸손하게 늘 자만하지 않고 항상 두려운 마음으로 최악의 상황까지 대비하느냐에 있다. 아울러 깊이 고민하고 마음을 써 가면서 정성을 다해 일해 가느냐가 중요하다. 또 다른 이들의 지혜와 역량까지 얼마나 최대한 활용할 수 있느냐가 일을 이루고 허무는 중요한 요인일 것이다.

내가 2012년 2월 초 오랜 해외 생활을 끝내고 기획재정부 본부에 복귀하면서 막상 GCF의 유치 실무를 맡게 되었지만 사실 기후변화협상에 대해 아는 것은 많지 않았다. 그러나 변화를 선호하고 다양한 일을 해보기 좋아하는 나의 성격에는 잘 맞는 일이기도 했다. ADB에서 재무국장으로서 근무하면서 외국 조직의 생리와 다양한 나라별 사람들간의 협상에 익숙한 점과 새로운 프로젝트를 추진해 본 경험 등이 도움이 되었다. 하지만 기본적으로 스스로 잘 모른다는 점을 잊지 말자고 되뇌곤 했다. GCF의 유치는 국가적인 사업이니만큼 개인의 자만이나 조그만 소홀로 일을 그르치는 경우가 생긴다면 평생 한으로 남을 것 같았다. 국가적으로 활용 가능한 지혜와 역량을 최대한 동원해서 한번 멋지게 독일, 스위스와 겨루어 보리라는 것이 나의 계속된 다짐이었다.

기획재정부 내부에서 줄곧 긴장을 놓치지 않고 적극적인 관심과 노력을 기울여 온 것은 GCF의 유치를 성공시킨 근본적인 동인動因이었다. 박재완 장관 본인의 강력한 관심과 노력, 지원이 이를 이끌었고, 신제윤 1차관, 최종구 국제경제관리관 등 간부들의 합심된 노력이 있었다. 나를 도와 실무적 뒷받침을 해온 녹색기후팀과 국제경제과 직원들의 헌신적인 노력도 있었다. 나와 몇 안 되는 이들이 유치 기획단 역할을 했다는 점에서, 다른 올림픽이나 국제회의 준비 등의 경우에 비교하면, GCF 유치는 소수의 인원으로 매우 효율적으로 해낸 업무라고 자부한다.

기획재정부가 주무부처로 유치전을 치렀지만 재외공관 조직

GCF 유치과정에서 함께 고생했던 기획재정부, 수출입은행, 인터컴 직원들
한국이 유치국가로 확정된 직후여서 다들 환한 표정들이다.

을 가지고 있는 외교부의 협력은 필수적이었다. 또 환경관련 의제이므로 환경부의 협력도 필수적이었다. 즉 외교부, 환경부와 얼마나 잘 협업할 수 있느냐가 유치의 성패를 좌우한다고 할 수 있었다. 2월 초 대외경제협력관을 맡고는 바로 외교부와 환경부의 관련 국장과 기후변화대사를 찾아가서 만나 협조를 부탁했다. 정부추진단을 구성해서 공식적인 협의 채널도 가동시켰다. 또 정부추진단회의 이외에도 부처 간에 정보를 공유하기 위한 이메일 네트워크도 구축해서 이사국 면담 결과나 동향 등의 정보를 실시간 공유해 나갔다.

유치과정 내내 관련 부처와의 관계에서는 늘 겸손하게 웬만하면 우리가 손해 본다는 생각으로 일하자고 강조하곤 했다. 부처 간에 같이 일을 하다가 보면 서로 불만을 가지게 되는 경우도 많고 서로 자존심 상해 하는 일도 생기게 마련이다. 같이 얼굴 맞대고 일하면서도 크고 작은 갈등들이 생기는데 서로 다른 상사와 조직 논리를 가지고 일하는 다른 부처 간에야 오죽 하겠는가. 그러나 그런 갈등 때문에 국가적인 과업에서 실패하게 된다면 국민 입장에서는 정말 말이 안되는 일인 것이다. 나 스스로부터 이해하고 양보하는 겸손한 자세로 나갔다. 시간이 갈수록 점차 기획재정부, 외교부, 환경부 세 부처 간에 서로 진심으로 도와주고 협조하는 분위기가 만들어 졌다. 다른 부처와도 중요한 사항은 바로바로 전화를 통해서 협의하고 이메일로 정보도 공유하는 식으로 발전했다. 이사국, 대리이사국 주재 한국 대사관의 대사와 관계자들의 적극적인 도움도 컸다. 손성환 기후변화대사와 유연철 환경부 국장의 오랜 외교 경험과 기후변화협상 참여 경험에서 나오는 귀중한 전략적 조언도 큰 도움이 되었다. 청와대 김상협 녹색기획관은 전략적인 판단과 부처 간 협조를 이끌어내는 과정에서 도움을 많이 주었다. 송영길 인천시장과 관계자들도 적극적으로 같이 뛰면서 도와주었다. 무엇보다도 기획재정부, 외교부, 환경부, 인천시, 녹색성장위원회, 국제금융기구 파견자들, 해외 공관 관계자들의 헌신적인 노력이 있었다.

국내의 여러 전문가들과 원로들의 아낌없는 조언과 협조도 큰 힘이 되었다. 특히 한덕수 위원장 등 민간유치위원들의 조언과 도움은 유치성공에 결정적인 요인이었다. 또 후보도시 결정을 맡아서 잘 마무리 지어준 김경환 위원장, 오병호 교수 등 민간입지선정위원들의 도움도 컸다. 해외에서도 국제기구의 기후변화 전문가들, GCF 임시사무국 직원들, 민간 연구단체 전문가 등이 조언을 아끼지 않았다. GCF유치를 위해 옆에서 적극 도와주었던 민간 원로, 전문가 분들의 명단을 표로 첨부했다. 도움을 주었지만 필자의 실수로 여기에 미처 포함되지 못한 분들도 있을 것이다. 이 모든 분들께 진심으로 감사드린다.

여러 사람의 진심어린 협조를 이끌어 내는 요체는 겸손과 진심이라고 생각한다. 즉, 진심으로 도움을 청하고, 귀중한 조언에는 진심으로 감사를 표하고 이를 반영한다. 설사 견해가 다르더라도 존중하고 경청한다. 이러한 면에서 유치과정에서 늘 겸손한 자세로 도움을 청하고 의견을 구하고 하는 자세 때문에 상대방의 우리에 대한 지지가 강화됨을 종종 보았다.

GCF 유치를 도와주신 민간 원로·전문가들

원로 및 민간유치 위원회	한승수(전 총리) 한덕수(전 총리, 민간유치위원장) 고건(전 총리) 김명자(전 환경부장관) 이회성(IPCC 부의장) 현오석(KDI 원장, 현 경제부총리) 채욱(KIEP 원장) 박대원(KOICA 이사장) 김용환(한국수출입은행장) 이장무(기후변화센터 이사장) 안병옥(기후변화행동연구소장) 황진택(지속가능발전기업협의회 사무총장) 정서용(고려대 교수) 조홍식(서울대 교수) 이참(관광공사 사장) 손지애(아리랑TV 사장) 김영대(은행연합회 부회장) 한삼희(조선일보 논설위원) 스탠 게일(게일 인터네셔널 회장) 권오준(포스코 사장) 김용환(현대자동차 부회장) 강호문(삼성전자 부회장) 김주형(LG경제연구원 원장) 조현재(MBN미디어 대표) 도영심(STEP재단 이사장)
국내 전문가	오진규(에너지경제연구원) 정지원(KIEP) 오병호(KDI국제정책대학원 교수) 김동영(KDI국제정책대학원 교수) 김경환(서강대 교수) 홍종호(서울대 교수) 박찬호(한국법제연구원) 현준원(한국법제연구원) 허서희(한국법제연구원) 김재열(KB국민은행) 장용원(KB국민은행) 신희용(KB국민은행) 이정석(KEI) 이장규(KIEP) 이상호(한밭대 교수) 조진철(국토연구원) 최인수(LH공사) 황의표(희림건축) 김도년(성균관대 교수) 유은철(한국감정원) 서준석(연구개발특구본부) 이철민(CBRE Korea)
해외 전문가	Yvo de Boer(KPMG, 전 UNFCCC 사무총장) Erik Haites(KPMG) 엄우종(ADB) 정태용(ADB) Toru Kubo(ADB) Preety Bhandari(ADB) David S. McCauley(ADB) Warren Evans(World Bank) 소재향(World Bank) K.Ramakrishna(UNESCAP 동북아사무소) 남상민(UNESCAP 동북아사무소) Josue Danaka(EBRD) Henning Wuester(GCF) Dennis Tirpak(WRI)
협조 기관·업체	심섭(수출입은행) 이한구(수출입은행) 조양현(수출입은행) 이진(수출입은행) 도현철(수출입은행) 박유정(수출입은행) 유나영(수출입은행) 최태영(인터컴) 권영돈(인터컴) 강혜진(인터컴) 남재형(인터컴) 조일(월 픽쳐스) 오원석(디자인 하다) 황준필(디자인 하다) 오형나(KDI) 김성우(삼정KPMG) 김형찬(삼정KPMG) 서영석(삼정KPMG) 김정수(무역협회) 반기로(주한벨리즈명예총영사)

International organizations Mentoring

International organizations
Mentoring

International Organizations Mentoring

International organizations
Mentoring